Jordi Carbonell

Economía cotidiana

Jordi Carbonell

ECONOMÍA COTIDIANA

Diálogos inteligibles
sobre nuestras finanzas de cada día

BIBLIOTECA BURIDÁN

BIBLIOTECA BURIDÁN

está dirigida por Josep Sarret Grau

© *Jordi Carbonell Custey*, 2009
Edición propiedad de Ediciones de Intervención Cultural/Biblioteca Buridán
Derechos cedidos a través de Silvia Bastos, S.L. Agencia literaria
Diseño: M. R. Cabot
ISBN: 978-84-92616-29-9
Depósito legal: B-32.386-09
Imprime: Novagràfik
Impreso en España

A María, a quien se le ha acabado la tranquilidad:
a partir de ahora ya no me tendrá entretenido en el ordenador.

A Dani, Albert y Mariona, quienes han equivocado la profesión:
deberían haberse dedicado a la corrección editorial.

A Juan Pedro, por sus ánimos, insistencia y cualificada ayuda.

A Menci, Presidenta del Club de fans del libro,
por su contagioso entusiasmo.

A Salvador, por las largas charlas sobre el libro
mantenidas caminando por las montañas,
así como por sus útiles y despiadadas críticas, capítulo a capítulo.

A Núria G, otra kumbaiá. Según ella, es la "lectora objetivo" del libro.
Algunos temas aquí tratados, lo fueron a sugerencia suya.

A Bill Gates, por su programa Word.
Sin él, y su barra de herramientas, hoy todavía estaría
en la enésima corrección y repetición, allá por la página 5.

Y, por supuesto, a Silvia y a Pau,
sin cuya iniciativa, fe, entusiasmo, consejos y bien hacer,
yo ahora no estaría aquí escribiendo dedicatorias.

Sumario

Prólogo

Un intelectual es el que dice una cosa simple de un modo complicado;
Un artista es el que dice una cosa complicada de un modo simple.
CHARLES BUKOWSKI

Lo más incomprensible del mundo es que es comprensible
ALBERT EINSTEIN

La economía nuestra de cada día: Ya nada es fácil

■ Wall Street se asusta ante el ISM.

■ *Fuerte corrección de la banca por el temor a nuevas víctimas.*

■ **La aseguradoras impulsan al Nikkei al terreno positivo.**

■ *CIU afirma que sólo negociará con las Balanzas Fiscales sobre la mesa.*

■ El euríbor cayó en febrero hasta el 4,349%, el tipo más bajo desde abril de 2007.

■ *Se quejan de que las críticas de los globalifóbicos no hayan sido bien o correctamente expresadas.*

■ La Fed baja los tipos al 2,25% por la "debilidad económica" y pese a la "elevada inflación".

■ **La gran banca de EE UU pierde 400.000 millones en bolsa y cede el testigo a China.**

■ El Ibex perfora los 13.000 al calor de bajadas de tipos y la banca de inversión.

■ El petróleo Texas pulveriza la barrera de los 125 dólares y el Brent se consolida sobre los 124.

■ *El BBVA espera otra oleada de crisis subprime por los créditos al consumo.*

■ **El dólar continúa su caída ante el euro a la espera de la Fed.**

■ *La globalización es un proceso multidimensional.*

■ Sólo el Nasdaq resiste el embate de las malas cifras de empleo.

■ **El euro caro ya no es un aliado de España.**

■ *El Tesoro eleva la rentabilidad de las letras a un año (3,64%) por primera vez en 8 meses.*

¿El Tesoro? ¿Y quién demonios es el Tesoro? ¿Y de qué letras hablan? ¿Y todo esto me afecta a mí? ¿Cómo?

Ya lo creo que sí, sin duda alguna. A todos.

¿Somos capaces de entender por qué estas noticias aparecen en lugar privilegiado en nuestro diario local, al lado del resultado de los partidos de fútbol y cerca de las carteleras del cine? No cabe duda de que la razón es una: porque nos afectan. Pero, ¿entendemos de qué forma semejantes titulares pueden tener algo que ver con nosotros?

Antes, no muchas generaciones atrás, el entorno económico era conocido y dominado por todos: en unas economías primordialmente agrarias, todos, ganaderos, cazadores, agricultores, pescadores, al igual que sus familias y entornos sociales, conocían y entendían perfectamente su lógica económica: cosechas, lluvias, temporadas, precios, lonjas, sequías, barbechos, heladas, subvenciones, cotos, ciclos, mercados, etc. En los hogares, bares y casinos de los pueblos, se comentaban "los hechos económicos" relevantes del entorno con criterio y conocimiento de causa y eran mayoritariamente comprendidos por toda la parroquia. Incluso las fiestas patronales tenían relación con el calendario agrícola y solían coincidir con la finalización de las temporadas de recolección.

Actualmente no es así.

Hoy, comentar los fundamentos de nuestro devenir económico cotidiano se ha convertido en una actividad reservada únicamente para expertos que dominen determinadas expresiones, la mayoría de ellas anglicismos o acrónimos. Los ciudadanos de a pie no especialistas, si bien es verdad que, a diario, oyen hablar de ellas en la televisión o en la prensa, en algunos casos intuyen vagamente su significado, pero no se sienten capaces de desarrollar la correlación entre ellas y su bolsillo, ni su efecto sobre el bienestar de sus hijos a medio plazo.

Es cierto que todo el mundo conoce los principios más básicos que rigen nuestro entorno económico, pero también es verdad que existen importantísimas lagunas que se suplen mediante el consejo del experto de confianza que todos procuramos tener a mano.

Y, sobre todo, con la sabia y curtida intuición popular de que "si el **Tesoro (*)** (que no sé quién es) sube los precios de las **letras (*)** (que no sé qué son) y me lo ponen de titular en el periódico…. intuyo que quieren decirme… que esa subida en el precio de esas dichosas letras (que no sé qué son) nos tocará pagarlas a nosotros… de una forma u otra".

¡Voilà! ¡Efectivamente! Pero tampoco es del todo cierto: lo es si usted debe dinero, ya que los intereses le subirán… pero si por el contrario, usted tiene la suerte de vivir, aunque sea parcialmente, del rendimiento de sus ahorros, la decisión del famoso y desconocido Tesoro le favorece a corto plazo porque sus ahorros le rentarán más. O sea, que depende…

Y precisamente esta palabra es casi siempre la que encabeza las respuestas a las preguntas sobre economía: "depende".

Ya nada es fácil.

Si en las páginas que siguen consigo demostrar que determinados conceptos y terminologías son, en realidad, "simplificaciones convencionales", seré feliz por haber logrado mi objetivo. Estas simplificaciones permiten, con mayor facilidad, el análisis y la gestión de una realidad cada vez más abstracta y compleja y que se caracteriza por su "riguroso sentido común".

"Des-complicar" la terminología económica universal de nuestros

---

(*) El papel que juegan los asteriscos en este libro está explicado en la Introducción.

días, hacerla más comprensible y permitir que sea adoptada con seguridad y sin miedo alguno al vocabulario cotidiano del lector será, sin duda, de gran ayuda para comprender su entorno económico.
Es posible, créanme. Y conveniente.

Les contaré una anécdota personal. De todos es conocido el alto nivel cultural generalizado de la República Argentina y muy especialmente el altísimo nivel de cultura financiera de los porteños. Hace ya muchos años, yo llegaba al aeropuerto de Ezeiza representando un modesto banco internacional con base en un paraíso fiscal americano. Era mi primer viaje a Buenos Aires y recuerdo que el taxi hasta la Capital Federal me costó 880.000 pesos, cantidad que obviamente llevaba conmigo. ¡De hecho llevaba bastantes millones de pesos! Durante el viaje el taxista me dio un curso acelerado, y a un gran nivel, sobre los mercados de divisas, la problemática del dólar, del peso, la evolución del **prime rate (*)** americano, las **cotizaciones spot y forward (*)** del dólar; un recital sobre la correlación entre la inflación y las cotidianas devaluaciones del peso y la evolución de todos de los mercados internacionales de valores y de divisas durante ese día (era por la noche). Quedé muy impresionado. Al día siguiente, en las calles de Buenos Aires, las amas de casa hacían largas colas en las muchas "casas de cambio" bonaerenses para deshacerse de la cantidad justa de dólares, y no más, para ir a la compra diaria, en pesos, manteniendo el resto en **billetes verdes (*)** a la espera de la devaluación del día siguiente.... En las colas, en los bares, en la prensa, en toda la ciudad se mantenían conversaciones que aquí únicamente se oyen en reducidísimos círculos, de hecho poco más allá de las "salas de contratación" y de la prensa y foros especializados.

Es verdad que la necesidad puede llegar a generar premios Nobel… pero cabe aclarar que no es mi propósito que el lector adquiera el nivel del taxista porteño, sino tan sólo que pierda el miedo a utilizar conceptos y términos que en realidad son la base de nuestro inevitable entorno económico cotidiano.

Introducción
¿Cómo leer este libro?

No hay libro tan malo del que no se pueda aprender algo bueno

CAYO PLINIO

Gracias Plinio. Espero que mi atrevimiento no suponga la primera excepción de la Historia a tu sabio razonamiento.

El libro que tiene en sus manos pretende ser primordialmente de divulgación sobre conceptos y términos económicos, con especial énfasis en aquellos que tienen que ver con los avatares económicos y financieros de las personas que por dedicación, estudios y vocación tienen sus intereses vitales muy lejos de estos temas.

He dividido el empeño en dos partes: en la primera, repaso lo que podrían ser los "hechos vitales" económicos y financieros de los que, en menor o mayor medida, ningún ciudadano moderno se escapa. En la segunda, incluyo un amplio Glosario, anormalmente largo, con expresiones y conceptos de la jerga económica- financiera actual.

La primera, a su vez, también tiene dos partes bien diferenciadas: al principio se abordan temas de la vida económica cotidiana de los que normalmente nosotros *somos los protagonistas activos*, mientras que en los capítulos finales se comentan otros temas: la Globalización, Las Balanzas Fiscales, etc, cuestiones que, si bien obviamente nos afectan y están presentes en nuestro entorno económico y mediático cotidiano, normalmente *somos con respecto a ellos simples sujetos pasivos (a veces pasmados) pero sin protagonismo personal.*

A medida que vamos avanzando por los distintos aspectos de la economía de nuestra vida cotidiana, nos topamos con un sinfín de expresiones y conceptos. Algunos de ellos nos resultarán familiares, parcialmente conocidos o levemente intuidos; otros, simplemente desconocidos. En cualquier caso, para todos ellos podría ser útil una mayor explicación. En estos casos, aparece el texto en **negrita (*)** con un asterisco entre paréntesis, y en el Glosario, al final del libro, se explica el concepto con más detalle.

Es tal la cantidad de términos de esa naturaleza, que tratar de explicarlos todos continuamente sobre la marcha nos llevaría a desviarnos del argumento del capítulo en cuestión. Buscarlos en el Glosario nos permite una segunda lectura independiente, que ayuda a una mejor comprensión tanto de su concepto en sí como del texto original de donde procedía.

Muchos de los acrónimos son anglicismos. Algunas veces se utiliza su expresión original en inglés; en aquellos casos en los que la expresión inglesa es ampliamente utilizada (a veces más que la española), he hecho también mención a ella en el Glosario.

El Glosario también incorpora conceptos y expresiones que no provienen de los textos precedentes. En aras de una mayor eficacia en la labor de divulgación me ha parecido que podría ser útil explicar con detalle otros términos que, si bien no han sido utilizados durante la narración del texto, están regularmente presentes en los medios de comunicación y nos podemos tropezar con ellos.

Le deseo una lectura fácil, entretenida e instructiva.

1

Necesito una cuenta en un banco

Si alguna vez ve saltar por la ventana a un banquero suizo, salte detrás.
Seguro que hay algo que ganar

FRANÇOIS VOLTAIRE

Los bancos, sus enormes beneficios y usted

¿Es verdad lo que dice Voltaire?

Por supuesto que no. No hay más que observar la pasada crisis bancaria internacional. Una serie de bancos internacionales entraron en zona de pérdidas y tuvieron que ser rescatados en el último minuto por el **Banco de Inglaterra (*)**, la **Reserva Federal (*)** así como por distintos gobiernos y otras autoridades monetarias internacionales. Podría decirse que aquél momento fue quizás especial, pero no es del todo así: el negocio financiero es siempre más volátil e inestable que la mayoría de otras actividades económicas.

Pues yo pensaba que era verdad aquello de que "la banca siempre gana".

Eso es verdad únicamente en los casinos, creo.

Pero se habla siempre de los grandes beneficios de los bancos, y son cifras escalofriantes...

Depende, depende. No se deje impresionar por los valores "absolutos". Hay negocios con muchísima mayor rentabilidad y menor **volatilidad (*)**. Muchísimos.

Muchas veces los beneficios publicitados responden a fusiones entre bancos. Cuando un banco es absorbido por otro, se suman los beneficios de ambos. Es decir, no es que el banco obtenga más beneficio con su dinero, sencillamente es que el banco tiene más clientes y activos. La compra de nuevos bancos permite abrirse al mundo en un contexto en que la rentabilidad del maduro negocio local está estancada. Los bancos líderes no paran de crecer internacionalmente mediante compras y absorciones.

Debe tener en cuenta, además, algo muy importante respecto al negocio bancario, y es que se basa, primordialmente, en la confianza.

Alguien dijo que el negocio de los bancos consiste en guardar el dinero a aquéllos que lo tienen y dejárselo a aquéllos que lo necesitan, quedándose en contrapartida de la gestión "una pizca" de cada uno de los billetes que pasan por sus manos...

Digamos que la definición (obviamente incompleta) es aproximadamente correcta y aceptable, pero pensemos ¿qué lleva a la gente a depositar su dinero en un determinado banco y no en otro?

La confianza

La confianza de que se lo guardarán, que lo tendrá disponible cuando lo precise, que en el ínterin se lo invertirán y le proporcionará unos rendimientos y unos servicios financieros adecuados... y, sobre todo, que mientras tanto podrá dormir tranquilo por las noches, al menos en cuanto a este tema.

En pocas palabras, que *los que tienen los dineros* piensan que un determinado banco es *solvente, eficiente y rentable. Es decir, seguro.*

Y esta imagen la reciben de dos frentes: de su relación personal como cliente, por una parte, y de las periódicas notas de prensa que hablan de los fantásticos beneficios y la enorme solvencia global de la entidad, por otra.

¡Pobre de aquel banco que no puede publicar unos grandes beneficios! ¡Es su mejor publicidad!

Fíjese que al igual que los partidos políticos en las noches electorales, por rotundo que haya sido el descalabro en el recuento de los votos, siempre encuentran una referencia histórica o algún enfoque en base al cual, por comparación, han mejorado posiciones y tienen motivos para sentirse triunfantes, eufóricos y contentos.

Un fabricante de electrodomésticos, o un laboratorio que vende cremas hidratantes para sus manos, no basarían jamás su imagen pública en los fantásticos beneficios que obtienen y en lo solventes que son. Un banco sí.

Sí, lo entiendo, pero yo pago un montón de comisiones, mi cuenta bancaria y mi tarjeta me salen bastante caras, ¡me cobran comisiones por todo!
Sí, efectivamente. Es frecuente y muy comprensible que al ver el cargo de una determinada comisión bancaria el subconsciente nos haga revivir la última publicación en los medios de comunicación de los beneficios del banco en cuestión.

Pero tenga en cuenta que si usted visita unos grandes almacenes, también le cobrarán por todo lo que adquiera y, si visita una peluquería o un restaurante, le facturarán según la lista de los servicios concretos que le hayan proporcionado. Y no verá publicados en ninguna parte, y mucho menos publicitados de forma permanente en todos los medios, los beneficios, ni de los grandes almacenes, ni de la peluquería, ni del restaurante.

La clave del tema es que la percepción del valor del servicio proporcionado tenga una correlación directa con su precio. El dinero es una mercancía muy sensible.

Hay otro efecto muy psicológico en el cobro de los servicios bancarios. Comparados con los costes de determinadas prestaciones brindadas por empresas de otra naturaleza, los bancos emiten sus facturas (cargos), entran en su cuenta y le descuentan el importe de forma inmediata de su saldo. Cualquier otra empresa, en cambio, detalla sus servicios y sus costes en una factura o ticket, y espera a que usted proceda al abono de la misma. En el caso de los bancos, muchas veces, cuando tiene usted conciencia del costo de un servicio, ya hace días que lo ha pagado (se lo han cobrado).

Un alto directivo de una empresa industrial me hacía un día este símil: es como si un proveedor mío emitiera una factura a mi nombre, y esa misma noche entrara en mis oficinas, me abriera la caja fuerte, metiera la mano, cogiera el importe para cobrársela y posteriormente me enviara un recibo por correo, cobrándome, además, el sello correspondiente. El ejemplo expresa muy bien lo que quiero decirle.

Es comprensible pensar que esos aparentemente grandes beneficios publicados han sido generados a costa suya. Y eso no es verdad, o no lo es siempre. Hoy, los bancos saben perfectísimamente lo que ganan y pierden con cada uno de sus clientes en particular, y le sorprendería saber que se pierde dinero con muchos de ellos. Quizás con usted, ya me perdonará.

Aún más: hay una caja de ahorros del norte de España que informa a sus clientes, no únicamente de los beneficios que individualmente aportan a la entidad, sino también del valor pecuniario de la aportación individualizada a la Obra Social de la Caja que ha sido posible realizar gracias a su fidelidad como cliente: la parte del presupuesto de la Obra Social que ha sido posible gracias a él.

¡Pero si yo no le pido casi ningún servicio a mi banco!

Anteriormente, existía otra cultura en estos temas: muchos servicios (que obviamente tenían un coste) se ofrecían gratuitamente, las comisiones no se enfocaban a la cobertura de los costes operativos ligados a los respectivos servicios y además estaban mal repartidas: se aplicaba aquel concepto castizo que reza: "*aquí vamos todos a escote*" y, claro, resultaba tremendamente injusto. Unos pagaban por los servicios que proporcionaban a otros. La falta de competencia en un mercado hiper-regulado llevaba a la obtención de grandes márgenes que permitían prestar muchos servicios de forma gratuita; la liberalización de los años 80 y la fuerte competencia acabó definitivamente con esas prácticas. Y seguro que coincidiremos en que la cultura del servicio gratuito en todos los órdenes de la vida lleva, a veces, al abuso. Aún así, aunque cada vez menos, todavía hoy, en el sistema bancario español, hay servicios que se ofrecen gratuitamente, al contrario que en el resto de Europa donde si existen (lo que no siempre sucede), se pagan.

Ahora, como en el resto de sistemas bancarios del mundo, se intenta ligar siempre el servicio con la comisión y quienes más los utilizan, más pagan. Y si usted, como afirma, no pide a los bancos demasiados servicios, tampoco se los cobrarán. Le custodiarán su dinero, se limitarán a cobrarle su comisión de mantenimiento de la cuenta y nada más.

Mire, no sé si creerle, porque conozco a gente que casi no paga comisiones, que obtienen unos tratos preferentes y les sale todo prácticamente gratis.

No desfallezca, que quizás podría ser usted una de esas personas. Depende del negocio que le ofrezca a su banco. Como es natural, hay infinitud de casuísticas pero, como decíamos, los bancos saben exactamente lo que pierden o ganan con cada uno de sus clientes. Y tenga usted la seguridad de que si en un caso concreto le prestan un servicio de forma gratuita, lo hacen porque en otras facetas de su relación como cliente genera un margen suficiente para cubrir esos costos condonados. Al final, como es natural y como debe ser, los números globales de rentabilidad se hacen a nivel de cliente, no a nivel de producto o servicio concreto.

En toda relación comercial en cualquier sector económico, la relación cliente-proveedor, para ser satisfactoria y estable, debe ser rentable, en términos globales, *para ambas partes.* De lo contrario, es una relación con fecha de caducidad, y muchas veces fundamentada únicamente en la momentánea y provisional capacidad de negociación de las partes.

Un banco que no tenga en cuenta el beneficio que obtiene de forma global con un determinado cliente para aplicar unas comisiones personalizadas a los servicios que le ofrece tiene poco futuro como banco de ese cliente. Si no discrimina de forma coherente (y los sistemas informáticos hoy lo permiten), los clientes saldrán corriendo. Lo abandonarán *en cuanto puedan*, que no siempre será ahora mismo: eso es verdad.

Por otro lado, aquel cliente que pretende obtener siempre condiciones excepcionales en todos y cada uno de los renglones de su relación, tiene poco futuro como cliente de ese banco, porque a éste, obviamente, no le va a interesar mantenerlo. Nadie hace un esfuerzo por mantener a un cliente con el que se pierde cada vez más dinero.

Otra cosa muy distinta es que se pretenda traspasar *"los costes de una supuesta ineficiencia de un banco"* a sus clientes, mediante la aplicación masiva de precios abusivos en los servicios que proporciona. Volveremos más adelante sobre esto, pero salta a la vista que estas son situaciones que, si bien se dan a menudo, son inviables a medio y largo plazo. A esos plazos los bancos ineficientes ya deberían haber desaparecido.

¿Qué intereses puedo aspirar a cobrar en una cuenta a la vista (*), sea libreta o cuenta corriente?

Poca cosa, no se haga ilusiones. En EE.UU. la retribución de las **cuentas a la vista (*)** está prohibida y en Francia también lo estaba hasta que recientemente, en 2002, hubo un pleito con una entidad bancaria (española por cierto) que quiso romper la costumbre y creó una cuenta corriente retribuida. El caso llegó hasta el Tribunal de Justicia de la Unión Europea y finalmente resultó ganadora nuestra entidad, que pudo seguir adelante con su política comercial.

¿Y por qué me cobran una comisión de mantenimiento? ¿No tienen bastante con el beneficio que obtienen de mi saldo de la cuenta corriente, por el que no me pagan prácticamente nada?

No lo crea. Los ingresos financieros obtenidos por los saldos de las **cuenta a la vista (*)** de sus clientes son absolutamente insuficientes para desarrollar las responsabilidades que la banca tiene en la economía moderna. Y cuanto más bajan los tipos de interés, menos. Los servicios prestados deben cobrarse.

Al igual que ocurre en cualquier otra actividad empresarial en un entorno competitivo, el futuro está en conseguir un flujo permanente de "innovaciones" y de "calidad" en los productos y servicios que se ofrecen. Si se logra una positiva percepción de los mismos y una satisfacción global por parte de los clientes finales, no es dificultoso obtener, en contrapartida, el cobro de los costos asociados a los mismos. Ese es el reto permanente en este y en otros muchos negocios.

¿Cuenta corriente o Libreta de Ahorros?

¿Tienen sentido hoy las famosas libretas de ahorro? ¿Existen todavía muchas?

Si, muchísimas. Millones y millones. El hecho de que tengan o no sentido depende de la persona, de sus gustos y costumbres. Es evidente que la gente joven "pasa de libretas" dado que opera mayoritariamente por internet o por cajero automático con tarjetas, e incluso renuncian a los envíos de la correspondencia regular (y a su coste). Cuando necesitan algo ya se lo imprimen desde internet. Las empresas también están volcadas en esta línea.

Pero en determinadas personas, y no únicamente entre la gente mayor, está instalada la costumbre de anotar todas sus transacciones en libretas. Esto les obliga a actualizarlas con regularidad y a cambiar periódicamente de ejemplar en horario de atención al público, en la mayoría de los casos con la consiguiente cola. Hoy la mayoría de gente opera con una cuenta corriente que no le ocasiona estas servidumbres.

¿El coste de mantenimiento es el mismo? ¿Tiene sentido económico operar con cuenta corriente en lugar de libreta o al revés?

Sí, la decisión no es económica. Los costes de mantenimiento, efectivamente cobrados, son más o menos equivalentes, y ello es así porque realmente no se trasladan, por el momento, los costes asociados al producto correspondiente, por otras razones estratégicas de marketing que nos llevaría tiempo desarrollar.

Salta a la vista que el coste de mantenimiento de una libreta debe ser mucho mayor, pues, además de su coste en términos materiales, obliga a tener abundante personal de ventanilla presto para su actualización o sustitución. No son comparables los gastos derivados del consumo de papel, de la impresión, de la logística requerida, almacenaje, transporte, manipulación y sofisticados cajeros automáticos especiales para la operativa con libretas (¡que incluso pasan las hojas una vez están llenas las anteriores!) con los del envío de un extracto cada final de mes (cobrándole el correo correspondiente). Y si quiere ahorrarse el sello, puede darse de alta en el servicio de correspondencia digital, consultar sus documentos desde su ordenador e imprimirse únicamente aquello que realmente precise.

Afirma que no se trasladan los costes asociados a la cuenta, "por el momento"; ¿cree que en un futuro sí se hará?

Yo esto no lo sé. Pero piense que en los países anglosajones, especialmente en EE.UU., le cobrarán en una cuenta corriente por una serie de conceptos que hoy en España siguen siendo mayoritariamente, aunque no siempre, gratuitos: por cada apunte manual, una comisión; otra (menor) por cada apunte automático, otra por cada extracto enviado, por cada cheque pagado, por cada talonario o chequera entregados, etc.

Las Cajas de Ahorros, sus Fundaciones y sus Montes de Piedad

Mi cuenta está en un banco. ¿Sería diferente si estuviera en una caja de ahorros?

No. Todo lo que decimos aquí es de idéntica aplicación a unos o a otros. En el pasado no fue así, pero hoy, a efectos comerciales y operativos, es exactamente igual un banco que una caja. De hecho, en todo este libro hablaremos en sentido genérico de "bancos" pero, en realidad, nos estaremos siempre refiriendo a ambos tipos de entidades de crédito.

¿Cuál es pues la diferencia entre unos y otros?

Ninguna en relación directa con usted como cliente y sus operaciones cotidianas. La distinción está en el encuadramiento de las cajas en su entorno social y legal. Las diferencias básicas se centran en su estructura societaria y en las consecuencias que de ello se derivan.

Los bancos son **Sociedades Anónimas (*),** con su capital social, sus accionistas representados por la Junta General de Accionistas y su Consejo de Administración. Como es natural, al final de cada ejercicio, tienen unos beneficios, pagan sus impuestos sobre ellos, dejan en **Reservas (*)** otra parte de las ganancias para reforzar la solidez del **balance (*)** y, finalmente, el resto lo reparten entre sus accionistas en forma de **dividendos (*).**

Las Cajas, por el contrario, conocidas internacionalmente como *Saving Banks*, en lugar de capital social cuentan con un fondo de dotación fundacional. Tienen también un Consejo de Administración, pero en lugar de Junta de Accionistas tienen una Asamblea General. En ésta, están representados, por ley, las Entidades Fundadoras de la Caja, las Corporaciones Locales (Ayuntamientos) de aquellas zonas donde tienen presencia mediante sucursales, impositores (clientes por sorteo), empleados (representantes sindicales) y otras entidades de interés social. La parte del beneficio que no se acumula en **Reservas (*),** puesto que no tiene accionistas, se destina a Obra Social, a sus Fundaciones, es decir, revierte a la sociedad.

Tienen más del 50 % del mercado financiero español. Poca broma con las cajas.

No lo acabo de entender. Entonces ¿son de naturaleza pública?

En España, no. Son de naturaleza privada. Explicar el estatuto jurídico de las cajas en España no es nada fácil. En mi opinión, la definición más completa es la que nos da la propia **CECA (*):**

"Son entidades de crédito plenas, con libertad y equiparación operativa com-

pleta al resto de entidades que integran el sistema financiero español, consti-
*tuidas bajo la forma jurídica de **fundaciones de naturaleza privada, con***
finalidad social y actuación bajo criterios de puro mercado, aunque
revirtiendo un importante porcentaje de los beneficios obtenidos a la
***sociedad a través de su obra social;** a pesar de la libertad operatoria, las*
cajas de ahorros están especializadas en la canalización del ahorro popular y
en la financiación de las familias y de las pequeñas y medianas empresas, con
una fuerte raíz local y una densa red de oficinas de implantación prepondera-
damente regional"

En Alemania, sí. Allí hay 670 cajas de ahorros, las populares "Sparkasse", con 380.000 empleados, y aunque por excepción también las
hay de fundación privada como las españolas, la práctica mayoría son
fundaciones de Derecho Público, de propiedad pública, normalmente
de Ayuntamientos y otras Corporaciones de índole local.

Las Sparkasse acaparan una gran parte de los depósitos bancarios alemanes. Tienen 16.700 sucursales, las cooperativas de crédito (Kredit-
genossenschafte) tienen otras 20.000. Y fíjese en este otro dato: entre
todos los bancos alemanes sólo tienen 5.475 sucursales, aproximadamente la misma red de oficinas que nuestra mayor caja de ahorros
española y europea: la Caixa.

Bruselas (*) fue presionada para privatizar la "marca" Caja de Ahorros que, según la ley alemana, sólo podía ser utilizada por entidades
públicas. Hubo un largo litigio y finalmente Alemania cedió. La vic-
toria de **Bruselas (*)** en esta batalla supuso que si un banco comercial privado comprara una Caja de Ahorros, podría mantener esa denominación de Sparkasse o Caja de Ahorros y explotar su atractivo
comercial.

Ya se produjo un primer caso con la Berliner Sparkasse que fue, en
realidad, el origen del litigio. Las autoridades regionales de Berlín
cambiaron la ley para permitir el acceso de los inversores privados al
capital de una Caja de Ahorros y pidieron a la Comisión Europea que
obligara a Alemania a cambiar su legislación para permitir que las
cajas de ahorros conservaran su nombre tras la venta a inversores privados. El objetivo de las autoridades locales berlinesas era, obviamente, obtener el máximo rendimiento en la venta, lo que se lograría permitiendo a los nuevos propietarios conservar el nombre de Sparkasse
en la entidad privatizada. **Bruselas (*)** les dio la razón.

¿Y qué consecuencias prácticas tuvo esto? ¿Es importante?

Sí es importante porque Alemania, en estos temas de bancos públicos y cooperativos, es única en el mundo, y su evolución podría muy bien afectar al resto.

¿Pero eso implicaría tener accionistas en una empresa de derecho público?

Desconozco los detalles técnicos del caso pero tenga presente que, normalmente, si hay voluntad política de llevar a término un proyecto, normalmente se acaba consiguiendo. Piense que, si bien es verdad que las cajas no pueden venderse a particulares, sí pueden venderse todos sus activos y pasivos, quedándose la entidad pública madre con el cheque de lo recaudado en la venta. Novios no les faltan: la banca internacional está expectante. Y el bocado es grande.

En otros países ¿hay también estos litigios?

En la Inglaterra thatcheriana y en Italia, la gran banca engulló a las cajas. Fueron privatizadas y ya no existen. Se acabaron los Montes de Piedad y las Obras Sociales. El gran éxito de las cajas reside en Alemania, con su régimen de fundaciones públicas; en Francia, bajo el régimen de cooperativas y, en España, como fundaciones privadas.

¿Y qué quiere decir Monte de Piedad? ¿Por qué antiguamente muchas cajas tenían en su nombre esta expresión?

Es que es el verdadero origen de las cajas, que nacieron como tal en el siglo XVIII, concretamente en Inglaterra (¡cómo no!), es el de una reacción protestante a los planteamientos religiosos de los Montes de Piedad, que habían nacido en el norte de Italia ya en el siglo XV de la mano de la orden de los franciscanos. La denominación "de Piedad" (di Pietà) los diferenciaba de otros tipos de "Montes", instituciones que ya provenían de las ciudades-estado italianas del siglo XII y eran recaudaciones o cajas públicas para sufragar obras públicas. Su denominación procede del italiano "monto" porque era así como se denominaban a las cantidades amontonadas para sus fines. Éstos cumplían objetivos caritativos y benéficos, y se fundaban como un instrumento para combatir la usura: en aquellos tiempos, eran frecuentes los usureros que cobraban intereses de hasta el 200%.

Los Montes de Piedad atendían a las clases sociales más necesitadas de protección mediante la concesión de préstamos gratuitos sin interés, garantizados con alhajas o ropas. Intentaban con ello suavizar los abusos de la usura. Para tal finalidad, los Montes de Piedad necesitaban, obviamente, fondos, que obtenían de depósitos populares también sin interés, limosnas, fiestas religiosas y ayudas directas de las coronas y cortes gobernantes.

Como era de prever, estos recursos, a la larga, se manifestaron insuficientes y se planteó la posibilidad de cobrar intereses en los **préstamos prendarios (*)**, a fin de obtener recursos suficientes para incentivar a los ahorradores para la constitución de depósitos de ahorro a su vez también remunerados, y así crear un flujo de fondos que permitiera finalmente incrementar la obra social llevada a cabo por los Montes.

Y aquí se armó un buen lío dentro de la Iglesia Católica. No todos sus miembros estaban de acuerdo con esta medida. El tema fue abordado en los concilios de Letrán en 1515 y de Trento en 1563. Finalmente, el Vaticano admitió el cobro de "moderados" intereses en los Montes de Piedad.

Decíamos que el concepto de caja de ahorros como tal, data del siglo XVIII y, tras Inglaterra, (Jeremy Bentham fue su gran defensor) se extendieron por Alemania (Brunswick 1765 y Hamburgo 1768) y progresivamente fueron sustituyendo a los Montes de Piedad.

¿Y en España?

Se conocían algunas instituciones, con implantación territorial desigual, como las "Arcas de Limosnas" (cuya existencia se remonta a 1431, y ya realizaba préstamos con garantías en especie que podían ser vendidas en caso de impago), las "Arcas de Misericordia" y las Alhóndigas o Alholíes, cuyo origen geográfico y cultural se adivina.

También tuvimos los "Pósitos", considerados precursores españoles de los Montes de Piedad, que llegaron más tarde que en los países europeos. Estas entidades prestaban en los siglos XVII y XVIII grano de trigo y centeno a los labradores en épocas de escasez y a un bajo rédito (interés). En 1885 había 76 Pósitos en España.

Se dice que el primer Monte de Piedad español fue el Monte de Piedad de Madrid, promovido por el capellán de las Descalzas Reales de Madrid, Francisco de Piquer y Rodilla. Fue el popular padre Piquer quien, en 1702, depositó un real de plata como primera aportación simbólica en una *"cajita de ánimas"*, que había de servir, dijo, "para sufragio de las ánimas y socorro de los vivos". La estatua representativa del padre Piquer depositando el real de plata se conserva en el Museo Histórico de Caja Madrid. La institución nacía, por tanto, con un doble objetivo: facilitar préstamos a los "vivos" y financiar misas y novenas a los "difuntos".

En "colonias" se fundaron Montes de Piedad en Nueva España (1536), Perú (1543), Nueva Granada (1739) y Río de la Plata (1776).

¿Desarrollan todavía hoy la misma actividad?

Ya lo creo que sí. Hoy existen en España 22 "montepíos" activos, todos ellos dependientes de otras tantas cajas de ahorro. En las épocas de crisis suelen generar una mayor actividad. A finales del año 2007 el saldo vivo de los préstamos concedidos por los Montes de Piedad era de 171 millones de euros, materializados en 367.200 préstamos. Durante el año 2008 el volumen de las nuevas transacciones se incrementó un 20%. Su actividad había menguado desde los años sesenta, pero recientemente ha vuelto a rebrotar con fuerza. El perfil del cliente también ha cambiado: actualmente muchos son emigrantes sudamericanos o norteafricanos en cuyos países existe una gran tradición en **préstamos prendarios (*)**. Más recientemente, con la crisis global, se habla de la llegada de colectivos tradicionalmente de mayor poder adquisitivo, como pequeños empresarios, ejecutivos, etc.

¿Y cómo funcionan realmente? ¿Qué productos se aceptan en prenda? ¿Qué pasa si no se devuelve el préstamo?

Normalmente, joyas. Preferentemente de oro. El préstamo suele ser a un tipo de interés relativamente bajo, pero superior al **Euríbor (*)**. Se puede ir renovando, pero si finalmente no se paga, la pieza en garantía sale a subasta pública. Precisamente en estos momentos, se está poniendo en marcha una web colectiva de varios montepíos, tipo "eBay", para realizar estas subastas por internet.

¿Y las piezas salen baratas a las subastas?

Para que se haga una idea, si usted empeña una pieza que es tasada en 100, (las piezas de oro se valoran al peso y los diamantes según el mercado de Amberes) se le concederá aproximadamente un préstamo del 70%, es decir, 70. Se calcula que con el 30% restante se cubren los costes del montepío. Si finalmente no paga, saldrá a subasta con precio inicial igual al valor de tasación de aquel momento, y que habitualmente, dicen los expertos, es la mitad de lo que le cuesta en una joyería.

Y si hay pujas y se adjudica a un precio mayor ¿la diferencia es beneficio para el Monte?

No. En absoluto. El Montepío sólo se queda el importe equivalente a la deuda; la diferencia se le abona al cliente. Ésa es la esencia de la labor social y asistencial de los Montes de Piedad.

¿Y si no hay adjudicación y la subasta queda desierta?

El Monte valora (tasa) primordialmente el contenido en oro de las piezas. Para recuperar el préstamo cuentan primordialmente con las subastas, pero en otro caso, les queda el camino de la fundición y la venta del oro. Los Montes no quieren hacer negocio: buscan ofrecer una salida a las personas que atraviesan una situación difícil. Las tasaciones son rigurosas, pero no abusivas.

Las cajas de ahorros como tales, ¿cuándo se iniciaron en España?

Nacieron también con cierto retraso respecto a otros países, y casi siempre ligadas a Montes de Piedad anteriores, o creadas simultáneamente.

La Caja de Ahorros más antigua fue fundada el 24 de febrero de 1834 en Jerez de la Frontera por el Conde de Villacreces, según se menciona en la Real Orden de 3 de abril de 1835. Desapareció al poco tiempo y tuvo que volverse a crear por Real Orden de 19 de noviembre de 1859.

Al año siguiente, 1835, la reina Regente María Cristina de Borbón *"instó a los gobernadores civiles a que impulsen en sus respectivas provincias la creación de cajas de ahorros, implicando en esta tarea a las personas 'pudientes' y con 'espíritu filantrópico' o disponiendo de los medios públicos que fueran necesarios al efecto".*

Inmediatamente, surgió una cantidad importante de cajas por todo el territorio español. En estos casos, quedaron vinculadas a los Montes de Piedad, ya fueran de creación anterior o simultánea a la Caja de Ahorros. Sus principales objetivos eran canalizar el ahorro popular hacia la inversión y realizar una labor social en sus respectivos territorios. Unos objetivos que se mantienen idénticos en nuestros días.

Los bancos "on line"

Creo que está bastante claro. Volvamos a los tiempos actuales. ¿Tiene alguna ventaja hoy operar con los llamados bancos por internet?

Sí, claro que sí, pero con matices. Los **Bancos on line (*)** o "bancos directos" fueron un revulsivo en un momento determinado (el eslogan de uno de ellos, "fresh banking", es muy acertado, porque sin duda introdujeron "aire fresco" en el sistema bancario español), pero posteriormente el espectacular desarrollo de las operativas "on line" de los bancos convencionales, incomparablemente más amplia, los ha convertido, desde el punto de vista estrictamente funcional, en innecesarios. Sin embargo, comercialmente, tienen su **nicho de mercado (*)** y es muy importante y creciente.

Hoy, su fuerza en el mercado financiero ya no viene por el canal innovador que utilizan, sino por su peculiar especialización en determinados productos muy concretos. Al operar sin tener que asumir el coste de una red comercial, pueden distribuir de forma mucho más competitiva. No obstante, la propia naturaleza de su forma de comercializar los productos hace que, hoy por hoy, su gama sea muy limitada e incomparable a la de un gran banco convencional. Y no digamos su oferta de servicios, y sus exiguos y tardíos beneficios.

Un conocido estudio cifra en tres euros el coste de cada transacción efectuada en una oficina bancaria, en un euro en la banca telefónica y en 30 céntimos en la banca por internet.

Por ello se dice que estos bancos desarrollan lo que tradicionalmente se conoce como "banca de productos" frente a la convencional "banca de relación y servicios". En determinados productos muy concretos (nada sofisticados, fáciles de entender y sin demasiada letra pequeña) podrá sin duda obtener unas condiciones más favorables para los clientes. Y servicios, limitados, pero sin comisiones. Y eso está muy bien.

Si eso es lo que usted desea, y sólo eso (tampoco hoy podrá pedir mucho más…), entonces puede ser muy conveniente operar con estos bancos, siempre que mantenga una relación con un banco "presencial" y se maneje bien con el ordenador. Estos bancos tienen "su mercado" (creciente) y "su techo", pero siempre serán complementarios.

Ellos mismos también lo tienen muy claro: fíjese que, en su publicidad, dicen más o menos: somos su "otro banco", dando por supuesto que usted en la práctica precisa, además, de los servicios de un banco presencial.

Y los grandes grupos bancarios ¿permiten que les hagan la competencia de forma tan agresiva sin oponerse?

No olvide que, de hecho, no son realmente competencia de los grandes bancos, sino filiales de los mismos. Los grandes grupos bancarios internacionales extienden así su negocio a los nuevos segmentos de mercado, con los productos y servicios diferenciados propios de la banca on line y compitiendo, entre otros, con su propia entidad madre. Todo sea por incrementar la cuota de mercado global: allí donde no llego con una marca lo hago con la otra. Y, primordialmente, se expanden internacionalmente a través de **Bancos on line (*)** con unas inversiones mínimas.

La amplísima red de oficinas bancarias ¿es realmente necesaria? ¿Quién paga su coste?

En general, España es un país "muy bancarizado". Hacemos muchas más operaciones bancarias que el resto de europeos, disponemos de una de las redes de oficinas y cajeros más densas del mundo, estamos entre los países que tienen emitidas más tarjetas de crédito por habitante, domiciliamos recibos en los bancos más que nadie (con todo el trasiego de órdenes de pago, contraórdenes, devoluciones, incidencias, enfados y malentendidos que todo ello comporta) y, claro, toda esa estructura de atención y servicio al cliente, que otros países generalmente no tienen, hay que pagarla.

Esto es posible porque, afortunadamente, los sistemas informáticos de la mayoría de las entidades españolas (no todas) son admirados en Europa. También los ratios de "eficiencia" de la banca española (y por supuesto los de solvencia) quedan en una brillante posición internacional. El Informe Anual publicado en 2008 por el **B.P.I. (Banco de Pagos Internacionales) (*)** dedicó un elocuente comentario a la banca española de quien dijo que *"apartándose de la tendencia general, la banca española mejoró resultados, incluidos sus márgenes de intermediación, pese al apreciable aumento de la dotación de provisiones para insolvencias"*.

Y todo ello a pesar de la costosísima estructura de sus redes de sucursales, mucho más densas que en cualquier otro país del mundo.

Si hubiera menos sucursales ¿pagaríamos menos por los servicios bancarios?

Sin duda alguna, claro, pero en nuestra cultura, hoy por hoy, y pese al progreso de los **Bancos on line (*),** y de la telemática en general, se sigue observando un comportamiento emergente global que consiste en hacer una larga y lenta cola en la ventanilla del banco, para pagar un impuesto, el último día del plazo legal, a las 2 de la tarde.

Hay un banco en cada esquina, además generalmente dotado con unos muy sofisticados cajeros automáticos. Mantener eso cuesta muchísimo dinero. Se ha podido llevar a término y mantener por la elevadísima eficiencia en general de nuestras entidades bancarias, y por el largo ciclo expansivo de nuestra economía.

Otros países ¿tienen realmente menos sucursales?

Muchísimas menos. Tenemos el record de Europa tanto en el ratio de número de sucursales por cada 10.000 habitantes (doce) como en número absoluto: 45.600 oficinas a finales de 2007. Más que en toda la Alemania reunificada, a pesar de la diferencia de población y renta. Con el agravante de que nosotros abrimos 1.800 nuevas en 2007, mientras que en Alemania en los últimos años se han clausurado un promedio de 2.000 cada año.

Y no únicamente destacamos a nivel europeo: somos también el país del mundo con más sucursales por habitante (una por cada 1.010 ciudadanos en 2008) y muy lejos de la Unión Europea (una por cada 2.183 personas en el año 2008).

¡El doble!

Efectivamente. El **Banco de España (*)** también ha dejado oír su voz sobre este tema reiteradas veces, criticando lo que consideraba *"la irracionalidad de algunos planes de expansión de la red de sucursales".*

En el ratio de "volumen de negocio por oficina", ocupamos la cuarta posición por la cola de los países de la **OCDE (*)**: únicamente nos siguen Turquía, México y Polonia. Por otra parte, somos los que tenemos menos empleados por oficina. La conclusión es evidente: en términos comparativos, tenemos muchas más oficinas bancarias, dotadas con menos empleados y con menor volumen de negocio. La verdad es que no hacía falta que la **OCDE (*)** nos lo dijera: salta a la vista paseándose por cualquier capital española.

¿Y qué sentido tiene esto?

Son estrategias comerciales, en mercados distintos. Aquí ha habido, y hay, una fortísima competencia por ganar **cuota de mercado (*)**. En las últimas décadas de exuberancia económica, las cajas de ahorros han abierto nuevos mercados en territorios no tradicionales, antiguamente vedados a las cajas "no locales". En un ambiente de fuerte competencia por logar una mejor cuota, casi todos han adoptado la misma estrategia. Se supone que, una vez consolidada una posición determinada en el mercado, se procederá al esfuerzo de reforzarla reduciendo gastos, agrupando y racionalizando la red. Es un tema de maduración.

Así, ¿cree que llegará un día en que se cerrarán masivamente oficinas aquí también?

Ya se está haciendo. La red bancaria española, tal y como existía en 2008, tiene los días contados y no volverá a ser lo que fue. Tenemos el doble de oficinas que los países de nuestro entorno. El costo de estas redes, sobre todo en un entorno de grave recesión económica, se cuestiona a todos los niveles. Y, a pesar de nuestras rutinas, peculiaridades culturales y costumbres históricas, la red bancaria ha de reducirse espectacularmente. El sector está absolutamente sobredimensionado, tanto en oficinas como en entidades; una situación que se irá agravando a medida que se deteriore la economía.

En 2009 prácticamente todos los bancos están cerrando oficinas y racionalizando sus estructuras. Se habla de recortes en las redes de oficinas del 33%.

¿En bancos y cajas por igual?

Mucho más en las cajas que en los grupos bancarios. Las cajas realizaron su gran concentración en la década de los noventa, quedando reducidas a las 45 actuales, poco más de la mitad de las que había anteriormente. Desde entonces, la gran mayoría de ellas se dedicaron a crecer en los territorios distintos a los de su fundación, (normalmente municipios o provincias), expansionándose por toda España, especialmente en aquellas zonas más económicamente explosivas. Aunque los planes de expansión eran individualmente racionales, convenientes y acertados para las entidades, a nivel agregado se produjo una saturación del mercado. Hoy, se hace necesario, por muy diferentes y potentes razones, un nuevo proceso de racionalización, ahorro de costes, incremento de solvencia y búsqueda de sinergias mediante fusiones y absorciones. Su número puede quedar reducido muy sensiblemente.

Por el contrario, los bancos españoles, durante los últimos quinquenios, han estado permanentemente sumidos en sucesivos procesos de fusiones y absorciones (con las respectivas reestructuraciones y racionalización de redes de oficinas, que para ellos siempre han sido de ámbito global español). La llegada de la crisis les ha cogido con los deberes mucho mejor hechos.

Pues estábamos todos muy bien acostumbrados a tener siempre un banco en cada esquina.

Tener varias oficinas muy próximas puede ser muy aconsejable "comercialmente": todas están llenas de clientes, todas son rentables, pero económicamente, en términos globales, son muy ineficientes. Aunque generen individualmente un beneficio. El mercado está ya suficientemente maduro. Agrupar varias de ellas en locales más amplios, no necesariamente íntegramente a pie de calle, permitiría unos servicios más especializados, una mejor dotación y adecuación del personal, una mucho mayor calidad de servicio y unos ahorros espectaculares en locales e instalaciones. Y los clientes, a cambio, en muchos casos, deberían desplazarse únicamente poco más de una manzana adicional. Este sacrificio quizás le podría ser recompensado con una más amplia franja horaria de servicio al público.

Y los sindicatos ¿qué dirían? Son ellos los que se oponen, ¿no?

Los sindicatos son muy responsables: no se opondrían a una mejora en la explotación y en la rentabilidad de sus empresas que les permitiera incrementar su rentabilidad, su estabilidad y fortaleza a largo plazo. Aprobarían sin duda el cambio. Con otros empleados adicionales, claro está. Nadie trabajaría doce horas diarias todos los días de la semana, incluyendo algunos festivos. Habría rotaciones de personal, para cubrir diferentes franjas horarias, como en cualquier otra actividad comercial. No sé porqué la banca y sus servicios asociados paralelos han de ser diferentes.

¿Y a cambio de menores comisiones?

Pienso que sí. Una mejor gestión económica y un incremento en la eficiencia repercutirían positivamente en el cliente, sin duda. Y no tendrían que inventar nada. Sería simplemente dejar de ser únicos. No obstante, piense que, en épocas de grave recesión económica, los cierres y la racionalización de las redes persiguen primordialmente el objetivo inmediato de reducción de costes para afrontar los espectaculares incrementos en la morosidad.

El horario de los bancos ¿es sostenible a medio plazo?

Recientemente, han coincidido el Presidente de un gran banco español y el **Consejero Delegado (*)** de otro, calificando más o menos literalmente de *"dispendio"* la explotación comercial que el sistema bancario español hace de sus redes de oficinas. Tener los locales mejor situados de las ciudades, y por tanto los más caros, cerrados todas las tardes es de una gran ineficiencia.

"Tener locales en las mejores zonas de las ciudades 17 horas al día cerrados no tiene sentido. No sé si la solución es abrir más horas las oficinas o dedicarlas a otras cosas" afirmó un directivo de una importante caja de ahorros aragonesa, en unas jornadas organizadas por la consultora KPMG y Cinco Días.

Francisco González, presidente del BBVA, segundo banco español, piensa que la situación es *"inviable"* y que con el horario actual es difícil que sean rentables las oficinas. Lo mismo opina Ángel Ron, el máximo dirigente del Banco Popular: *"Todo ha cambiado en la sociedad menos los horarios de banca"*, dijo recientemente. Y estoy muy de acuerdo con ambos.

Lo que ocurre es que, con los horarios extendidos, la actividad desplegada debería también ampliarse, claro está. Aquí tendría sentido la agrupación de oficinas próximas y la utilización de los locales de los bancos como puntos de atención al público de otras empresas filiales, como sus múltiples compañías de servicios, aseguradoras, inmobiliarias, etc. En definitiva, se trataría de dinamizar los locales con nuevas actividades y durante más horas. Supongo que el futuro irá por aquí.

Y no hemos comentado algo que es fundamental y que hay que abordar: la opinión de los clientes. Puede que el horario de los bancos sea un dispendio económico como dicen, pero hay que abordar la principal distorsión: la disponibilidad de las redes bancarias para las personas sujetas a un horario laboral. Es de sentido común intentar tener un horario de atención al público que permita la amplia y cómoda prestación de determinados servicios.

Eso es cierto, yo tengo que pedir un permiso especial en mi empresa para ir a hacer las gestiones en mi banco.

Y no me dirá que no es absurdo e ineficiente. ¡Ay la productividad española! Aquí hay mucho terreno por dónde avanzar, aunque también es verdad que internet y la operativa on line de los bancos han reducido enormemente las visitas a las oficinas bancarias. Pero se siguen necesitando las oficinas, cada vez con más colas y menos dotadas de personal.

En la vertiente de las grandes empresas como clientes, el tema no tiene discusión alguna: la banca les ha de prestar sus servicios haciendo su mismo horario. No hay alternativa posible. En multitud de casos es así en la práctica, dado que, extraoficialmente (excepto en los casos de personal contratado con horarios especiales), se sigue trabajando más allá de los horarios oficiales. De otra forma sería literalmente imposible prestar unos servicios indispensables y absolutamente imposibles de llevar a cabo dentro de los mismos.

Pero los clientes particulares y los comercios quedan fuera de estos circuitos y, en ocasiones, especialmente en las grandes ciudades, es un verdadero problema ir al banco en su franja horaria oficial.

¿Y qué solución tiene esto? ¿Hay alguna?

La hay, claro. Es una cuestión de voluntad e imaginación, como cuando los sindicatos pactaron con las cajas de ahorros la apertura de las oficinas los jueves por la tarde.

Pero, fíjese cómo lo han resuelto aquí al lado, en la super-sindicalizada Francia: allí muchas oficinas de los bancos para particulares cierran los lunes y abren los sábados. Es la solución francesa al problema.

Resumen

- No es cierto que el negocio de la banca sea una actividad de beneficios siempre exuberantes. Al contrario, tiene una alta volatilidad, y hay momentos en que su negocio prácticamente no genera beneficios finales.
- Las cifras suelen ser altas en valores absolutos, pero los capitales invertidos también. En cualquier caso, hay negocios mucho mejores, en términos relativos y proporcionales. Y más estables.
- Dado que su actividad se basa primordialmente en "la confianza", demostrar que se es solvente, eficiente y rentable, es decir, seguro, tener un buen beneficio es una obligación.
- Como en cualquier otra relación comercial de cualquier sector económico, la relación cliente-banco, para ser satisfactoria y estable, debe ser rentable, en términos globales, *para ambas partes*, ya que, en otro caso, es una relación con fecha de caducidad.
- Los ingresos financieros obtenidos por los saldos de las cuentas a la vista de sus clientes son absolutamente insuficientes para desarrollar las responsabilidades que la banca tiene en la economía moderna. Los servicios prestados hay que pagarlos.
- Entre los bancos y las cajas de ahorros no hay ninguna distinción como cliente y en sus operaciones cotidianas. La distinción está en el encuadramiento de las cajas en su entorno social y legal. Las diferencias básicas se centran en su estructura societaria y en las consecuencias que de ello se derivan.
- En España, las cajas de ahorros son fundaciones privadas. En Alemania, fundaciones públicas. En Francia, cooperativas.
- Los Montes de Piedad continúan: hoy existen en España 21 "montepíos" activos, todos ellos dependiendo de otras tantas cajas de ahorros.
- En determinadas circunstancias puede ser muy conveniente operar con los bancos "on line", siempre que mantenga una relación con un banco "presencial" y se maneje bien con el ordenador. Estos bancos tienen "su mercado" (creciente) y "su techo", y siempre serán complementarios.
- Probablemente, a medio plazo, se observe un proceso de reducción del número de oficinas bancarias y, tal vez, una ampliación del horario de atención al cliente.

2
Además necesito una tarjeta de crédito

El dinero es la tarjeta de crédito de los pobres
HERBERT MCLUHAN

¿A qué se refiere McLuhan realmente?

A que, en determinadas circunstancias y ambientes, tratar de pagar algunas transacciones **cash (*)** o tratar de desenvolverse habitualmente en efectivo puede ser interpretado muy negativamente.

Pues el tendero de la esquina siempre me pone mala cara cuando le pago con mi tarjeta.

Tiene su explicación lógica, y no es difícil entender a su tendero, pero yo no tengo muy claro que pueda irse muy lejos hoy sin una tarjeta de crédito. ¿Lo ha tratado de hacer por ejemplo en EE.UU.? Puede llegar a estar muy mal visto e incluso se le puede llegar a negar el alquiler de un coche o la contratación de una habitación de hotel.

¿Incluso poniéndoles el efectivo sobre la mesa?

Precisamente por eso. Viajar pagando en efectivo puede ser interpretado como que usted es presuntamente una persona de nulo crédito, alguien a quien los bancos le han retirado las tarjetas por uso fraudulento o insolvencia total y, por supuesto, persona no digna de crédito y por tanto de una tarjeta que lo acredite. Ése es el sentido que McLuhan le daba a su frase.

Pero si les pago en efectivo deberían estar contentos, ¿no? Incluso se ahorran la comisión de la tarjeta ¿no es así?

No lo crea. Pagar la comisión a la empresa emisora de la tarjeta ya lo tienen previsto y forma parte del precio de la habitación. Pero su tarjeta no es únicamente su medio de cobro sino también *su fórmula de cubrirse* ante cualquier irregularidad suya durante su estancia. Es una garantía para ellos porque usted puede pagar en efectivo el importe de, por ejemplo, dos noches, pero podría quedarse una noche más, dejar una suculenta factura de teléfono, de minibar de la habitación, del servicio de restaurante y bar del hotel que no había pagado por adelantado y que en el caso de que usted desapareciera no podrían cobrarlo. Con la tarjeta y el papel que usted firmó a la llegada, ellos pueden tramitar el cobro de sus servicios incluso en el caso de que usted desapareciera del mapa.

Lo mismo cuando usted alquila un coche y desaparece con él por la puerta del garaje... ¿volverá? ¿con el coche en condiciones? ¿qué cantidad de efectivo debería dejar en garantía?

Además, por la mente de su hotelero o del encargado de la empresa del coche de alquiler, puede pasar la imagen de una persona presuntamente relacionada con negocios ilícitos o fiscalmente fraudulentos, que maneja grandes cantidades de efectivo que no ha podido **blanquear (*)**.

Como ve, en algunos ambientes, tratar de pagar todo en efectivo puede convertirlo a usted en *presunto "bastantes cosas"*.

No hace mucho, leí que España era uno de los países que menos utilizaba las tarjetas de crédito en sus compras.

Y es cierto. Tenemos la red de oficinas y cajeros automáticos más densa del mundo. Nuestros cajeros son reconocidos como los más versátiles e inteligentes. Los españoles llevamos casi 100 millones de tarjetas de pago en nuestras carteras. Somos los que tenemos más tarjetas per cápita, y los que las utilizamos menos en nuestras compras en los comercios. Es curioso.

¿Tan diferente es nuestro comportamiento a la hora de pagar?

Saque usted mismo su conclusión: en España únicamente pagamos el 16% de nuestro consumo doméstico con tarjetas. En nuestros países vecinos, Portugal y Francia, el porcentaje es del 30%, y en el Reino Unido del 40%.

Según las estadísticas, el comportamiento típico del español sería ir a un cajero automático de los muchísimos que hay, sacar dinero en efectivo con una de las muchas tarjetas que posee, y luego ir a un comercio a comprar y efectuar el pago en efectivo. Eso dicen los estudios que hacemos. Y no es un único estudio, son muchos y de manera continuada. No tengo explicación fácil.

Según datos del Banco de España correspondientes al año 2004, *"el uso principal de las tarjetas en España sigue siendo la disposición en efectivo por cajeros, con un 60% del total"*.

Y, por supuesto, en el comercio electrónico por Internet también nos situamos en las tradicionales posiciones en la cola de Europa. Somos, no lo dudará, un país curioso. No nos gustan las posiciones intermedias. O estamos en la ya tradicional cola de los países de la **OCDE (*)** de toda la vida, o estamos en la cabeza, líderes en algún asunto en concreto.

No obstante, como es natural, las estadísticas demuestran que el número y valor de las transacciones efectuadas con tarjetas crecen cada año.

Se acercan cambios importantes en las tarjetas

Con el objetivo de extender el uso de las tarjetas en las pequeñas compras (cines, transportes, locales de comida rápida, etc) ya se están experimentando las tarjetas por ondas de radiofrecuencia: las tarjetas *contactless*. Con estas tarjetas los pagos se realizarán en un segundo, sin teclear el **pin (*)**, sin firmar, sin llamada de teléfono, sin enseñar documento de identidad, y sin perderla de vista en ningún momento. Este tipo de transacciones, por razones de seguridad, tendrán un importe máximo asignado, así como un número máximo de transacciones diarias, por encima de las cuales operaría como una tarjeta normal.

Eso sí que facilitaría las pequeñas transacciones y sustituiría al efectivo
Y la seguridad. Piense que no perdería de vista la tarjeta en ningún momento. Ya circulan más de setenta millones de tarjetas así en EE.UU. y otros países. En Europa, hay proyectos piloto activos en Gran Bretaña, Francia, Alemania y España.

Hay otros pasos importantes. Siemens ha desarrollado un sistema de identificación del usuario de las tarjetas mediante las huellas digitales. Las tarjetas "Internet ID-Card" son un poco más gruesas que las normales y poseen un sensor por donde pasan las yemas de los dedos. Fujitsu va más allá, con sus tarjetas "Palm Secure" con reconocimiento de la identidad a través de las venas de la mano, mucho más difícil de falsificar, afirman, que las huellas. Las venas de la mano, al igual que las huellas dactilares y el "iris del ojo" son únicos en cada persona, incluidos los casos de hermanos gemelos.

Visa también está experimentando, conjuntamente con Nokia, el pago mediante el teléfono móvil.

Ya veo que los grandes fabricantes se mueven...
Pero no únicamente ellos. **Bruselas (*)** también obliga a llevar a término algunos cambios importantes. La denominada "zona única de pagos" europea, SEPA, tiene como objetivo lograr que la tarjeta de débito pueda utilizarse en toda Europa y a un precio razonable: ahora hay una compleja amalgama de sistemas locales. Existe un calendario para que todas las tarjetas (y las correspondientes infraestructuras tecnológicas en bancos y comercios) estén preparadas para cumplir las normas SEPA: obligatoriedad de un chip en lugar de la banda magnética, y el uso obligatorio del **pin (*)**.

Las tarjetas de pago aplazado o revolving

Pero al margen de los desarrollos tecnológicos, que sin duda incrementan la seguridad y la rapidez, ¿seguirá habiendo el mismo tipo de tarjetas, es decir, las de débito y las de crédito de toda la vida? ¿O hay también novedades a la vista?
No soy conocedor de cambios en este sentido, pero se ha dejado usted un tercer tipo de tarjetas muy extendido: las tarjetas de pago aplazado o revolving.

¿No son tarjetas de crédito normales, pero con pago aplazado?
Sí, pero éstas en concreto son "únicamente" de pago aplazado. No permiten efectuar el pago total de las compras efectuadas a final de mes. La forma de pago siempre es "a crédito aplazado". Usted decide la cantidad a pagar cada mes (cantidad que incluye amortización e intereses) y aplaza los pagos en el tiempo. Como los intereses no son en absoluto baratos, esta fórmula es una forma de financiación extraordinariamente interesante para los bancos. Y resulta muy cómoda y flexible para los usuarios. De hecho, en la práctica se viene utilizando como forma de financiación alternativa a los **préstamos personales(*)** de importes modestos y en las compras de bienes de consumo duradero:

muebles, electrodomésticos, viajes, etc. Debido al interés que los bancos tienen en su difusión, suelen ser gratuitas (sin cuotas anuales).

Resumen

● Una tarjeta de crédito no sólo le permite efectuar transacciones por el mundo, sino también prestigiarle y ofrecer garantía frente a hoteles, compañías de alquiler de coches, etc.
● Se acercan cambios importantes en las tarjetas, que afectarán positivamente a la seguridad y a la comodidad.
● Pronto permitirán disminuir los pequeños pagos en efectivo: cines, transportes, kioscos, etc.
● Las tarjetas de pago aplazado o revolving se han convertido en una fórmula alternativa de financiación a medio plazo.

3

Oigo hablar de riesgos y estafas que no entiendo, y ello me crea inseguridad

El medio más fácil para ser engañado es creerse más listo que los demás
FRANÇOIS DE LA ROCHEFOUCAULD

Sí. Hay que ser cautos y prudentes, efectivamente. Existen miles y miles de personas en todo el mundo que no han encontrado otra cosa mejor que hacer en la vida que dedicar todas las horas del día a tratar de encontrar un sistema para estafarnos.

Y son gente muy inteligente y técnicamente muy cualificada.

He oído algunas historias y a veces tengo miedo de ir con mi tarjeta de crédito por el mundo.

Naturalmente. Pero piense que mayoritariamente los grandes estafados son los bancos, no sus clientes. No lo dude. Estoy seguro de que su banco le ofrece una garantía de reembolso de las operaciones fraudulentas. Además, los propios sistemas internacionales de pago mediante tarjetas establecen unas normas y procedimiento de reclamaciones y responsabilidades que le defienden en todo caso de los amigos del engaño. Puede estar tranquilo si adopta medidas de elemental prudencia. Aún así, hay algunas cosas que el banco no le cubre, claro.

¿Cuáles, por ejemplo?

Le sorprendería saber la cantidad de tarjetas de crédito y libretas que son sustraídas o perdidas junto a un papelito que indica su número secreto. *"Pensaba separarlos al llegar a casa"*; dicen unos, *"me lo apunto porque tengo muchos **pins** (*) y no me aclaro"*; *"no era consciente de que estuviera el papel ahí"*... El caso es que si alguien va a un cajero con su tarjeta y saca limpiamente dinero con su **pin** (*), ahí tiene usted un buen lío, porque usted era el responsable de la custodia del número secreto.

También se sorprendería de la cantidad de transacciones que diariamente se efectúan en cajeros automáticos por personas que no son los titulares de las respectivas tarjetas o libretas, y no se trata en este caso de fraudes sino de personas que, de buena fe, acuden al cajero para hacer reintegros de familiares, personas próximas que están enfermas o, que por cualquier otra razón, les han cedido el plástico y el número secreto. Si hay fraude, ahí usted lo tiene mal.

Cambie de vez en cuando los pins. Por si acaso

Las personas mayores tienen a veces problemas para memorizar los números, ¿es éste el segmento más conflictivo?

Mayoritariamente sí, pero hay de todo. Hay que insistir siempre en que no se les ocurra, para memorizar un pin, poner el "año" o el "día y mes" de su nacimiento, o el número de la calle de su casa, o las primeras o ultimas cifras de su DNI o del número de teléfono. Si le roban tarjeta y DNI a la vez probarán todos estos números. Y, por suerte, normalmente tienen sólo tres posibilidades: al tercer error la tarjeta queda retenida.

He conocido a personas que llevan anotados unos números "falsos" en la banda de la tarjeta con objeto de confundir al teórico "caco" y provocar que se le bloquee la tarjeta en un cajero. Buena idea.

Pero, si no cometo estas imprudencias, y me roban la tarjeta y la utilizan en comercios, ¿estoy protegido?

Cada banco tiene unos sistemas distintos, pero esté tranquilo. Siempre deberá tomar nota de las operaciones fraudulentas y acudir a una comisaría de policía a denunciar los hechos. A partir de ahí, se ponen en marcha los mecanismos de recuperación de su dinero que, como le he mencionado, son diferentes de una entidad a otra.

Y ¿en qué consiste el duplicado de las tarjetas? ¿qué se puede hacer para ser prudente en este tema?

Desgraciadamente, nada. Si le duplican la tarjeta, se le reembolsarán los cargos efectuados. Consulte con su banco, esté tranquilo. El duplicado de las tarjetas consiste en que el estafador de turno (normalmente un empleado infiel de un restaurante, autopista, gasolinera, parking, etc. a quien las mafias internacionales le retribuyen generosamente su servicio) cuando usted tramita el pago del correspondiente servicio con su tarjeta, y sin que usted se aperciba de ello, la introduce en un pequeño aparato que lee, copia y almacena los datos de su banda magnética. Posteriormente "las mafias" proceden inmediatamente a fabricar plásticos en blanco con bandas magnéticas idénticas a las suyas y a generar operaciones en terminales de comercios "amigos" (colaboradores en la estafa) o no, y que pueden estar situados en cualquier lugar del planeta.

Pronto desaparecerán definitivamente las bandas magnéticas (tan fácilmente copiables) y serán universalmente sustituidas por un chip, lo que dotará a las tarjetas de muchísima más seguridad. Y para dentro de cuatro días, estarán ya en experimentación las tarjetas por ondas de radiofrecuencia: las tarjetas contactless.

Además, la reciente introducción de importantes novedades en los procedimientos de pago como el Código de Seguridad, o la Compra Segura, ya ha supuesto un gran paso adelante en el sentido de la seguridad.

¿El Código de Seguridad es el pin?

¡No! ¡No se equivoque! El Código de Seguridad se trata de un nuevo número identificador de tres dígitos que aparece en el dorso de sus tarjetas, impreso en la banda prevista para su firma si se trata de VISA o MASTER, o en el anverso y de cuatro dígitos si se trata de una American Express.

Se conoce como CVC, que quiere decir Card Verification Code.

AMERICAN EXPRESS
El código CVC aparece en el anverso de su tarjeta y contiene **cuatro** dígitos impresos sobre el número de su tarjeta.

MASTERCARD
Número de **tres** dígitos no realzado en la parte posterior de la tarjeta, impreso dentro de la banda de la firma después del número decuenta.

VISA
Número de **tres** dígitos no realzado en la parte posterior de la tarjeta, impreso dentro de la banda de la firma después del número de cuenta.

¿Y cuándo lo utilizo?

Se lo pedirán cuando pretenda hacer compras en determinadas webs de Internet.

Por cierto, y en relación a lo que me acaba de decir, no se le ocurra jamás poner en Internet el pin de su tarjeta en ocasión de una compra. Jamás se lo preguntarán. Si alguien lo hace, tenga la absoluta seguridad de que se trata de una estafa. *Cuidado.*

La Compra Segura

Y la Compra Segura ¿en qué consiste?

Es un procedimiento para verificar la autenticidad de la operación y tener la seguridad de que usted está realmente pagando una determinada operación conocida y la autoriza. Se trata de un mecanismo de seguridad en constante evolución.

Básicamente consiste en que en el momento en que usted efectúa una compra con su tarjeta, la operación queda pendiente de autorización definitiva hasta que usted la reconfirme: y ello puede ser mediante la respuesta a un sms con los datos de la operación a autorizar que habrá recibido en su móvil o, vía web segura del servicio de **banca on line** (*) de su banco, introduciendo una determinada clave de autorización.

No se puede entrar en mucho detalle porque los procedimientos difieren mucho y sobre todo cambian a una gran velocidad. Consulte a su banco. Pero en definitiva la filosofía es la siguiente: aquí no se aprueba ninguna operación con mi tarjeta de crédito hasta que yo la autorice mediante una nueva clave por medios denominados seguros. Así de simple y contundente.

¿Y en internet? ¿Cómo se pueden atajar los fraudes? ¿Es seguro conectarme a la web del banco y realizar operaciones con mi cuenta? ¿Qué riesgo

existe de que alguien pueda acceder a mis ahorros en mi nombre y hacer con ellos lo que le plazca?

Es seguro, no tema. Pero debe tomar, eso sí, unas pocas precauciones. Constantemente se realizan multitud de transacciones electrónicas en todo el mundo; millones de ellas. Eso, al cabo del día, resulta en un número enorme de operaciones; al cabo del año... calcule. Compraventas, transferencias, abonos, etc.; operaciones que requieren el envío de datos sumamente comprometidos: números de tarjeta de crédito, de cuenta, etc.

Existen miles de **hackers (*)** en todo el planeta que serían las personas más felices del mundo de poder acceder a esa información. Gente con altos conocimientos de informática y telecomunicaciones, y que dedican mucho tiempo a idear nuevas estrategias para saltarse las medidas de seguridad existentes. Su motivación ya no es sólo el interés por robarle su dinero, sino, además, un tema de orgullo. Se ha creado una especie de subcultura alternativa formada por este tipo de individuos. Muchas de las técnicas que idean los hackers no van encaminadas a robar, sino a demostrar que han sido capaces de saltarse determinadas barreras de seguridad. Ésta es la única explicación al comportamiento de los que se introducen y pasean por las webs de la CIA o del Pentágono. ¡Son realmente unos cracks!

En este contexto, conseguir solamente pasearse por sus cuentas, tener acceso a información que los bancos presumen de tener perfectamente salvaguardada, coger algo de dinero (y, quizá, devolverlo al cabo de un instante, solamente para hacer ostento de lo que son capaces de hacer) convertiría a la persona que lo consiguiera en una especie de nuevo ídolo que llenaría de comentarios los foros de internet. Y no digamos si, de paso, se hace con un buen pellizco de sus ahorros; eso seguro que movilizaría a una buena parte del sector menos idealista del "mundo hacker".

O sea que, por un lado, existen millones de operaciones en todas partes del mundo que ponen en la red suculentos datos; y, por el otro, los **hackers (*)** están esperando su oportunidad para pasar a la historia. O para forrarse robando dinero, no nos engañemos, eso los convertiría en **crackers (*)**. La nueva heroína de ficción, Lisbeth Salander, es un claro ejemplo de delincuente informática. Pues bien, hasta ahora, nadie ha sido capaz de quebrantar las medidas de seguridad de internet, mientras el volumen de transacciones realizadas crece geométricamente.

Sí, sí, bueno… pero yo he oído hablar de grandes estafas online… ¿Qué pasa? ¿No existen en realidad?

Naturalmente que existen…

¿Y entonces? Mire… no lo veo claro… ¿las medidas de seguridad de que me habla no son fiables del todo, del todo?

Sí, lo son. Pero, claro, no protegen contra la ingenuidad. Las estafas se producen cuando *no* se aplican las medidas de prudencia adecuadas.

Mire, estudiosos de la seguridad digital han identificado los puntos clave que hay que verificar que estén cubiertos en cualquier comunicación que pretenda ser segura.

Son, en el fondo, de sentido común:

- **Confidencialidad**. Asegura que un mensaje no es entendible por alguien a quien no va destinado.
- **Autentificación**. Asegura que la persona o institución con la cual usted está conectado es quien dice ser.
- **Integridad**. Asegura que el mensaje original no ha sido manipulado y usted lo recibe tal como fue enviado.
- **No repudio**. También se habla de irrenunciabilidad. Permite probar la participación de las partes en la comunicación. El emisor no puede negar que envió el mensaje porque el destinatario tiene pruebas del envío; el receptor no puede negar que recibió el mensaje porque el emisor tiene pruebas de la recepción. Requiere una **firma digital (*)**.

Si usted tiene cubiertos estos aspectos, la comunicación es segura. Puede fiarse.

Las medidas existentes hoy en día en las páginas seguras de internet aseguran estos cuatro puntos; por lo tanto, estamos a salvo si la página es del tipo de las así llamadas, "segura".

¿Y cómo sé yo si una página es "segura"?

Hay dos maneras de comprobarlo. Por un lado, puede verificar que, al conectarse a la página, aparece un icono con un candado amarillo cerrado en la barra inferior de su navegador web. Eso indica que puede estar usted tranquilo. Por otro lado, también indicará que la web es segura el hecho de que su dirección comience por "https://...", en vez del clásico "http://...".

No debe dar sus datos confidenciales al primero que pase por ahí (virtualmente, claro) y se los pida, si no es realmente un sitio de confianza, una página "segura".

El phishing y las páginas seguras

¿Y quién me asegura a mí que el candadito dice la verdad?
Toda la infraestructura de seguridad de internet se basa en la confianza. Hay una serie de empresas e instituciones reconocidas que nos aseguran, mediante elaboradas fórmulas matemáticas, que las webs por donde navegamos son auténticas y no falsificaciones producto de un **hacker** (*) avispado, lo que se conoce como **phishing** (*). Nos garantizan también que la página que visitamos no ha sido modificada por un tercero.

Se conocen como **entidades de certificación** (*). Quizá la más conocida de ellas es VeriSign, que opera mundialmente en toda la web. Todo el mundo confía en VeriSign, es de fiar. Otras, también importantes, son Thawte o Getrust.

El funcionamiento viene a ser el siguiente: una persona quiere comprar la última entrega de Harry Potter, por ejemplo, y se conecta a un sitio web, pretendidamente la tienda online Amazon. En su navegador aparece un icono de un candado cerrado; es una web segura. Si hace doble click sobre el candado podrá ver quién es la entidad certificadora; en este caso, VeriSign. Bien, esto lo que hace es, intrínsecamente, preguntarnos ¿confía usted en VeriSign para que le certifique que la dirección que usted está visitando es realmente la tienda online Amazon? Lo que decíamos de la confianza como base de la seguridad digital.

Todo esto me lleva a hablarle de lo que le comentaba antes de las precauciones. En resumen, no debe prestar sus datos a nadie en quien no confíe.

Parece obvio, pero debe tener en cuenta el siguiente criterio para determinar en quién confía y en quién no: para poder fiarse de una web, de entrada, primero, debe pertenecer a una entidad que le transmita seguridad. Además, la página debe tener un certificado digital que la avale. Tenga en cuenta que la certificación digital asegura la identidad de la organización que la página web representa, pero no su buena fe una vez sus datos confidenciales obren en su haber.

Me habla usted todo el rato de páginas web. ¿Qué hay de los datos que se puedan intercambiar vía e-mail, etc.?

Es posible utilizar correo electrónico seguro, cifrado, pero no es lo habitual. Si no es su caso, desconfíe de cualquier mensaje que no proceda de una persona conocida por usted. Todos recibimos diariamente e-mails que claramente pretenden engañarnos.

Pero eso me haría desconfiar de la mayoría de los mensajes que recibo...

Es lo más sensato. Debe hacerlo.

Por ejemplo, si usted pone un anuncio de venta de un coche en una página de internet recibirá, muy probablemente, correos desde el extranjero diciéndole que compran su coche. Sin verlo ni discutirle el precio. Y le enviarán un cheque como pago anticipado. ¡Fantástico! Invariablemente cometen el error, que le explican con detalle, de haberse equivocado en el importe del cheque en el momento de extenderlo, al haberlo extendido por un importe superior al acordado, solicitándole que usted le envíe una transferencia por el importe del error cometido. Esa será la última noticia que tendrá de su interlocutor. Usted se quedará con su coche, sin el dinero enviado y con un cheque devuelto impagado al cabo de algunas semanas, o meses (el proceso de **clearing (*)** o compensación y cobro de cheques internacionales no es dos días hábiles como la local: internacionalmente puede devolverse un cheque sin plazo máximo alguno).

Y ya no hablemos de los tradicionales engaños conocidos como los "fraudes nigerianos", mediante los cuales se le ofrece ser partícipe, (y por supuesto cómplice, a cambio de un 20% aproximado del botín) en el robo, normalmente a un Estado africano o a una compañía petrolera internacional, de unas cantidades inmensas de muchísimos millones de dólares. Es un timo muy tradicional, que antes de internet se efectuaba por correo, y que lleva décadas engatusando y esquilmando a sabios ambiciosos de todo el mundo.

Y qué decir sobre las conversaciones que pueda tener en un chat, en el Messenger, etc.... Nunca utilice uno de estos medios para transmitir información comprometida. En estos medios, con contadas excepciones, no existe un entorno seguro. Así que, de buenas a primeras, la mayoría de las veces, no puede ni estar seguro de saber a ciencia cierta con quién está hablando realmente, a no ser que, por ejemplo, haya concertado a priori una "cita virtual" con un conocido suyo. Pero ni en ese caso debe revelar ese tipo de datos, porque podrían ser interceptados por un tercero muy fácilmente. No sabemos quién está "escuchando" nuestra conversación, ni si se guarda un registro de nuestro diálogo en algún fichero de algún servidor.

En algunos casos, si se trata de un conocido a quien debe darle información sensible, salga del chat, llámele por teléfono y dígale lo que desee. Y duerma tranquilo.

Así pues, ¿la conclusión de todo esto sería "no se fíe ni de su sombra"...?
Tampoco es eso. La conclusión sería válida para casi todas las facetas de la vida: sea prudente y aplique el sentido común.

Resumen

- **Hay que ser cautos y prudentes. Los estafadores son muchos y muy competentes.**
- **Se deben tomar siempre precauciones: los sistemas de seguridad no protegen contra la ingenuidad.**
- **Jamás debe prestar sus datos a nadie en quien no confíe.**
- **Nadie le pedirá legalmente el "pin" de su tarjeta por internet.**
- **Si alguien lo hace, tenga la absoluta seguridad de que se trata de una estafa.**
- **Compruebe siempre que la página que visita es "segura". En caso contrario no transmita información comprometida.**
- **Sea humilde. Acepte que hay gente que pretende engañarle, y que puede ser más lista, más experta y con más tiempo y recursos que usted.**

4
Necesito un crédito

Si quieres conocer el valor del dinero, trata de pedirlo prestado
BENJAMIN FRANKLIN

Pedir un préstamo. Requisitos, trámites y situaciones

En términos generales, si pido un crédito, ¿qué me va a pedir el banco para estudiarlo?

Cualquier banco, en esencia, le pedirá siempre lo mismo:

● Conocer la *finalidad* del préstamo y acreditarla.

● Que el tipo de interés de la operación le permita, como mínimo y para no ganar nada, cubrir:

   ● el *costo financiero* del dinero que precisa para prestárselo a usted (lo que el banco paga por el dinero que le presta a usted),
   ● los *costos administrativos* de su operación y de su operativa con el banco (que el banco conoce al céntimo) y finalmente
   ● su *prima de riesgo* personal, que obviamente no es la misma que la del Sr. Bill Gates.

● Que Vd. le convenza de que lo puede devolver o, en caso contrario, que aporte unos avalistas que sí puedan.

Le aseguro que todos los bancos del mundo, sin excepción, van a pedirle lo mismo. Los prestamos **"subprime (*)"** y las **hipotecas basura (*)** las estudiaremos en un capítulo posterior.

La finalidad. ¿Sirve de algo un buen plan de viabilidad de un proyecto?

Y si pido dinero para montar un negocio, ¿un plan detallado del mismo, donde se vea la viabilidad y bondad del proyecto, no les es suficiente?

En absoluto. No confunda usted a su banco con un socio capitalista en su negocio. Probablemente hay gente que estaría encantada de que un banco pusiera en su empresa todo aquel dinero que precisara, de forma silenciosa, sin intervenir en la gestión, sin participar en los beneficios pero sí en las pérdidas. Un banco no es un **Business Angel (*)**.

No dude que en el imaginario popular hay quien piensa así y cree que eso es posible, de otra forma no se solicitarían permanentemente préstamos basados en esas premisas. El banco no será nunca su socio capitalista y, si eso es lo que necesita, dirija la búsqueda por ese camino.

Por el contrario, un banco no asumirá el llamado riesgo empresarial con sus clientes, sino el riesgo estrictamente comercial, a mayor o menor plazo. El primero les compete a los socios y administradores de la empresa, no a su proveedor de servicios bancarios y créditos comerciales. Y, por tanto, siempre rechazará los créditos en los que no se vea suficientemente garantizado.

¿No sirve para nada entonces un buen proyecto empresarial?

En un banco comercial un buen **Business Plan (*)** ayuda, sin duda, pero ninguno asumirá el papel de socio capitalista suyo (aunque usted no le quiera reconocer formalmente con ese nombre). En su proyecto de nueva empresa el empresario es usted. El banco es también empresario, pero en un mercado distinto al suyo: el financiero.

El banco estudiará el proyecto y aún en el caso de que lo viera perfectamente viable, siempre se hará la siguiente pregunta: "en el hipotético caso de que este proyecto que parece tan viable, por alguna razón que ahora no alcanzamos a ver, ni de lejos, finalmente no prosperara, ¿cómo voy a recobrar mi préstamo? ¿quién me lo va a pagar?" Y entonces es cuando se entra en el capítulo de las garantías. Un sólido **Business Plan (*)** puede ser una garantía suficiente para un futuro socio-accionista, pero no para un banco.

¿Y cómo se acredita la finalidad de un préstamo?

Por ejemplo, mediante una simple fotocopia de la factura, o del documento de pago, de lo que fue el objeto de la financiación.

¿Tan importante es esto?

Sí, porque en la relación prestamista-prestatario debe haber un nivel de comunicación y sinceridad suficiente para comprender la naturaleza de la necesidad y, consecuentemente, vislumbrar la solución de una forma transparente. No intente engañar a su banquero. Debe haber una relación de confianza mutua. Y ambos han de poner de su parte.

Los bancos no quieren dar préstamos para no se sabe qué, para cubrir no se sabe qué déficits, ni para refinanciar no se sabe qué prestamos externos, ni para ir a jugarse el dinero al casino por la noche. Es comprensible. No es su dinero: es el de sus clientes.

Y los costes de gestión ¿no dependen del banco en cuestión en lugar del cliente?

A los efectos de los que estamos hablando no. Sí que es absolutamente cierto que a un determinado banco cada transacción que se teclea en un ordenador le representa un costo distinto: sin duda hay entidades mucho más eficientes que otras. Pero ahora no me refiero a esto. Me refiero a los costes de las operaciones que el **prestatario (*)** origina al banco. Hay operaciones que son mucho más costosas que otras. Hay empresas con operativas muy especializadas que casi precisan de un empleado cualificado exclusivamente para ellas. Si encima pretende no pagar comisiones por sus servicios, en el cálculo les saldrá un tipo de interés muy poco favorable. Otras empresas son todo lo contrario: operan mayoritariamente por internet y no originan demasiados costos. Todo esto es bastante lógico y objetivo.

La prima de riesgo. El coste de no ser tan rico como Bill Gates.

Y la prima de riesgo, ¿qué es? Me imagino que es un sobreprecio que he de pagar por no ser tan rico como Bill Gates, pero ¿me lo puede explicar?

Efectivamente, lo ha intuido muy bien. Su prima de riesgo personal se calcula mediante unas fórmulas muy complejas que incorporan un número muy elevado de variables, ponderadas según su mayor o menor relevancia, y que, en definitiva, indican la probabilidad de que su crédito no sea devuelto.

Aquí se ponderan factores "objetivos" como sus antecedentes operativos con el banco, descubiertos en las cuentas, retrasos en el pago de sus tarjetas de crédito, o en préstamos anteriores, número de sus domiciliaciones, nivel de vinculación con el banco, solvencia, sus ingresos "oficiales" (entre comillas), nómina cobrada a través de su cuenta, edad, posibles anotaciones en el **ASNEF (*)** y otros ficheros de morosos, patrimonio conocido, saldos medios habituales, circunstancias familiares, nivel de endeudamiento, su situación en el **CIRBE (*)**, y un largo etcétera.

Se ha referido a los ingresos "oficiales" (entre comillas). ¿Qué ha pretendido decir con esas comillas? Seguro que no eran unas comillas inocentes.

No. Nada inocentes. Es muy evidente. Obtener ingresos no oficiales, es decir, no fiscales, o "en negro", (al margen de las consideraciones legales, y de las ético-sociales, que sólo a usted y a su conciencia atañen), tiene, objetivamente hablando, unas consecuencias beneficiosas y otras muy negativas.

Las primeras son obvias: usted paga muchos menos impuestos y menos cuotas a la Seguridad Social. Punto.

Las negativas no suelen ser siempre tan evidentes o, al menos, inmediatas. La persona **sumergida (*)** oficialmente no existe. Ello, en algunas facetas de su vida, no tiene mayor importancia. Pero en el momento en que se solicita un crédito, y por tanto se ponen en marcha los mecanismos de evaluación de su solvencia, de su capacidad de devolución y se calcula su **scoring (*)**, el hecho puede ser un factor muy negativo y afecta sin duda a su capacidad de endeudamiento. Incluso puede ser letal. Es lógico.

Lo entiendo. Pero hay sectores económicos en los que es así. No se puede ir contra el entorno.

Sí. Tiene razón. De hecho, el colectivo Gestha, que agrupa a los Técnicos Financieros del Ministerio de Economía y Hacienda, sitúa el volumen de la economía sumergida española en el 23% del **PIB (*)**, mientras que el promedio europeo se estima alrededor del 10%.

Tenga también en cuenta que el 25% de todos los billetes de 500 euros emitidos en Europa (también conocidos como los "Bin Laden") han estado circulando de forma estable por el territorio español, presumiblemente ligados a fraudes fiscales de distintos niveles relacionados con operaciones inmobiliarias y al **boom del ladrillo (*)** en general.

Todo el mundo sabe que es así pero, a efectos de calcular oficialmente su capacidad de pago, sus ingresos sumergidos no cuentan: no son ni cuantificables ni embargables. Ésa es la parte negativa de la teóricamente rentable vida del sumergido.

Incluso cuando subjetivamente se sabe que la realidad no es ésa, no se puede dar crédito a quien "oficialmente" es un insolvente, porque los créditos deben recobrarse en la vida oficial, no en la subjetiva.

La aprobación. ¿Cuándo se precisan avalistas?

Supongamos que he solicitado un préstamo a mi banco, que le he acreditado el destino del mismo, que el interés del mismo cubre, según sus procedimientos de cálculo, tanto el coste del dinero para el banco, como mis costes operativos y mi prima de riesgo personal. ¿Qué más?

Se estudia más en profundidad su capacidad de pago: qué porcentaje de sus ingresos supone la cuota mensual a pagar, la estabilidad de sus ingresos, otros gastos fijos mensuales comprometidos que pueda tener, situación personal-familiar, solvencia en general, se analiza la **CIRBE (*);** y si todo ello más el **scoring (*)** es favorable, se aprobará, se le comunicará y se firmará.

En caso contrario, pueden darse varias circunstancias y, dependiendo del caso, puede solventarse mediante la incorporación de una o más personas que hagan la función de **avalista (*)** o **fiador (*)**. En ese caso, se analiza al avalista como si fuera el propio obligado principal al pago: su scoring, su prima de riesgo, su capacidad de pago, su solvencia, su endeudamiento... y, bastantes veces, la incorporación de esta persona, normalmente más solvente, y con una situación económica patrimonial más sólida, lleva a la aprobación final de la operación.

O no. Le aseguro que hay solicitudes de préstamos imposibles de aprobar. Aquí también tenemos multitud de solicitudes de **Créditos Ninja (*)**, aunque normalmente no se aprueban y no se transforman en préstamos **subprime (*)**. El sistema bancario europeo (y el español a la cabeza, dando ejemplo) está muy regulado e inspeccionado por los **bancos centrales(*)**, en nuestro caso por el **Banco de España (*)** y ello ha convertido nuestro sistema financiero en mucho más serio y responsable, y en consecuencia más solvente que el norteamericano.

Esto de los créditos Ninja y la crisis de los subprime ya me lo explicará con más detalle, porque lo leo regularmente en la prensa y nadie se toma la molesta de explicarlo. ¡Dan por supuesto que todos sabemos qué es un préstamo subprime o Ninja!

Sí, si le parece dedicaremos un tiempo a hablar del problema y al origen del mismo: la falta de **reguladores (*)** en los mercados norteamericanos.

Pero volvamos al proceso de la aprobación de un préstamo. Debe saber que la informática ha cambiado, y mucho, el sistema interno de los bancos en las aprobaciones de préstamos y demás operaciones de riesgo en general. La espectacular mejora en el cálculo de los **ratings (*)** y **scorings (*)** (que con procedimientos más modestos se han venido calculando toda la vida) ha hecho que las facultades de los empleados de los bancos para autorizar operaciones no sean ya definidas cuantitativamente, sino que evolucionen en función de una larga serie de variables que concurren en cada operación, con los **ratings (*)** y **scorings (*)** como protagonistas.

¿Y esto me afecta a mí, o es únicamente una cuestión interna de los bancos?

Le afecta si usted tiene la mala suerte de aparecer en alguno de los ficheros públicos de morosos, **ASNEF (*)**, **Badexcug (*)** o **Experian (*)**, o si su solvencia e ingresos no son lo suficientemente holgados para el préstamo que solicita, si su **scoring(*)** es deficiente, etc. En estos casos, su interlocutor habitual no podrá aprobar la operación, y muy probablemente tampoco su jefe, ni el jefe de su jefe, y finalmente su solicitud de préstamo deba trasladarse a un departamento central de especialistas para tratar y decidir. En este sentido le afecta. Si, por el contrario, su **scoring (*)** es favorable, lo tendrá todo más fácil.

El margen de decisión de los empleados de los bancos cada vez es menor. La propia información que se genera y analiza en una solicitud casi predetermina su resolución final. Así, por ejemplo, una determinada oficina podría aprobar a unos determinados clientes solicitudes de importantes **préstamos personales (*)** por decenas de miles de euros, o **hipotecas (*)** por centenares de miles y, por el contrario, a otros clientes no podría ni aprobarles una simple tarjeta de crédito. Es así. Hoy las facultades de aprobación de los directivos bancarios dependen en gran manera de la operación misma y del **scoring(*)** del solicitante. Y el sistema informático le dice si puede o no puede aprobarlo. A veces el tema es tan complejo que hay que esperar a ver qué dice el sistema informático para saber quién y a qué nivel se deben firmar (electrónicamente) determinadas operaciones. No es simple.

Pero siempre se puede acudir a alguien, o a un nivel superior, para que analice fríamente los datos y la información aportada que muchas veces explica, amplía y razona las incidencias y las problemáticas históricas, al margen de los ratings y anotaciones públicas, ¿no es así?

En teoría sí. Pero la gestión de "las excepciones" se realiza muchísimo mejor en la proximidad, no en lejanos e impersonales departamentos centrales.

En el mundo empresarial moderno es cada vez más difícil la gestión de lo "atípico": no hay tiempo, ni recursos, ni prioridades para hacerlo. No es rentable. Lo prioritario es siempre lo estandarizado y lo previsto. En los ámbitos locales de proximidad, en su modesta oficina bancaria es, sin duda, distinto, pero también muy diferente a lo que fue antaño. La **macdonalización (*)** pasó por el sistema bancario y dejó sus secuelas.

Está entendido. Supongamos que acredito una solvencia y una capacidad de reembolso adecuadas y finalmente se me concede un crédito. ¿Qué formalidades hay? ¿Y cuánto me costarán?

Pocas formalidades. Para los préstamos personales, actualmente, ya no se va al notario (antiguamente al Corredor de Comercio o, todavía más antiguamente, al **Agente de Cambio y Bolsa (*)**, figura ya extinguida) a menos que se den unas circunstancias especiales: existencia de tipos de interés variables, de **garantía real** o **prendaria (*)**, que los importes sean superiores a 30.000 euros, que sea crédito en lugar de préstamo, etc., ya que estos casos se escaparían de los límites de los procesos monitorios de reclamación de deudas. En estas circunstancias sigue siendo necesaria la firma de la documentación delante de un fedatario público o notario.

¿Procesos monitorios?

Si usted piensa pagar no debe preocuparse por estos tecnicismos jurídicos. Si le parece bien, sigamos ahora con la instrumentación del préstamo y luego volveremos a esa expresión y se la explicaré en detalle.

Volviendo a la firma del préstamo, la buena noticia es que desde 2007, y siempre que se trate de un particular sin actividades empresariales, los gastos del notario ya no los pagará usted, sino su banco. Aunque, no se engañe, probablemente la mala noticia será que verá incrementada la **comisión de apertura (*)** del préstamo para cubrir este nuevo costo.

En la mayoría de los casos, sin embargo, el préstamo se suele instrumentar y firmar en pocos minutos, a veces (caso de las financieras) mediante la firma de un contrato de préstamo en el propio establecimiento de ventas y, en otros casos, con la firma adicional de un pagaré, con la finalidad de dar fuerza jurídica ejecutiva a una hipotética futura reclamación judicial. Cada vez están más extendidos los **préstamos instrumentados en pagaré (*)**.

¿Y si no puedo pagarlo? ¿Qué ocurre?

A lo largo de la vida del préstamo lo pago regularmente, pero en un momento determinado, por la razón que sea, no puedo hacerlo. Y acumulo cuotas impagadas. ¿Qué me va a ocurrir? ¿Es ahora cuando me va a hablar de los procesos monitorios?

Sí. Pero, de entrada, para empezar, le va a costar dinero. Al margen de los "ya duros de por sí" intereses de demora, los bancos han creado la figura de la "comisión de recobro de impagados", que es una cantidad que se devenga, de forma extraordinaria, si un determinado pago no se efectúa al cabo de unos días de su vencimiento.

¿Es una comisión por ser mal pagador?

Digámoslo así. Esta comisión viene a resarcir al banco por los gastos ocasionados por las gestiones de reclamación, de llamadas, cartas, en definitiva: el tiempo de seres humanos tratando de gestionar el recobro.

¿Y si aún así no pago?

Recibirá llamadas telefónicas, mensajes SMS, cartas, emails, visitas a domicilio. Aparecerá en las listas del **ASNEF (*)** y del **Badexcug (*)**, también conocido como **Experian (*),** con graves consecuencias si usted necesita del crédito bancario o simplemente de una tarjeta de crédito en sus grandes almacenes habituales, en el supermercado de la esquina o en su empresa de alquiler de coches. Y ya no digamos si pretende conseguir un nuevo préstamo.

Pero, si no puedo pagar, ¿qué más puede ocurrir?

A partir de aquí hay siempre dos únicas vías. Poner los problemas sobre la mesa, y abordarlos con intención de solucionarlos de forma realista e imaginativa por ambas partes o, por el contrario, dar largas, incumplir todas las promesas, esconderse, no atender a las llamadas y cortar el dialogo. Desaparecer.

Yo recomiendo la primera. La segunda es siempre más ineficiente, muchísimo más cara y muy desagradable. Además, hoy en día, desaparecer es francamente difícil.

¿Qué entiende por primera vía?

Explicar sinceramente lo que ocurre. Ponerse en la situación del contrario. Empatía. Por parte del banco entender lo que ocurre, y por parte del deudor entender al banco. Ni a uno ni a otro les interesa un litigio en los tribunales. Muchas veces pueden evitarse embargos de bienes, nóminas, pleitos y litigios con un poco de buena voluntad, inteligencia, imaginación y ganas de solucionar el problema. Pueden encontrarse fórmulas de refinanciación, alargamiento de plazos con incremento de garantías, a satisfacción para ambas partes. Normalmente, si hay voluntad de pago, hay arreglo.

Por el contrario, esconderse y prometer al banco compromisos que de forma sistemática se incumplen, es una vía directa al fracaso. Lamentablemente, la realidad mayoritariamente es así.

Pero lo que realmente quiere el banco es cobrar, ¿no es así? Entonces ¿qué interés puede tener en llegar a un acuerdo para precisamente no cobrar... al menos inmediatamente?

Asegurar el cobro. Eso es lo más importante. Normalmente ningún banco le pondrá inconvenientes en refinanciar una deuda que ahora puede ser considerada de dudoso cobro, o al menos incidentada, siempre que se le añadan garantías nuevas y adicionales, sea por avalistas nuevos, por la incorporación de alguna garantía hipotecaria, **garantía real** o **prendaria (*),** etc.

No se equivoque. El banco lo que quiere es tener su crédito asegurado; cobrarlo, no le urge tanto. Puede esperar si con ello asegura su cobro.

Por el contrario, de no existir más garantías, no le van a aplazar el pago. Para ejecutar un préstamo en el futuro, piensan, es preferible hacerlo hoy.

Lo que denomina "ejecutar un préstamo" ¿es a lo que antes se refirió como segunda vía?
Efectivamente. No me extenderé en detalles técnico-jurídicos, pero esta vía, en definitiva, consiste en llamar al abogado y decirle: mira, aquí tienes este expediente, las vías de diálogo están agotadas: inicia formalmente la vía judicial de recobro. A ver qué se puede embargar.

¿Y se llega a un juicio?
Cuando hace un momento hablábamos de la instrumentación de los préstamos, diferenciábamos los casos que requieren la presencia de un notario de los demás. Llegados al punto de reclamar judicialmente el cobro de un préstamo también se va por distintos caminos dependiendo de la instrumentación, del importe reclamado, etc.

Los llamados "Procesos Monitorios" rápidos, en caso de importes inferiores a 30.000 euros, son una relativa novedad en España y están acaparando un porcentaje muy importante de reclamaciones de menor importe.

En estos procesos, si no hay oposición en 20 días, no es ni siquiera necesaria la presencia de abogado y procurador. Si la hay, el caso se resuelve definitivamente en un Juicio Verbal, si la reclamación es inferior a 3.000 euros, o en un Juicio Ordinario si es superior.

Y normalmente, en estos casos, en el común de la gente, ¿qué se le embarga?
La vivienda, otras propiedades inmobiliarias, la nómina (una parte de ella, para ser exactos), depósitos bancarios, y un largo etcétera. Del deudor principal y de los avalistas, si existen.

Espero no verme nunca en estas situaciones. ¿Por qué no hacemos ahora un repaso a los tipos de préstamos personales más habituales en la vida cotidiana. Por ejemplo, los préstamos para comprarse un coche.
Efectivamente, suele ser el préstamo personal por excelencia, el que casi todo el mundo ha utilizado alguna vez.

La financiación del automóvil

La financiación del automóvil tiene diversas posibilidades:

1. El préstamo bancario en su entidad.
2. El préstamo de la propia compañía financiera de la empresa automovilística y que normalmente le ofrecerá el concesionario del vehículo.
3. El préstamo de otras empresas financieras.
4. El renting (a su vez, el de su banco, o el de la concesionaria).
5. El leasing (a su vez, el de su banco, o el de la concesionaria).

Préstamo en su banco habitual

Es el recurso más lógico. Su banco, que le conoce bien, o debería, le podrá diseñar un préstamo adecuado a sus necesidades, en cuanto a plazo, a **carencia (*)**, etc.

Además, algunos bancos tienen estudiados préstamos para financiar automóviles con una última cuota muy elevada (equivalente, en teoría, al valor de mercado esperado del coche en ese momento), lo que le permite pagar unas cuotas mucho menores durante toda la vida del préstamo.

Otros, más sofisticados, tienen diseñado un sistema de "créditos con disposiciones a muy largo plazo" que le permiten financiar un coche y, con el mismo crédito, financiar el siguiente, 5 años más tarde. También le permiten la flexibilidad de alargar o acortar el plazo y variar con ello las cuotas, en definitiva, un sinfín de posibilidades que cada banco ha desarrollado a su manera.

Los intereses para estos créditos al consumo, no son tan bajos como los intereses hipotecarios, naturalmente.

¿Por qué naturalmente?

Por la prima de riesgo. Recuerde que al inicio de este capítulo decíamos que un banco le va a pedir que el tipo de interés a aplicar le cubra, entre otras cosas, la prima de riesgo inherente a la operación. La prima de riesgo de un préstamo personal para la compra de un coche es muy superior a la de un préstamo hipotecario. El índice de impagados y de incidencias de estos préstamos es muy superior al de las hipotecas. Es evidente: porque a la gente le da miedo perder su casa y antes que devolver el recibo de la hipoteca deja de pagar otras muchas cosas, entre ellas el coche. Por eso la prima de riesgo en las hipotecas es tan baja y, en consecuencia, los intereses finales también.

Préstamo del fabricante del coche (Financiera de la marca del coche)

La financiera de su coche le ofrecerá sin duda un préstamo que, en términos generales y en el peor de los casos, será aproximadamente igual al que puede obtener de su banco. La razón es clara: los grandes fabricantes de automóviles tienen muy claro que la financiación es un factor clave en el proceso de decisión de compra de un vehículo. Y quieren facilitar ese aspecto en la medida de lo posible. Es natural.

Para ello crean empresas financieras especializadas. Conocidas como "financieras de marca" puesto que únicamente financian sus propios vehículos, tienen estatus jurídico de Establecimientos Financieros de Crédito, están tutelados por el Banco de España, pertenecen a la **ASNEF(*)** y, por tanto, tienen acceso a su famoso fichero de morosos, pueden prestar dinero, pero no captar depósitos de clientes; se refinancian en el mercado.

Y deciden con mucha rapidez ¿no es así?

Ciertamente. Normalmente más rápido que su banco. La financiera mirará su declaración de renta, su nómina, y sobre todo, que no aparezca usted en ningún fichero de morosos. Toman la decisión en pocos minutos/horas. No quieren que se les escape la venta del automóvil en promoción.

¿Cómo pueden ser tan competitivas si no tienen cuentas de clientes y han de tomar el dinero en el mercado?

En primer lugar, pensemos que estas empresas no tienen como objetivo fundacional básico hacer grandes beneficios (tampoco pérdidas, claro) sino facilitar las ventas de los productos de su casa matriz, en este caso, coches. Esto debe estar claro.

En segundo lugar, si bien es verdad que se financian en el mercado, debido a su reconocida solvencia, lo hacen con unos **spreads (*)** muy bajos, al puro **prime rate (*)**. Esto, unido al hecho de no tener grandes estructuras administrativas, les permite ser muy competitivos. Y sobre todo imaginativos, puesto que conocen muy bien el producto que financian y el segmento del mercado al que se dirigen.

Pero hay más.

¿La financiación a través del concesionario tiene más ventajas?
Sí, efectivamente. ¿Ha visto alguna vez un anuncio de financiación de coches a tipo de interés cero? Se pusieron de moda en Estados Unidos en el 2001, a raíz del retraimiento general de ventas ocasionado tras la caída de las torres gemelas. De repente, algunos grandes fabricantes de automóviles americanos comenzaron a anunciar la venta de determinados modelos de coches con una financiación a plazos anormalmente largos y a tipo de interés cero. Al cabo de unos meses, en la prensa y televisión americanas, empezaron a anunciarse diversos modelos, de distintas marcas, todas ellos financiados a interés cero a través de sus financieras de marca. Aquí entre nosotros creo recordar haberlo visto únicamente una vez, y en un modelo de automóvil extranjero y que se dejaba de fabricar.

En resumen, que las condiciones financieras aplicadas a la financiación de un coche, son básicas para la decisión de compra, y los grandes fabricantes de automóviles las cuidan. Ese es el mensaje que le quería transmitir.

¡Parece usted decidido a recomendarme esta modalidad para el día en que necesite financiar un coche!
No exactamente, aunque la financiación en la tienda del coche tiene bastantes ventajas. Luego comentaremos el renting que, en determinadas circunstancias, sería la opción que le recomendaría preferentemente. Volviendo a los préstamos: entre el préstamo en su banco habitual, y en el concesionario del coche, la decisión deberá tomarla usted, valorando todos los factores.

Préstamo de otras financieras

Junto a las financieras de marca, existe otro grupo de empresas financieras, jurídicamente también "Establecimientos Financieros de Crédito", especializadas en la financiación rápida de bienes y servicios de consumo, en este caso de cualquier marca y naturaleza: automóviles, motocicletas, muebles, dentistas, electrodomésticos, viajes, etc. Acostumbran a concentrarse en los puntos de venta (grandes almacenes, tiendas de automóviles, muebles, electrodomésticos y bienes de consumo duradero en general) y ofrecen financiaciones muy adaptadas al producto y muy competitivas.

Suelen depender de los grandes grupos bancarios que, una vez más, se hacen ellos mismos la competencia con el objetivo de cubrir el **nicho de mercado (*)** de los créditos rápidos al consumo. En el caso de los automóviles, sin embargo, las financieras de marca dominan ampliamente el mercado.

Renting. ¿También para particulares?

Es una fórmula de financiación (y de gestión de automóviles) en total auge, mediante la cual se contrata un Servicio Integral de Alquiler de un automóvil, sin opción formal de compra final para el usuario, por el que se paga una cuota fija durante la vigencia del contrato, incluyendo todos los servicios de mantenimiento: averías, neumáticos, impuestos de circulación, seguros a todo riesgo, etc. Es decir: todo está incluido y a usted le toca pagar únicamente la gasolina. Nada más. Ni el aceite.

Dado que estos alquileres se deducen íntegramente del Impuesto de Sociedades, y el IVA repercutido de los alquileres se recupera, esta fórmula es utilizada masivamente por las empresas para los vehículos de sus directivos y empleados. Además, el "forfait" con "tarifa plana" en el mantenimiento facilita y simplifica mucho la gestión del mantenimiento de las grandes flotas de automóviles.

¿Qué ha querido decir con la expresión "sin opción formal de compra final para el usuario"? ¿Qué ocurre realmente con el coche al finalizar el contrato de renting?
He querido decir que, contrariamente al leasing que veremos luego, en el renting no existe un compromiso escrito de venta del coche al finalizar el contrato ni, por tanto, el derecho u opción de compra del mismo. En teoría, al finalizar el contrato debería devolver el coche.

No obstante, al margen de los términos legales y contractuales, en la vida real, si el cliente así lo desea, se acaba comprando el vehículo (que tan bien conoce y que ha tenido un mantenimiento impecable) por un valor residual, dado que la compañía de renting no tiene el más mínimo interés de que le llegue a sus instalaciones un vehículo que deberá poner a la venta...

La compañía de renting estará encantada de no ver nunca más el coche y de vendérselo, aunque sea indirectamente, a nombre de un familiar, esposa, hijos, amigos, etc. o incluso un tercero, que pasaba por allí, y a quien le interesa su coche.

¿Y si el cliente no desea comprarlo?

Pues lo entrega. De hecho esto debería ser lo habitual. La compañía lo pondrá inmediatamente a la venta a través de los circuitos que crea convenientes. Si ha quedado satisfecho del sistema y de la compañía, puede elegir otro coche y repetir el ciclo. De esta forma siempre tiene coches nuevos, bien mantenidos, y a costo mensual cierto. Y si es una empresa, con un muy buen tratamiento fiscal.

¿Es caro el renting, como dicen?

Pienso que no. Tenga en cuenta que si usted se acerca al concesionario de la esquina de su coche favorito, le ofrecerán unas determinadas condiciones de descuento, según las promociones en vigor, con algún detalle extra que le haga a usted sentirse importante y tener la sensación de que ha conseguido un buen precio. Pues bien, ese precio es muy superior al que obtendría su compañía de renting en el mismo concesionario, por el mismo pedido. Y ello es lógico, porque usted compra un coche cada muchos años y no siempre de la misma marca, mientras que la empresa de renting compra miles y miles de coches a esa marca y, en consecuencia, tiene negociadas con la red de concesionarios unas condiciones muy especiales, que usted nunca lograría. Y ese descuento va a su favor.

Lo mismo ocurre con los contratos de mantenimiento. La compañía negocia miles y miles de ellos con la red de concesionarios oficiales de su coche. Sin duda las reparaciones les salen más económicas que a usted individualmente. El mantenimiento de los coches en renting se hace siempre en talleres oficiales de la marca, claro está.

¿Y qué decir del seguro? ¿No obtendrá la compañía de renting pólizas mucho más económicas que usted individualmente?

Por otra parte, los intereses aplicados son los del mercado, idénticos a los que le aplicarían en un préstamo.

Por todo ello, pienso que el renting, haciendo bien los números, y no dejándose fuera de los cálculos el efecto fiscal, no es en absoluto caro. Y sobre todo, es cómodo.

Para un particular, que no se deduce el IVA, el tema es más discutible. En este caso, lo relevante no sería el precio, sino la tranquilidad de circular siempre con un vehículo en perfecto estado y a costo fijo, sin tener que comprar ningún coche. Es una filosofía.

Leasing. Un sistema en declive para los automóviles

Se trata de una operación financiera a medio o largo plazo, consistente en la cesión (alquiler) de un vehículo por un periodo determinado, normalmente 4 ó 5 años, a cambio de una renta periódica (alquiler), teniendo el arrendatario la posibilidad de adquirirlo al final del contrato por un valor residual establecido (habitualmente por un valor simbólico: el valor de una cuota adicional). En otras palabras, un alquiler con una opción (que no obligación) de compra al final del contrato.

Anteriormente, era la fórmula habitual de financiar los vehículos en las empresas. Pero el boom de los rentings (con una fiscalidad inmejorable y una muy fácil contabilización, comparado con los leasings) los ha eclipsado casi por completo.

En otros sectores distintos al del automóvil, como bienes de equipo, maquinaria, vehículos industriales, etc. sigue siendo un sistema de referencia, con algunas especialidades, como el leasing operativo, tecnológico, etc. Cuando el objeto del leasing es un inmueble (nave industrial, almacén, fábrica, local comercial, etc.) se denomina "leasing inmobiliario". Ahí sí que es un instrumento utilizado mayoritariamente (por razones fiscales, otra vez).

La financiación para otras finalidades

Me han quedado bastante claras las distintas opciones existentes para

financiar la compra de un coche. ¿Por qué no comentamos ahora distintos créditos o préstamos existentes para otras finalidades? ¿Qué tipos de créditos existen en los bancos? ¿Podría hablarse de "un muestrario" de préstamos para diversas finalidades?

Sí, podría hablarse perfectamente de un muestrario, aunque la terminología utilizada será la de un catálogo de préstamos de diferentes características y para distintas finalidades. Todos ellos, normalmente, de concesión muy rápida. Por ejemplo, y hablando de personas físicas, para financiar estudios, matrículas de universidades, plazas de parking, obras, compras de electrodomésticos y bienes de consumo duradero, inversiones, aportaciones a planes de pensiones, para anticipar la devolución del IRPF, para pagar el IRPF, etc. todos ellos con algunas peculiaridades especiales. Y dejamos para el próximo capítulo la financiación estrella: la de la vivienda.

Préstamos personales "prêt à porter" y de "alta costura"

Comentar la larga casuística de los **préstamos personales (*)** sería un ejercicio demasiado largo. No obstante, me gustaría que se quedara con una idea fundamental: las actuales plataformas informáticas de los bancos permiten un alto grado de adaptación a sus necesidades. Por ello, normalmente, su banco, al margen de los préstamos estandarizados que podríamos catalogar como préstamos "prêt à porter", está preparado para diseñar, conjuntamente con usted, un préstamo adaptado a sus necesidades específicas, que denominaríamos de "alta costura".

Pero, ¿qué se puede personalizar en un préstamo?

Lo más importante es adecuar las amortizaciones a sus flujos previstos de ingresos. Incluso prever los teóricos imprevistos. O sus preferencias personales subjetivas. Por ejemplo, hay quien prefiere un tipo de interés variable a uno fijo, aunque ello suponga algún costo adicional, o hay quien necesita unos meses de **carencia (*)**.

No existirían problemas, técnicamente hablando, para adecuar las amortizaciones a diversas fechas y cantidades concretas, aunque no fueran, ni periódicas, ni de igual importe. Nada se opone a adecuar el préstamo a su caso personal, por complejo e irregular que fuere.

El típico préstamo de "alta costura" podría ser el préstamo a largo plazo para financiar el coste de toda una carrera universitaria, sin amortizar nada durante los cuatro o cinco años de estudio, y a devolver en una serie de años a partir del año siguiente al que finaliza la carrera. Todo es posible si hay garantías.

Piense que, desde su inicio, los bancos han financiando a las empresas en sus necesidades en el corto plazo. Ello significa adaptar las financiaciones de las empresas a sus necesidades específicas, que dependen, entre otros muchos factores, de los cobros de las remesas de sus exportaciones, de los pagos de sus importaciones, de los cobros de sus clientes en general o de alguna operación singular de venta en particular, de sus compras "de campaña", de sus calendarios de pagos, etc. Todo ello, asegurando los tipos de interés y los cambios de divisa. El mundo de la financiación a la empresa es el mundo de la personalización.

Pues bien, hoy toda esa tecnología financiera, que es posible gracias a potentes y experimentadas estructuras informáticas, puede adaptarse a las **personas físicas (*)** en la medida en que ello sea preciso. Quédese con esta idea.

Resumen

● Todos los bancos del mundo, sin excepción, antes de concederle un préstamo le exigirán: conocer para qué quiere el dinero, que se comprometa a pagar el costo del dinero que le presta, el de su operativa personal, el de su "prima de riesgo" y, finalmente, que le convenza de que va a poder devolverlo. En caso contrario, le pedirán avalistas.

● El banco comprobará su nivel de endeudamiento en el Cirbe. También comprobará que no aparezca como moroso en los registros públicos de impagados.

● Si ve que no puede pagarlo, no se esconda. Explíquelo y busque una solución antes de impagarlo. El banco le ayudará a encontrarla.

● El préstamo personal más común es el que tiene como finalidad la financiación del automóvil. Pero hay otras alternativas: la financiera de marca del fabricante del coche, el renting, etc.

● Las actuales plataformas informáticas de los bancos permiten la adecuación de los préstamos a sus necesidades personales: son los préstamos de "alta costura".

5
Necesito una vivienda

La vida interior necesita una casa confortable y una buena cocina
DAVID HERBERT LAWRENCE

La eterna pregunta: ¿comprar o alquilar?

La verdad es que es tan caro comprar como alquilar. ¿Qué me recomendaría hoy? ¿Es igual en otros países?

Aquí nos planteamos siempre, en primer lugar, la compra. El alquiler sigue siendo la gran asignatura pendiente del mercado de la vivienda en España. En nuestro país, el arrendamiento de casas está en un 8% del total, mientras que en el Reino Unido se sitúa en el 20% y en otros países de la Unión Europa este porcentaje se dispara. En Holanda está en el 47%, y en Alemania es del 57%. Con los incrementos de viviendas que se han producido en las últimas décadas, el problema no ha cambiado de sesgo. Seguimos igual.

¿Y a qué pueden ser debidas estas diferencias?

Pensemos en varios factores que, en su conjunto, nos llevan a la situación en que nos encontramos. Por ejemplo, el primero es puramente cultural: la tradicional ansia de comprar que tenemos los españoles.

Después pensemos que España es el único país de la UE que históricamente no ha ofrecido ningún tipo de desgravación fiscal para los inquilinos (excepto algunas comunidades autónomas que tenían desgravaciones poco más que simbólicas), mientras que las desgravaciones por la "compra" de vivienda han sido siempre realmente muy generosas, mucho más que en los países europeos. No obstante, en el ejercicio fiscal de 2008 ya se amplió, modestamente, la desgravación por alquiler en el **IRPF (*)** y se apuntan políticamente cambios en las deducciones para el futuro próximo. También el tratamiento fiscal para los propietarios que alquilan pisos, sobre todo a jóvenes, es hoy excelente: exención fiscal nada menos que del 50%, que puede llegar al 100% en algunas circunstancias.

Otra peculiaridad española es que la mayoría de las viviendas en alquiler son de propiedad privada. El Estado del Bienestar, que ya llegó muy rezagado a nuestro país, tiene esta faceta prácticamente todavía por empezar.

En España la media de participación de la "vivienda social en alquiler" supera ligeramente el 1%. La media europea es del 18%, mientras que en Holanda, el país europeo con el mayor porcentaje de vivienda pública protegida en alquiler, es del 35 por ciento. Y no mejoramos: según informa el Ministerio de Vivienda, únicamente el 16,1% de las "nuevas viviendas" de protección oficial (VPO) construidas en el período 2005-2008 se alquilan.

En Francia, un 38% de las viviendas están alquiladas, y de ellas, un 21% son públicas. Las desgravaciones fiscales por alquiler en el país vecino están equilibradas a las de compra.

Italia es el país con la situación más próxima a la española, aunque tiene un 19% en alquiler, la mayoría también en manos del sector privado. Aún así, es un porcentaje de alquiler que dobla sobradamente al español. Al igual que sucede en España, el Gobierno italiano está promoviendo diversos planes de fomento al alquiler, especialmente para jóvenes. En nuestro país, de momento, los proyectos, o bien se han quedado en eso, en proyectos, o bien se han llevado a término pero obteniendo unos resultados muy alejados de las expectativas creadas en las respectivas campañas electorales alrededor de las cuales se idearon.

Y, naturalmente, aquí hay mucha picaresca y fraude. Las ayudas a los inquilinos se han transformado en subidas de los precios de los alquileres. Por otra parte, según denuncian los Técnicos de Economía y Hacienda, que cruzan los datos del Instituto Nacional de Estadística con los de la declaración de la Renta, *más de la mitad de los 1.900.000 alquileres que hay en España escapa del control del fisco.* Madrid, Cataluña, Andalucía, Baleares, Canarias y Comunidad Valenciana concentran ocho de cada diez alquileres de la economía sumergida. El fraude podría rondar los 1.800 millones de euros anuales.

Tenga presente que España es el país con más viviendas vacías. Según la Sociedad Pública del Alquiler del Ministerio de la Vivienda, en España había en el año 2005, 3.350.000 casas vacías, el 14,59% del parque de viviendas español.

Pero deben estar mayoritariamente en la costa ¿no es cierto?

Sí, pero no exclusivamente. Hay una gran bolsa de viviendas vacías en las grandes ciudades. Según el Instituto Nacional de Estadística, en 2001 las viviendas vacías de Barcelona ciudad eran 307.859, las de Madrid 305.556 y las de Valencia 208.064.

Josep Maria Montaner, arquitecto y catedrático de la Escuela de Arquitectura de Barcelona, decía en EL PAÍS / Cataluña, con fecha: 13-02-2004:

Estos datos son inquietantes si tenemos en cuenta, por ejemplo, que en Barcelona, con tantas viviendas vacías, además de los miles de personas que viven hacinadas, hay unos 3.000 sin techo. Da mucho que pensar que la revista Quaderns del Colegio de Arquitectos de Cataluña haya lanzado un concurso internacional partiendo de la premisa de que se prevé construir 400.000 viviendas de nueva planta en Cataluña en los próximos 20 años, cuando las que están vacías son un número similar y, por tanto, en su mayoría susceptibles de ser integradas al mercado del alquiler social a partir de procesos de recuperación. ¿No sería preferente la rehabilitación urbana de barrios, en lugar de más construcción nueva?

Pero un fenómeno tan vergonzoso se convierte también en mítico: si todas estas viviendas vacías se reconvirtieran para uso de la sociedad, sería la panacea para solucionar el problema de la vivienda. En parte es cierto, pero la realidad es mucho más complicada. Para empezar, hay muchos casos de viviendas vacías, por lo menos dos grupos totalmente distintos: las que son viejas y están en mal estado, y las que son nuevas y se han comprado para hacer negocio.

Para actuar sobre las primeras sería imprescindible una nueva cultura de la vivienda que diera prioridad a la rehabilitación. Esto tendría muchas ventajas: contribuiría a incorporar viviendas de mayor superficie que la media y evitaría más consumo de territorio. Para ello sería necesaria una nueva legislación que no potencie que los edificios viejos, cuya reconstrucción cueste más del 50% de su valor, puedan derribarse, una ley anacrónica y nefasta, idónea para expulsar a inquilinos con pocos recursos y para esquilmar aún más el patrimonio arquitectónico residencial: en Cataluña sólo el 10,6% es anterior a 1950. Es manifiesto que la mayor parte de las viviendas vacías están en los tejidos históricos de las grandes ciudades, como Madrid, Barcelona y Valencia, que tienen el 20% de las viviendas en mal estado y donde los procesos de especulación se basan en construir en la periferia y dejar degradar los centros históricos.

Otro problema gravísimo es la falta de confianza entre las partes. El propietario teme por el deterioro de su vivienda y por los impagos. Y ello ha llevado a lo que ya hoy es muy habitual: la solicitud de un aval bancario que cubre aproximadamente medio año del alquiler. Con ese aval y con las fianzas legales el propietario pretende cubrirse de la falta de pago de los alquileres del período legal del trámite del desahucio, si hubiera que llegar a ello.

¿Esta práctica está muy extendida?

Muchísimo. Sobre todo en las áreas receptivas de población joven y de inmigrantes. En general afecta a personas que no pueden acreditar unos ingresos regulares y suficientes para el pago de un alquiler. Se han diseñado sociedades públicas de garantía recíproca para crear confianza entre las partes, lo que sería un gran paso, si funcionaran.

¿Y en qué consisten estos avales? ¿Y cómo consiguen que se los aprueben?

No hay otro camino: **la garantía real o prendaria (*),** en este caso, garantía dineraria. Se abre un depósito a plazo y queda **pignorado** (*) en garantía del aval emitido. Esta práctica se ha convertido ya en una rutina para las sucursales bancarias.

¿Ello quiere decir que, en estos casos, el arrendatario ha de desembolsar en el momento de la firma el equivalente a 9 mensualidades?

Efectivamente. En el ejemplo anterior serían dos mensualidades correspondientes a las fianzas legales, otras seis para el aval bancario y el alquiler del primer mes. ¡Ah! ¡y el costo del aval durante toda la vida del contrato de alquiler! ¡Menos mal que queda ampliamente cubierto por el rendimiento del depósito a plazo que lo garantiza!

Pero aún no me ha recomendado si debo alquilar o comprar.

Me temo que no voy a ser capaz de hacerlo. Sigamos analizando la realidad del mercado porque ello le ayudará a formarse una opinión propia. Comprar un piso es una decisión muy importante y debe estar precedida por un estudio muy serio de la realidad en todas sus facetas.

Miremos primero la evolución de los precios de las viviendas durantes los últimos 35 años:

Alemania

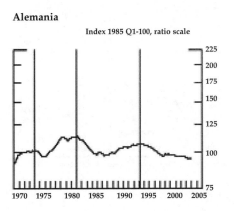

Irlanda

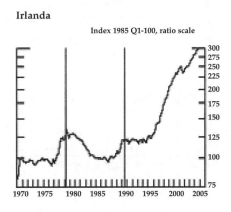

Italia

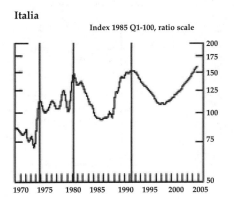

Japón

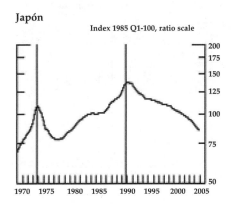

Países Bajos

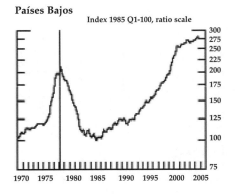

Nueva Zelanda

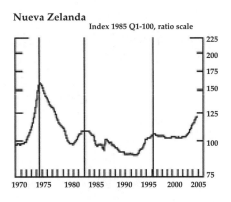

Noruega

Index 1985 Q1-100, ratio scale

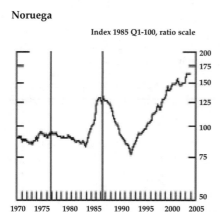

España

Index 1985 Q1-100, ratio scale

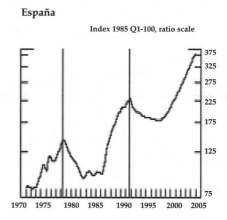

Suecia

Index 1985 Q1-100, ratio scale

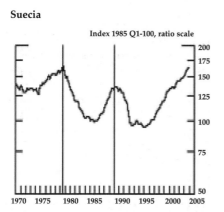

Suiza

Index 1985 Q1-100, ratio scale

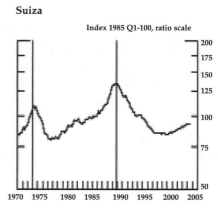

Reino Unido

Index 1985 Q1-100, ratio scale

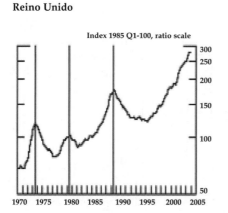

Estados Unidos

Index 1985 Q1-100, ratio scale

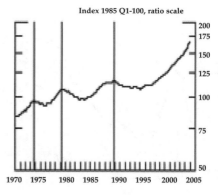

En este gráfico puede apreciarse la relativa estabilidad de precios de la vivienda de países como Alemania, Suiza, Suecia, Japón, Nueva Zelanda e Italia, comparados con los booms de Holanda, Gran Bretaña, Irlanda y España.

Observe el matiz: en los gráficos de arriba, se ha tenido que modificar la escala del correspondiente a España para no desbordar los límites de la representación gráfica, con el índice 375. Se intuye, no obstante, que de haberse mantenido la misma escala que en el resto de países, la evolución gráfica española sería, comparativamente, auténticamente espectacular.

En cualquier caso pretendo hacerle ver que el problema del precio de la vivienda afecta a casi todo Occidente, aunque costaría encontrar un país con una problemática similar a la nuestra. Y no me refiero al problema estrictamente económico (el precio de la vivienda, sea en compra o en alquiler, comparado con el salario medio) o financiero (de cómo obtener una financiación para su compra) sino al sociológico: toda una nutridísima generación de jóvenes sin poder independizarse de sus familias.

Si lo he entendido bien, para impulsar las viviendas "en alquiler", el camino a seguir parecería estar bastante claro, y en gran medida se trataría simplemente de copiar, cuando ello fuera posible, lo ya consolidado en otros países: promoción del alquiler público, equiparación de las deducciones fiscales por alquiler a las de compra, creación de sociedades públicas de garantía para crear confianza entre las partes, etc. Pero, ¿qué habría que hacer para hacer más accesible "la compra" de viviendas a los jóvenes?

No es fácil. En mi opinión, quizás debería valorarse seriamente el hecho de renunciar al objetivo, por demasiado ambicioso. Darlo, hoy por hoy, por imposible, y centrar las políticas y los recursos en la promoción del alquiler, público y privado.

Además, indirectamente podría también potenciarse la absolutamente necesaria actividad de rehabilitación de viviendas, hoy con muchísimas de ellas en lamentable estado de mantenimiento, para sacarlas en dignas condiciones al mercado de alquiler. Según el Instituto Nacional de Estadística, el 20 % de las viviendas puestas en alquiler en España están en estado literalmente "ruinoso". Parecería ser, en teoría, un camino muchísimo más fácil, y con unas probabilidades de éxito incomparablemente más altas.

Un éxito espectacular y a muy corto plazo en la resolución del problema es lo que está esperando toda una generación de jóvenes mileuristas.

Parece razonable. No obstante, la gente piensa que el dinero pagado en alquiler es un dinero perdido... que no se recupera, mientras que el dedicado a la compra o al pago de una hipoteca se recupera el día que se vende el piso. ¿Tendría sentido, por ejemplo, alargar el plazo de las hipotecas a muchísimos más años, 100 años, por ejemplo? Las cuotas se reducirían mucho, incluso por debajo de la de los alquileres, y al venderse la casa se recuperarían... ¿es cierto esto?

No lo crea. Hay muchas y serias dudas al respecto de esto. Lo que usted dice sólo es cierto para el caso de períodos muy largos de incrementos constantes en los precios. Y no siempre es así, ni mucho menos.

De hecho, tampoco es ninguna novedad: en Japón ya hace años que existen hipotecas entre 100 y 125 años y en Estados Unidos también se han extendido. En España ya se ha llegado a los 50 años. En Francia hay hipotecas a 60 años. En estos casos, obviamente, la hipoteca la acaban de pagar los hijos o los nietos, o el futuro propietario pero, mientras tanto, la cuota mensual se ha hecho más accesible y, sobre todo, en caso de venta de la casa, teóricamente se recuperan los pagos efectuados. Esa es la principal teórica ventaja.

¿Únicamente en teoría?

Sí. Esto únicamente se cumpliría en unos improbables supuestos. Imagínese que, para simplificar y poder llegar a una conclusión, compra una casa con una hipoteca a 100 años por el valor equivalente al de la casa. Al cabo de 50 años, el capital pendiente sería todavía del 90% del importe inicial, ya que durante los primeros años la gran mayoría del importe de la cuota que se paga se aplica únicamente al pago de intereses, no a la amortización. Tras cincuenta años sólo habría amortizado el 10% del valor de la casa. En el supuesto de que usted la vendiera en ese momento, y que su precio no se hubiera visto modificado en el tiempo, recuperaría únicamente ese 10%, habiendo perdido todo el resto de los pagos de esos 50 años, ya que correspondían a intereses. Pero si el valor del piso se hubiera depreciado en, casualmente un 10%, vendería la casa pero no cobraría ni un céntimo, porque el valor de la misma ese día sería exactamente el valor de la hipoteca pendiente. Usted (y sus hijos) habrían pagado 50 años de hipoteca y no recuperarían ni un céntimo. Ya no le cuento lo que ocurre si el valor ha bajado más del 10%, lo que en el entorno actual es lo más probable.

Me ha sorprendido este razonamiento, y es aplastante.

Por eso no triunfan estas hipotecas más allá de los 40-50 años. Si los precios dejan de subir puede ser ruinoso. Y si suben los intereses, también.

Pero es que, además, alargar mucho su plazo supone una rebaja mínima en la cuota mensual ¡y ha de pagar hipoteca un montón de años más!

Fíjese en estas cifras: imagine una hipoteca de 300.000 euros y al 4,5% de interés. A 25 años pagaría una cuota mensual de 1.667,50 euros. Si fuera a 50 años la cuota seria de 1.258,17 euros (un incremento del 100% en el plazo reduce la cuota únicamente en un 25%). Si la alargáramos a 100 años, la cuota se reduciría únicamente hasta 1.137,75 euros. ¡120 euros menos de cuota mensual a cambio de ampliar 50 años el pago de la hipoteca! ¡Alarga el plazo un 400%, pero reduce la cuota sólo en un 31,77%! Si suben los intereses puede ser aún mucho peor, y si la vivienda no sube de valor, el negocio puede ser literalmente una ruina.

En lugar de pagar alquileres, pagaría intereses, y al final no recuperaría nada.

Exactamente. Sería como pagar un alquiler casi vitalicio al banco. Estas hipotecas a tan larguísimo plazo no solucionan el problema, por eso no triunfan.

¡Pues sí que me pone bien el panorama!

El panorama está como está. Se trata de conocer la realidad. No le voy a explicar una cosa por otra. Pienso que sería mucho más fácil conseguir un sistema de alquileres razonables.

Y el Banco de España, fíjese, piensa igual: en su Informe Anual 2007, apuesta por *"el mercado de alquiler, para lo cual es necesario modificar aquellos aspectos de la Ley de Arrendamientos Urbanos que pueden estar limitando la entrada en el mercado de viviendas vacías, como por ejemplo, la duración mínima de los contratos, promover la vivienda de protección oficial en alquiler, y 'revisar' los incentivos fiscales a la compra que favorecen el régimen de propiedad frente al de alquiler."*

Las deducciones fiscales por compra de vivienda

Supongamos que, a pesar de la multitud de incógnitas y riesgos, me armo de valor y me decido a comprar un piso. ¿Por dónde debo empezar? ¿Qué me recomienda hacer?

De momento, aproveche, de inmediato y a fondo, las facilidades fiscales que le ofrece el gobierno. Los dos grandes conceptos que la ley del **IRPF (*)** acepta como desgravaciones son las inversiones en vivienda y los planes de pensiones. De estos últimos hablaremos en profundidad más adelante.

Los importes aplicados a la adquisición de la primera vivienda habitual se deducen (con un límite máximo) de la cuota del Impuesto sobre la Renta de las Personas Físicas. Es una desgravación muy importante y a largo plazo, por cuanto esa desgravación se va repitiendo año tras año en la medida en que siga vigente la hipoteca.

¿Ese límite máximo se duplica si la vivienda la compra una pareja en lugar de una única persona? ¿La desgravación es la misma? ¿Es un límite por vivienda o por persona?

Se duplica. El límite es por persona, no por vivienda. Si son pareja: doble desgravación.

La Cuenta de Ahorro Vivienda. Desgrave impuestos antes de comprar

Una vez tomada la decisión de compra ya puede comenzar a aplicarse deducciones en su **IRPF (*)**. Mucho antes de concretar la compra del piso. Tiene 4 años para irse ya desgravando hasta el límite legal, mediante la apertura de una Cuenta Vivienda. Estas desgravaciones durante 4 años, si no las lleva a cabo, se pierden. No se recuperan.

¿Y si finalmente acabo no comprando el piso?

Pues deberá devolver las deducciones efectuadas durante esos años más sus intereses. Es lógico. Pero no se alarme, no necesitará ayuda: el propio programa **PADRE (*)** se lo calcula muy fácilmente.

La Hipoteca

Supongamos que, finalmente, identifico un piso y decido comprarlo, pa-

ra lo que necesitaré una hipoteca. ¿Por dónde empiezo?

Lo primero que debería hacer es estar seguro de que la operación tiene viabilidad. Diríjase a su banco y exponga el caso. Enseguida se verá si la operación es aprobable o no.

¿Qué datos necesitará el banco?

En una primera instancia, y sólo a nivel de simulación aproximativa, necesitará saber el valor del piso, el importe de la hipoteca solicitada, su plazo, los titulares de la operación y sus ingresos anuales. De esta manera se puede calcular una cuota mensual aproximada y ver si su pago es asumible o se requerirían **avalistas (*)**. También se verá si el valor del piso es suficiente garantía para la hipoteca solicitada. Y también los gastos asociados a la operación: impuestos, notarios, registros, tasaciones, gestorías, etc. Con todo ello, se puede obtener una primera opinión, no vinculante, sobre la viabilidad de la operación.

En este momento, no se entretenga con los flecos de la operación, céntrese únicamente en su viabilidad. Si le dicen que la operación, en principio, parece viable, y si tanto le interesa la casa identificada y tiene miedo a perderla porque alguien se le adelante, asegúrese de que se la reservan: firme un contrato de arras.

¿En qué consiste un contrato de arras?

En esencia es un documento que firman usted y el vendedor, mediante el cual éste se compromete a venderle la casa a usted, ante notario, en un plazo concreto (habitualmente tres meses), a la vez que usted, a su vez, se compromete a comprarla. Se establece el precio de la compraventa y las condiciones que se consideren oportunas, así como el pago de unas "arras", o garantías, que pueden ser del orden del 5% del valor de la casa, aproximadamente, pero no hay nada escrito al respecto: es totalmente negociable. Naturalmente, esas arras pagadas son un pago "a cuenta" del total a pagar y se deducen del posterior pago final.

De esta manera dispone de un amplio período de tiempo para estudiar alternativas de hipotecas, etc. Finalizado el plazo, sin que usted haya efectuado la compra, pierde las arras. Si es el vendedor quien no le efectúa la venta, debe devolverle las arras dobladas. Es decir, el doble de las que usted le pagó.

Una vez firmado, y con la casa ya reservada por un plazo de tiempo, ¿qué

debo hacer? ¿por dónde empiezo?

Ahora sí, debe concretar qué banco elige y qué tipo de hipoteca debe estudiarse. En primer lugar "el banco", porque éste ha de solicitar una tasación, lo que le va a demorar varios días. Así, mientras dura el proceso de la tasación, puede estudiarse qué modalidad de hipoteca le interesa, de forma que, cuando llegue el informe de la sociedad tasadora, ya pueda iniciarse el proceso formal de la solicitud.

¿Puede uno fiarse de la valoración de estas sociedades tasadoras o, como dicen algunos, tasan siempre por lo bajo?

Eso es una leyenda urbana. Son sociedades que utilizan procedimientos muy profesionales, y están homologadas por el **Banco de España** (*). Ya les gustaría a muchos países tener unos procedimientos de tasación y supervisión como los nuestros.

Y, si una vez el banco ya ha conseguido la tasación, decido cambiar de banco, ¿me sirve? ¿he de volver a tasar la casa?

Siempre y cuando la sociedad tasadora fuera una de las "reconocidas y homologadas" por el nuevo banco, lo que es habitual, no tendría problemas para emitir un segundo dictamen "por copia" para el nuevo banco. Le cobraría, eso sí, unos gastos por ello. Pero no habría que volver a rehacer la tasación.

¿Y debo consultarlo a muchos bancos? ¿Obtendré respuestas muy distintas?

En general no, pero podría darse el caso. Depende de lo que solicite. Aquí, más que nunca, se aplica aquello del "prêt à porter" y de la "alta costura" que hemos comentado en el capitulo anterior. Si su hipoteca no se reviste de ningún atributo especial, es posible que obtenga una oferta "rompedora" a través de alguna **banca on line** (*) o de algún banco que, en ese justo momento, por alguna razón, esté desarrollando algún tipo de campaña agresiva. En esos casos, escúchelos. Quizás se puede beneficiar de la oportunidad.

Hipotecas "prêt à porter" versus hipotecas con "atributos", o de "alta costura"

¿En qué casos pueden interesarme los "atributos especiales" para desechar una hipoteca prêt à porter? ¿Qué atributos tan especiales pueden tener las hipotecas?

Cualquier atributo que exija profundizar y personalizar. Las campañas agresivas y los canales virtuales difícilmente permiten las excepciones. Son normalmente ofertas "prêt à porter". Generalmente promueven productos cerrados y de condiciones, si bien agresivas, innegociables e inflexibles. Si se adapta a ellos y le va bien, adelante. En caso contrario, vuelva a su banco habitual que, si se trata de uno de los de primera línea, con experiencia en el mercado de las hipotecas y con una moderna y flexible plataforma informática, le hará un traje a su medida. Otra vez con la "alta costura".

La compra de una casa y su financiación es, quizás, una de las decisiones económicas más importantes que una persona toma a lo largo de su vida. Vale la pena prestar el máximo de atención, y asegurarse que se firma lo mejor y más adecuado para su caso personal.

Hay muchísimas casuísticas: puede decantarse por un crédito hipotecario, frente a la clásica opción de un préstamo hipotecario, es la clásica disyuntiva **crédito versus préstamo** (*); puede precisar un período de carencia de amortización flexible; puede interesarle no amortizar una parte de su hipoteca hasta el vencimiento de la misma, con lo que reduciría sustancialmente la cuota mensual; si tiene otra casa a vender, puede pensar en hipotecar la casa antigua, con un largo período de carencia, lo que le facilitaría su venta y subrogación; puede precisar, incluso, un período especial de **carencia** (*), no únicamente de amortización, sino también de intereses; puede interesarle una hipoteca con intereses fijos a 1, 5, 10, 15, 20 ó 30 años y variables por el resto, o siempre fijos; puede necesitar una cantidad para realizar obras y puede establecerse así en la escritura: un desembolso posterior una vez realizadas; puede escoger una hipoteca que le permita saltar de un índice de referencia a otro, de acuerdo con sus deseos variantes; puede interesarle una hipoteca con cuotas crecientes a lo largo de los años; puede serle favorable establecer un esquema automático de bonificación de intereses de acuerdo con unos determinados grados de vinculación con el banco; puede interesarle una hipoteca con "cuota siempre fija" y plazo variable, quizás le interesen los tipos variables pero contratando un tipo de interés máximo; ya ve, un sinfín de características personalizables.

¡Cuántas cosas! ¿Por qué no nos centramos en lo que sería una hipoteca "prêt a porter" y posteriormente vamos viendo las variantes que se abren?
Como quiera. Me parece bien. Para empezar, en ese caso probablemente estaríamos hablando de un clásico "préstamo" hipotecario y

no de un "crédito" hipotecario.

Dice: "préstamo" hipotecario y no "crédito" hipotecario". ¿Qué diferencia hay? Cuándo se habla de una hipoteca ¿a cuál de los dos nos estamos refiriendo?

Para ser rigurosos, la expresión "hipoteca" no hace referencia a ninguno de los dos. Una "hipoteca" no es ni un préstamo ni un crédito: es la garantía que se otorga, en uno u otro caso. La hipoteca es la "garantía" que vincula la propiedad de un bien inmueble al cumplimiento de una obligación de pago. En caso de impago, el acreedor (el banco) tiene derecho a ejecutar la hipoteca para resarcirse de la deuda. Para ser estrictos, habría que hablar de "préstamos hipotecarios" o "créditos hipotecarios". Ahora la garantía no es personal, sino hipotecaria.

Pero no se preocupe. Sigamos hablando en general de "hipotecas", que es la expresión que la gente de la calle siempre ha utilizado, y seguirá utilizando toda la vida.

¿Decía que la típica hipoteca "prêt à porter" suele ser un préstamo y no un crédito?

Efectivamente. Con abono total inmediato, con todos los plazos y pagos previstos, inflexible y cerrado. El crédito, por el contrario, contempla la posibilidad de varias disposiciones de acuerdo con sus necesidades, permite volver a disponer en el futuro de las cantidades ya amortizadas para otras finalidades, permite realizar cambios en los plazos y en las cuotas al momento, sin tener que acudir de nuevo al notario. Por ejemplo también puede amortizar parcial y anticipadamente una determinada cantidad, reduciendo los plazos o las cuotas, a elegir. En fin, una gran flexibilidad que permite acomodarse a lo que realmente dispone (y paga) a lo que realmente necesita, modificando las cuotas, en la medida de lo posible, a su voluntad.

Y todo esto ¿convierte al crédito en más caro?

No. El costo del dinero es el mismo y la **prima de riesgo** (*) también. Pero tenga presente que no todos los bancos tienen la adecuada plataforma informática para poder gestionar y administrar esta flexibilidad.

¿Qué otras variantes o atributos puedo necesitar, que una hipoteca "prêt à porter" no me ofrezca?

Por ejemplo, le puede interesar una hipoteca de tipo de interés fijo: pase lo que pase en los mercados, en este caso usted pagará siempre el mismo tipo de interés. A su vez, esto lo puede contratar para toda la vida de la hipoteca o únicamente por unos plazos iniciales, de 1, 5, 10, 15 o 20 años, siguiendo posteriormente expuesto a los vaivenes de los tipos de interés del mercado.

Más tarde profundizaremos sobre los tipos de interés variables, los **índices hipotecarios (*)**, y los instrumentos de cobertura frente a los riesgos de esos vaivenes. Contratar alguno de los instrumentos que allí comentaremos, un **Collar (*)**, **Cap (*)**, **Floor (*)**, **Swap (*)** o **IRS(*)**, a través de los canales habituales de comunicación de una típica hipoteca prêt à porter, se me antoja francamente complicado.

Puede contratarse un tipo de hipotecas en las que se permite el cambio de los **índices hipotecarios (*)** a lo largo de la vida de la misma. Si tiene una hipoteca referenciada al **Euríbor (*)** y está descontento del comportamiento de este índice, puede cambiarla a otro **índice hipotecario (*)**. O viceversa.

Otra variante que sin duda le podría interesar, sería la de pagar siempre, a lo largo de toda la vida de la hipoteca, exactamente la misma cuota, afectando los vaivenes de los tipos de interés, no a las cuotas, sino al plazo: si bajan los tipos de interés, se cancela antes. Si suben, se alarga el vencimiento. Esto es perfectamente posible.

También le podría ser conveniente dejar una parte de la hipoteca, digamos un 20 ó 30 por ciento, sin amortizar, demorando su amortización, de forma íntegra, en una última cuota al vencimiento final. Claro, en 30 ó 40 años la vida da muchas vueltas; quizás entonces ya lo podría pagar sin problemas. O no. En cualquier caso faltan muchísimos años. En este caso, se podría beneficiar durante toda la vida de la hipoteca de una cuota más baja, ya que no pagaría amortización (pero sí intereses) de la parte que se deja para su amortización final. Es otro ejemplo de "alta costura".

Podría pactarse un sistema automático de bonificaciones de los tipos de interés, de forma que el tipo efectivo de la hipoteca sería menor si llegara a contratar y mantener una serie de seguros, productos financieros, saldos y movimientos de las cuentas y tarjetas, previamente acordados.
La última sofisticación de la "alta costura" aplicada a las hipotecas son

las llamadas hipotecas con tipos de interés combinados, es decir, que tienen un porcentaje del tipo de interés fijo y el resto es variable. Los más prudentes aseguran el 80% de sus cuotas y los más arriesgados una cantidad muy inferior. Un ejemplo más de personalización.

En algunos casos podría ser conveniente hipotecar una segunda vivienda para poder llegar a las cifras deseadas. Sobre todo en los casos donde hay una vivienda actual que debe ponerse a la venta: en ese caso puede diseñarse una hipoteca con la máxima carencia y pensada para ser subrogada por el comprador de su piso. Le puede facilitar la compra de su nueva casa y la venta de la antigua.

Quizás puede idearse algún mecanismo imaginativo de garantía colateral, con algún familiar que le deseara echar una mano. Algo que fuera más allá de aparecer simplemente como **avalista (*)**, y que convirtiera una operación dudosa o imposible, en viable.

Todo esto es la hipoteca de alta costura. La hipoteca con atributos personalizados.

Hay que superar tres listones: la viabilidad económica, la viabilidad financiera y la viabilidad hipotecaria

Está entendido. Pero dígame, al final, ¿de qué dependerá la decisión de aprobación de una hipoteca? ¿Cuáles son los puntos vitales de la decisión?

Hay tres listones. Deben superarse los tres. Un fallo, implica replantear la operación para buscar un nuevo camino más viable.

● En primer lugar, la *viabilidad económica*. La capacidad de pago. Como siempre, ha de poder convencer al banco de que lo puede pagar. Que tiene ingresos estables. Si la cuota prevista a pagar va más allá del 33% ó 40% de sus ingresos netos totales estables, va a tener serios problemas. Una subida de los tipos le expondría a pasar dificultades para pagarlo. Quizás se podría subsanar mediante algún o algunos avalistas.

● En segundo lugar, *la viabilidad financiera*. Piense que si el banco le financia el 80% del valor de la adquisición, usted debe poner en efectivo el 20% restante, más una cantidad (que se aproximará al 9% ó 10% del valor de la casa) que corresponde a los gastos asociados: notarios, registros, gestoría, impuestos, etc. Total, aproximadamente, un 30% de valor de la casa lo pone usted. Y piense que luego necesita muebles, instalaciones, etc. Esta es la viabilidad financiera.

● Por último: *la viabilidad hipotecaria*. El valor de la hipoteca no podrá ser superior a un porcentaje sobre el valor de la tasación o de la compraventa. El porcentaje habitual que permite al banco garantizarse, en condiciones normales del mercado, es el 80%. Si precisa un porcentaje superior, también va a tener problemas. Puede solventarse, pero debe replantearse. No pasa al primer intento.

Para que una hipoteca siga adelante, hay que superar los tres escollos simultáneamente.

Hipotecas con tipos de interés variables. ¡El Euríbor!

Habitualmente, para adecuar las cuotas a la evolución de los tipos del mercado a medio y largo plazo, se utiliza un mecanismo que se llama revisión de los tipos de interés, según el cual, normalmente una vez al año (aunque hay quien prefiere hacerlo semestralmente), se actualizan los tipos a aplicarse en base a unas referencias externas que se llaman **Índices Hipotecarios (*)**.

¿El Euríbor?

Ese es uno, el más popular, pero hay más. Se trata de unos índices que publica el Banco de España y que son indicadores de los tipos de interés de los mercados hipotecarios y financieros en general, y que se utilizan como referencia en los contratos a tipo variable a largo plazo. El caso más popular son, naturalmente, las hipotecas.

El **Euríbor (*)** es un índice más monetario que hipotecario (refleja el precio del dinero), pero la realidad es que se ha impuesto en el mercado. Sustituyó al antiguo **MIBOR (*)** desde la existencia del euro en el año 2000. El MIBOR se sigue publicando (con una fórmula compleja, pero que en definitiva es el Euríbor fijado a raíz de las transacciones entre únicamente los bancos españoles. Es un indicador sin demasiado interés y es válido únicamente para algunos contratos firmados antes del 1 de enero de 2000).

Dicen que si ha tenido tanto éxito es porque es más barato... ¿es cierto?

Depende, mire, tenga en cuenta, para empezar, que el **Euríbor** (*) se expresa en términos nominales, mientras que los otros índices se publican en términos de **TAE** (*), lógicamente más altos por cuanto normalmente los préstamos se pagan mensualmente.

Pues no alcanzo a ver la lógica del "lógicamente".

Es un poco lioso, pero importante. No se preocupe porque más adelante hablaremos de forma monográfica del tema: "El galimatías de la **TAE** (*)". Lo entenderá.

Por otra parte, cuando se habla de un préstamo referenciado al Euríbor se habla de **diferenciales** (*) más altos que en el caso del resto de índices, que a veces podrían llegar a ser negativos, lo que también es otro factor homogeneizante. No se crea que, en la práctica, el **Euríbor** (*) sea siempre más barato.

Lo que, sin duda ocurre, es que el **Euríbor** (*), al reflejar el precio del dinero, *capta inmediatamente las variaciones del mercado* y, por ello, su evolución es más volátil y su adaptabilidad a los cambios, más rápida. Y por tanto, la repercusión en su hipoteca. Los otros índices son medias aritméticas ponderadas de los últimos meses y, en consecuencia, su evolución es más lenta.

En períodos de caída de tipos de interés, el **Euríbor** (*) es más favorable porque se adapta inmediatamente a la nueva realidad del mercado, pero si el movimiento es de subida, los otros índices son más convenientes por cuanto son más lentos en trasladar la subida de tipos a su hipoteca. De todas formas, fíjese: tal y como hemos comentado antes al referirnos a las hipotecas con atributos o hipotecas de "alta costura", hay entidades que ponen a su disposición un tipo de hipotecas en las que usted puede ir decidiendo, en unas fechas prefijadas, el cambio de un índice de referencia a otro, si se diera el caso de que estuviera descontento con el que esta rigiendo su hipoteca.

Otros índices hipotecarios

¿Y cuáles son los otros índices?
El Banco de España autoriza y publica mensualmente estos otros:

- **IRPH Bancos**
    - Media de los tipos de interés, expresados en **TAE** (*),

aplica   dos por los bancos en los préstamos hipotecarios a más de tres años, para la adquisición de vivienda libre.

● **IRPH Cajas**
   ● Media de los tipos de interés, expresados en **TAE (*)**, aplicados por la Cajas de Ahorros en los préstamos hipotecarios a más de tres años, para la adquisición de vivienda libre.

● **IRPH del conjunto de entidades**
   ● Su propio nombre lo indica: engloba los tipos comunicados por los Bancos y las Cajas de Ahorros. También expresado en **TAE (*)**

● **CECA**
   ● Media de los tipos de interés, expresados en **TAE (*)**, aplicados por las Cajas de Ahorro tanto a los préstamos personales a menos de tres años como a los hipotecarios a más de tres años. El Banco de España lo calcula en base a las informaciones que le comunican las Cajas de Ahorros.
● **Deuda Pública**
   ● Es el tipo interno de rendimiento de la **Deuda Pública (*)** en su mercado secundario entre los plazos comprendidos entre los 2 y los 6 años. No se preocupe: le ahorro los comentarios sobre este índice porque en la práctica no se utiliza y no pienso que nadie se lo ofrezca.

¿Y no hay forma de tener un tipo de interés fijo y olvidarse de los vaivenes del mercado?

Por supuesto que sí. Su banco le ofrecerá un tipo fijo para su préstamo, sea para la totalidad de la vida del mismo, como para períodos más cortos, 3, 5, 10, 15, 20, años, por ejemplo. Y no únicamente al firmar el préstamo, sino en cualquier momento de la vida del mismo, mediante diversos instrumentos de cobertura, comos los **Collar (*)**, **Cap (*)**, **Floor (*)**, **Swap (*)** y **IRS(*)**.

No se deje impresionar por los nombres. La estructura es bastante compleja, pero el resultado y la instrumentación son muy sencillos: a usted le dan la alternativa de asegurar la cuota de su préstamo, pase lo que pase en los mercados.

¿Y no tiene éxito esta fórmula? ¿Parecería atractiva, no? Asegurarse el importe mensual de la hipoteca "de por vida" sin los sobresaltos de las movidas del Euríbor (*)...

Pues sí y no. En España, la oferta de asegurar el tipo de interés no tiene demasiado éxito. Otra vez con nuestras peculiaridades. La exposición de las empresas y particulares españoles al riesgo del tipo de interés, es más del doble que la media europea. Estamos a la cabeza de los préstamos a tipos variables, lo que nos hace mucho más vulnerables a los cambios. En países como Francia o Bélgica la gran mayoría de las hipotecas son a tipos fijos. En España, según datos del **INE (*)**, el 97% de las hipotecas están contratadas con intereses variables. Que suban los tipos cae fatal y es noticia en los telediarios.

Y esto ¿por qué ocurre? ¿por qué se da esta circunstancia? ¿por qué actuamos distinto al resto de europeos?

No tengo la Respuesta en mayúscula. Pero le voy a dar mi opinión: ¿ha oído usted hablar de la dificultad de las empresas de seguros de desarrollar su negocio en España, en todas sus líneas, pero especialmente en la de los seguros de vida? A los españoles nos cuesta gastar el dinero en primas de seguros que nos cubran de teóricas contingencias futuras. Nuestros ratios de gastos en seguros son, comparativamente, muy bajos. No entraré en detalles pero esto es una conocida realidad. Somos un país que no asegura, o que incurre frecuentemente en el **infraseguro (*)**.

Y pienso que las razones, sean cuales sean, que nos hacen ser un país con poca propensión a contratar seguros, también rigen a la hora de contratar una préstamo hipotecario a largo plazo a tipo fijo. ¿Asegurar el tipo de interés, dice? ¿Y esto cuanto vale? No, no,... déjelo... déjelo.... Si suben los tipos de interés ya lo pagaré en su día. No me líe ahora a pagar más...

¿Así de simple?

Le aseguro que sí. Así de simple. Asegurar los tipos de interés, por el mecanismo que sea, **Collar (*)**, **Cap (*)**, **Floor (*)**, **Swap (*)** o **IRS(*)**, tiene un coste, como todo. Y, en general, parece que no estamos dispuestos a asumirlo y preferimos gastarnos el dinero en otras cosas más festivas. Preferimos el riesgo de ver nuestra hipoteca sometida al albur de los vaivenes del mercado del dinero a cambio de obtener "hoy" una cuota mensual más baja. Este comportamiento es muy nuestro y, según todas las estadísticas, abrumadoramente diferente al de los países europeos con más recorrido y, en general, más proclives a las actividades aseguradoras. Entonces pasa lo que pasa cuando pasa.

Bueno, con todo lo que me ha explicado, creo que ya estoy en condiciones de de ponerme con papel, calculadora y lápiz, a ver si consigo sobrepasar alguno de los tres listones que me ha puesto.

¡Ha de superar los tres!

Ejemplo

Adán y Eva son amigos y residentes en Madrid. En su día tomaron la decisión de comprar un piso. Ambos tienen una nómina que asciende a 24.000 euros al año. Inmediatamente después de tomar la decisión, abrieron sendas cuentas vivienda en su banco habitual. Pasaron tres años haciendo cada uno de ellos aportaciones por el máximo anual permitido, es decir, 9.015,18 euros. Al final del tercer año, el saldo de cada una de las cuentas totalizaba 27.045,54 euros (más intereses que a efectos del ejemplo ignoramos).

En las respectivas declaraciones de renta correspondientes a los tres años, ambos se aplicaron una deducción en la cuota del IRPF del 15% de esas cantidades, es decir, 4.056,83 euros cada uno, 8.113,66 entre los dos. (De haber residido en Catalunya se hubieran podido deducir únicamente el 13,5%, a menos de que se cumplieran algunos requisitos de edad, rentas máximas, etc., en cuyo caso hubieran podido deducirse el 16,50%).

Finalmente, a lo largo del cuarto año identificaron un piso de un valor de 300.000 euros y lo compraron, complementando la financiación con una hipoteca de 200.000 euros a 30 años, por la que se comprometieron al pago de una cuota fija (optaron por asegurar el tipo de interés aplicable para toda la vida del préstamo, al haber encontrado razonable el tipo constante que su banco les ofreció) de 955 euros al mes. Como esta cantidad se encuentra muy por debajo de los máximos, se dedujeron íntegramente el 15% de las cuotas durante los 30 años. En el año de la compra también se dedujeron el 15% de las cantidades satisfechas en la compra y los gastos asociados, notarios registros, etc., hasta el máximo legal, es decir, el 15% de 9.015,18 euros, 1.352.28 cada uno, 2.704,55 en total.

Durante los 30 años siguientes se deducen: 15% de (955 x 12 x 30) = 51.570,00 euros. Si a esta cantidad le sumamos los 8.113,66 euros que se habían ahorrado de impuestos antes de la adquisición del piso mediante las cuentas vivienda, más los 2.704,55 euros deducidos en el año de la

---

compra, resulta un total ahorro fiscal de:

8.113,66 + 2.704,55 + 51.570,00 = 62.388,21 euros.

En resumen, el 20, 80% del valor total del piso se lo pagó Hacienda, es decir, el resto de los ciudadanos. No está nada mal.

[Cálculos efectuados de acuerdo con la legislación fiscal vigente en 2009].

Resumen

● **El alquiler sigue siendo la gran asignatura pendiente del mercado de la vivienda en España. En nuestro país, el arrendamiento de casas está en un 8% del total, mientras que en Holanda está en el 47% y en Alemania es del 57%.**

● **Con los incrementos de viviendas que se han producido en las últimas décadas, el problema no ha cambiado de sesgo. Seguimos igual. O peor: alquileres más caros.**

● **Otra peculiaridad española es que la mayoría de las viviendas en alquiler son de propiedad privada. El Estado del Bienestar, tiene todavía esta faceta por empezar. En España la media de participación de la "vivienda social en alquiler" supera ligeramente el 1%. La media europea es del 18%, mientras que Holanda es el país europeo con el mayor porcentaje de vivienda pública protegida en alquiler, el 35 por ciento, España es el país con más viviendas vacías. En el año 2005, según la Sociedad Pública del Alquiler del Ministerio de la Vivienda, en España había 3.350.000 casas vacías, el 14,59 % del parque de viviendas español.**

● **Promover fiscalmente el alquiler, público o no, en lugar de la compra de las viviendas, parecería, en teoría, un camino muchísimo más fácil, y con unas incomparablemente más altas probabilidades de éxito: el éxito que está esperando toda una generación de jóvenes mileuristas.**

● **Si finalmente se decide por la compra, desgrávese del IRPF inmediatamente. Hasta 4 años antes de la compra.**

● **Probablemente necesitará una hipoteca: escoja una "de alta costura". Agradecerá el consejo.**

● **Para que le aprueben una hipoteca ha de superar tres listones: la viabilidad económica, la financiera y la hipotecaria. Yo de usted me sentaría frente al ordenador, con una hoja de cálculo y sin prisas. ¡Suerte!**

6
Tengo unos ahorros para invertir

El dinero es mejor que la pobreza, aun cuando sólo sea por razones financieras
WOODY ALLEN

La pobreza no viene por la disminución de las riquezas,
sino por la multiplicación de los deseos
PLATÓN

Lo que distingue al hombre de los otros animales son las preocupaciones financieras
JULES RENARD

Este Renard es un poco exagerado, ¿no?

Ciertamente. Además, pienso que no estoy muy de acuerdo con él.

¿No?

A ver. Observe un animal en la sabana africana. No hace falta que vaya... cualquier reportaje televisivo del National Geographic, de la BBC o de nuestro entrañable Félix Rodríguez de la Fuente (nuestros jóvenes se lo han perdido, ¡pobres!) nos sirve. ¿Qué hacen? Pues cuando no duermen o se reproducen (o están en el reiterado y protocolario empeño de hacerlo) parece que sólo están preocupados por una cosa: ¡comer! ¡comer! ¡comer! Comer ellos, comer sus crías, comer hoy, almacenar en cuevas y zulos para poder comer mañana, enseñar a buscar comida a las crías, a almacenarla, cazar, enseñar a cazar, enseñar a almacenar..... Y así días y días... toda la vida, ¡comer! ¡comer! ¡comer!

El ser humano, como el resto de animales, parece que procede básicamente de forma similar en sus estadios básicos pre-culturales. Sustituya "comer" por "dinero para comprar comida", y "almacenar en cuevas y zulos" por "ahorrar para poder comer en el futuro". Hasta aquí veo similitudes, con perdón. La herencia cultural no parece que cambie el modo de comportarse en estos primeros estadios.

Una vez superado este primer nivel, con la subsistencia asegurada, pienso que la frase ya adquiere todo su significado.

Lo que ocurre es que los hombres somos capaces de elevar el listón de nuestras necesidades básicas a niveles que un animal no haría jamás. Porque claro, como hemos dicho antes, otra de las cosas que hacen nuestros queridos leones, leopardos y tigres en la selva es ¡dormir! Una vez cubiertas sus necesidades básicas, duermen.... juegan... duermen, vuelven a intentar reproducirse una y otra vez, pero jamás se les ocurre elevar el nivel de sus necesidades básicas de alimentación y abrigo hasta casi el infinito como hacemos los humanos...

Al subir permanentemente el nivel de consumo de objetos y servicios "imprescindibles" lo que hacemos es elevar el listón de nuestro estadio "animal" básico. Y en la medida en que necesitamos más y más *comer* (entendiendo por comer, por ejemplo, ir de vacaciones a la otra esquina del mundo cada verano, acumular segundas y terceras viviendas, no poder pasar sin un televisor de plasma, salir a cenar a restaurantes cada semana, o comprar un coche tan potente que en pocos segundos pueda alcanzar los 240 Kms por hora, el triple de la velocidad máxima autorizada) estamos todo el día como ellos, día tras día, toda la vida con preocupaciones financieras, al igual que ellos. Toda la vida buscando comida... piense en lo que el aforismo de Platón apuntaba más arriba.

Y nunca dormimos en el sentido, ya me entiende, en que lo hacen nuestros amigos los leones.

Si lo que pretende es hacerme sentir culpable de no poder llegar a final de mes, no lo logrará.
En absoluto, disculpe. Era una simple digresión sobre la frase de Jules Renard. Volvamos al tema.

Sí, porque próximamente voy a cobrar una parte de una herencia y me gustaría saber qué hacer con ese dinero. ¿Qué me aconseja?
No es fácil introducirse en el mundo de las inversiones. Hay innumerables productos que si bien siguen manteniendo los nombres tradicionales de depósitos, bonos o acciones, la verdad es que han evolucionado, han mutado y se han hecho más complejos. A ellos se les han unido nuevos **derivados (*)**, e innumerables productos, con infinidad de siglas, apodos y nombres.

Le tengo que hacer una serie de preguntas fundamentales antes de poder hacer asesoramiento alguno sobre este tema: por ejemplo, *el horizonte temporal* que ve en esta inversión; si piensa en el corto plazo porque sabe que lo gastará próximamente o por el contrario en el largo plazo porque no tiene nada a la vista previsto para gastar el dinero.

También debería decirme si le interesa *ir cobrando periódicamente los intereses* o no le importa que se capitalicen o reinviertan, porque un deseo u otro nos puede llevar hacia distintos tipos de productos.

También me debe decir si usted pretende asumir *"riesgos"* para poder optar a una rentabilidad superior a la del dinero a corto plazo representado (para simplificar) en el **Euríbor (*)**. Porque hay algo que debe tener siempre claro y presente: *el dinero "sin riesgo" tiene un precio y lo marca el mercado interbancario y, en última instancia, el **Banco Central Europeo BCE**(*).* No es un capricho de una persona o institución, sino el resultado decenas de miles de transacciones que se realizan a diario entre todos los operadores del mercado interbancario en el mundo. Y son gentes que conocen muy bien en qué se juegan su dinero.

Los riesgos que se asumen

Me habla de riesgos en plural. ¿Qué riesgos puedo llegar a asumir?

El Riesgo de Solvencia

No se asuste, pero existen diversos. En primer lugar, el *riesgo de solvencia*. Este riesgo se cubre mediante la elección de un banco de reconocida y sólida seguridad. Preste atención. Y recuerde aquel aforismo de François de La Rochefoucauld que vimos al principio del capítulo 3: *el medio más fácil para ser engañado es creerse más listo que los demás.* Algunos que hemos estado muchos años en estos temas recordamos a personas que revestían su ambición y codicia bajo la capa de una cegada actitud de inmensa prepotencia que les llevaba a creerse, efectivamente, más listas que todos los demás. Y muy especialmente mucho más avezadas que los operadores financieros profesionales de los mercados internacionales que marcan el precio de las cosas, entre ellas, del dinero. Los más viejos del lugar recordamos a Sofico, a los más de 18 bancos españoles que pasaron a mejor vida en los años 80 y, más recientemente, casos de otros pequeños bancos, el mediático asunto de Gescartera, por no hablar del caso de los sellos.... Y siguió con la crisis financiera internacional de 2008-2009, con sus episodios de pánico popular generalizado por miedo a perder los ahorros, y el subsiguiente apoyo generalizado de los gobiernos a los bancos en crisis, así como a los ahorradores mediante el compromiso de reembolsar los ahorros depositados en los bancos teóricamente susceptibles de quebrar.

Y ya no hablo de los llamados *"chiringuitos financieros"* porque estoy seguro de que usted, inquieto y a la vez prudente, no caerá en la tentación de ser estafado por ellos. Los chiringuitos financieros son empresas (con nombres estrafalarios en inglés) que operan intermediando dinero sin las autorizaciones pertinentes. No entre porque saldrá escaldado. Así de claro. La mayoría tienen expedientes abiertos en la **CNMV (Comisión Nacional del Mercado de Valores) (*)** y si tiene un rato para satisfacer su curiosidad puede entrar en la web de la CNMV: http:// www.cnmv.es y observará que allí existe siempre un apartado de avisos al público con la lista de chiringuitos no autorizados, de los que tienen un expediente sancionador abierto, así como una lista recibida de otros supervisores extranjeros con los nombres de empresas sancionadas en otros países, por si extendieran sus actividades aquí.

Está claro. ¿Qué otros riesgos puedo asumir?

El Riesgo de Mercado
Una vez elegida una entidad sólida, cabría plantearse si quiere asumir algún riesgo en el mercado de valores. Es el denominado *riesgo de mercado* o de cotización. Y se asume, no únicamente comprando acciones, sino también con muchos otros productos que tienen su rentabilidad ligada de alguna forma a la evolución de los mercados de acciones: **fondos de inversión (*)** en acciones, o mixtos, **unit linked (*),** incluso una clase de **depósitos a plazo fijo (*)** llamados **depósitos estructurados (*),** o de rentabilidad variable, cuyo rendimiento está ligado a la evolución de determinados **índices bursátiles (*)** o a determinadas cestas de acciones específicas mediante fórmulas bastante complejas. De todo esto, si lo desea, hablaremos luego en detalle, aunque no le pienso torturar con fórmulas.

Sí, pero me está usted asustando con tanto riesgo; yo sólo pretendía invertir mi dinero y que me diera la mejor rentabilidad posible, sin plantearme tantas complicaciones. Yo no quiero complicaciones.
Lo entiendo, pero los riesgos, por no hablarlos, no dejan de existir. Si somos consecuentes con lo que acaba de manifestar, olvídese de todo lo demás e invierta al **Euríbor (*)** puro y duro: en **depósitos a plazo**

fijo (*), **bonos del estado (*)**, **letras del Tesoro (*)**, **obligaciones del Estado (*)**, o en **participaciones preferentes (*)**, **deuda subordinada (*)**, **pagarés (*)** o cédulas hipotecarias de su banco de confianza.

Luego hablaremos de todos estos productos, pero piense que en los tiempos recientes el **Euríbor (*)** ha estado a niveles de interés por debajo del dos por ciento. No nos olvidemos que en tiempos de la débil peseta habíamos tenido intereses del 8 ó 9 por ciento de forma estable, por no hablar de épocas del 14 y 15 por ciento. Por tanto, en este contexto, las expectativas de rentabilidad de los ahorradores se veían permanentemente frustradas. Hoy los ahorros rentan mucho menos que décadas atrás.

Por otra parte, con unos intereses del 3% la **inflación (*)** real era muy superior, o lo que es lo mismo, los **intereses reales (*)**, los de verdad, los que representan los intereses nominales netos menos la inflación, eran negativos y esto no es saludable para ninguna economía.

¿Los Intereses reales (*) son negativos cuando se sitúan por debajo de la inflación?
Exactamente.

Pues yo, desde que tenemos el euro, siempre los recuerdo así.
En nuestra historia reciente casi siempre ha sido así. En esa tesitura, es comprensible que todo el mundo pensara en cómo poder obtener una rentabilidad superior para llegar, sin más ambiciones, a cubrir la inflación, no sólo la oficial sino la real, la que afecta de verdad a su bolsillo que, como sin duda habrá notado, no es la que ve usted publicada en el periódico.

Y ello nos llevaba a estudiar formulas de inversión alternativas que nos permitieran "romper el Euríbor" y superarlo. Porque el Euríbor es el precio que el mercado le da al dinero a un determinado plazo, sin riesgo. Y desafiar al mercado conlleva riesgos. De estos riesgos estamos hablando

Entendido. ¿Qué otros riesgos pueden acecharme?

El Riesgo de Divisa
Le puede chocar, pero el invertir sus ahorros en euros es sólo una opción entre varias. Los puede invertir en depósitos o fondos en dóla-

res (ojo, durante varios años los intereses en dólares han sido dobles que los intereses del euro) o, porqué no, en libras esterlinas con intereses sistemáticamente superiores al euro. Claro, ahí usted asumiría un riesgo: de que al vencimiento del depósito, el cambio dólar/euro o libra/euro, para seguir con el ejemplo, le juegue una mala pasada y todo aquello que usted hubiera ganado de más con unos mayores intereses, lo perdiera por un cambio peor (una caída en la cotización del dólar o de la libra), con lo cual usted se quedaría igual o incluso peor que estaba. Es una posibilidad. Un riesgo. Pero era una forma posible de doblar los intereses. Si usted desafía al mercado puede ganar o perder.

Hay otro riesgo que usted decide si quiere asumir:

El Riesgo de Interés

Se trata de que la evolución de los tipos de interés en el mercado afecte a la rentabilidad de sus inversiones.

No, yo no quiero este riesgo, yo quiero pactar un interés con mi banco y que me lo respete hasta el vencimiento. O comprar una letra del tesoro (*) a un tipo determinado y no preocuparme más por la evolución de los tipos de interés.

Está entendido, pero eso lo logrará siempre que no precise vender al mercado su letra o su bono antes de su vencimiento, porque, en ese caso, lo que haya acontecido en el mercado con respecto a los tipos de interés le pude jugar otra mala pasada en forma de que su letra o bono haya perdido valor y valga menos de lo que pagó usted por ellos.

¡No puede ser!

Es.

Pero si yo tengo un bono a un tipo fijo ¿cómo puede ser que pueda perder dinero?

Por una paradoja: *si no resiste hasta el vencimiento y quiere vender antes, la renta a tipo fijo no tiene una rentabilidad fija, sino variable.*

Si la mantiene hasta el vencimiento, sí. Si usted invierte 100 euros al 4 por ciento, usted recibirá en la fecha de vencimiento sus 100 euros y cobrará los 4 euros de intereses. Hasta aquí lo esperado, sin novedades.

Pero si vende el bono antes del vencimiento, el mercado se lo comprará, sin duda, pero para fijar su precio observará qué tipo de interés existe a fecha de hoy en el mercado (otra vez el Euríbor) a ese plazo que queda hasta el vencimiento de su título, y lo comparará con el interés que paga su bono.

Si su bono rinde más que los intereses actuales del mercado porque éstos han bajado, *usted tiene una joya*: un título que rinde más que los de nueva emisión. Y se lo valorarán por encima de **la par (*)**: por encima del precio que le costó. Un buen negocio. Si por el contrario los intereses han subido, *su título es una birria*: rinde menos que los nuevos del mercado, y por tanto se lo pagarán peor, por debajo de **la par (*)**: por menos de lo que lo compró. Bajarán su precio hasta igualar su rentabilidad efectiva a la de los intereses del mercado hoy. Si los intereses han subido al 6%, su bono del 4% bajará de precio hasta que rente el 6%, que serían los tipos de mercado de ese momento.

Y en el cálculo (complejo) *es muy importante el plazo que queda hasta el vencimiento* de su bono: si los tipos han bajado, cuanto mayor sea el plazo de su bono que resta hasta su vencimiento, más joya tiene usted y más se lo pagarán. Por el contrario, si los tipos han subido, y tiene una birria que le rinde menos que los nuevos títulos del mercado, el efecto negativo sobre el precio de su bono será inapreciable si vence en las próximas fechas, pero si su vencimiento está lejano, el descuento que le aplicarán bajo **la par (*)** será relevante, porque sería una verdadera birria.

A ver si lo entiendo bien: ¿si suben los intereses pierdo, y si bajan gano? ¿raro, no?

Ésta es la paradoja, sí. Si lo piensa fríamente, no es tan raro. Es lógico. Juega en contra de los fondos de inversión o de pensiones que invierten a medio y largo plazo. *Tenga presente y no olvide nunca que los fondos de inversión de renta fija realmente tienen una rentabilidad variable.* Luego hablaremos de ellos, pero déjeme tranquilizarlo. Durante estos últimos años, se ha generalizado en España la emisión de los bonos y otros títulos, en general a medio y largo plazo pero con intereses revisables trimestralmente de acuerdo con el omnipresente Euríbor: de esta forma, pase lo que pase con los intereses del mercado, su título estará siempre actualizado y con intereses de mercado, evitando por tanto la paradoja. Es algo muy conocido en los mercados y que se conoce como "Floating interest rate": **tipos de interés flotantes (*).**

Pero hay todavía un riesgo más:

El Riesgo de liquidez

Por el nombre ya se imagina en qué consiste. Es el riesgo de que, en el caso de que decidiera deshacerse de su inversión antes del vencimiento, lo pueda realmente hacer y sin una pérdida significativa de valor. Por ejemplo, en los productos bancarios normales, no así en los **depósitos estructurados (*),** siempre hay la posibilidad de cancelación anticipada mediante el pago de una pequeña penalización. En el caso de las acciones, obviamente, existe la bolsa para materializar su venta inmediata, al igual que en el resto de títulos de renta fija en los que hay mercados organizados para ese fin.

Pero podemos encontrarnos a veces con productos **ilíquidos (*)** o con muy baja liquidez: el ejemplo más paradigmático son los planes de pensiones (de los que hablaremos ampliamente más adelante) los inmuebles, las inversiones en bienes tangibles, como la filatelia, la numismática, las antigüedades, obras de arte, pinturas, etc.

Todos esos bienes, tangibles y no financieros, tienen unas peculiares y diferenciadas formas de comercialización, y si usted desea realizar una de estas inversiones, sin duda le será más complejo que dar una orden a su banco de cancelar una determinada operación o vender un determinado título, lo cual puede hacer cómodamente desde su casa, tomándose una cerveza frente a su ordenador, oyendo su música favorita, y con la seguridad de que será cursada inmediatamente y verá reflejado su importe abonado en su cuenta corriente al día siguiente.

En estos casos de bienes **ilíquidos (*)** no sabrá cuándo lo venderá ni a qué precio. Puede simplemente no existir comprador y ser imposible su venta. Ya no hablamos del caso en el que debiera bajar el precio del bien para conseguir venderlo, sino que simplemente es imposible hacerlo. Le aseguro que en determinadas épocas, dentro de la dinámica de los ciclos económicos, hay algunos mercados de bienes tangibles que prácticamente *desaparecen*: no hay compradores, no hay compraventas, no hay transacciones, *no hay mercado*. ¡Cuidado!

Caray, ¡no imaginaba que para invertir mis cuatro duros tuviera que protegerme contra tantos riesgos! ¡El de solvencia (este sí que ya lo tenía claro), el de mercado, el de divisa, el de interés y el de liquidez! ¡Uff!

Existen, existen, pero no se asuste, que no va a perder nada. Vayamos ahora producto por producto y seguro que encontrará su nicho adecuado: la rentabilidad razonable, al plazo deseado, con la liquidez asegurada y con los riesgos conocidos y minimizados hasta donde usted decida. Esto es lo importante. Conocer el entorno y fijar su posición dentro de él.

Piense que la Unión Europea, consciente de la complejidad de los modernos productos financieros y de la necesidad de que sean comprendidos por los inversores, publicó una Directiva, llamada **MiFID(*)** que, en el año 2007, fue debidamente transpuesta en la normativa española. En ella se establecían unos mecanismos de información y de valoración de la adecuación de los productos a las características personales de los clientes, en función de los riesgos asumidos por cada producto, llegando, en algunos casos, a la obligatoriedad de firmar y custodiar determinados impresos donde se responde a un cuestionario (una especie de examen de conocimientos) y donde invariablemente se hace constar por parte del inversor que entiende y asume conscientemente los riesgos inherentes del producto.

¿Y hay que pasar un examen obligatorio antes de invertir en determinados productos?

Digámoslo así, es un cuestionario tipo test, efectivamente. Y hacer constar por escrito que se entiende el producto y que se está de acuerdo en asumir los riesgos inherentes al mismo. Se está haciendo así en todos los bancos europeos. Y me parece muy bien.

Posteriormente, veremos también otras posibilidades de inversión, en este caso no financieras: obras de arte, antigüedades y, cómo no, la inversión "no financiera estrella": la Inversión Inmobiliaria.

A ver, deme ideas, hagamos un repaso de las inversiones más comunes y recomendables, y analicemos sus pros y contras.

De acuerdo, vayamos una a una.

Depósitos a plazo bancarios. La tranquilidad

Es el sistema más simple de invertir su dinero. Mediante estos depósitos obtendrá una retribución cercana, pero inferior, al **Euríbor (*)** del período. Si, por cualquier razón, lo ha de retirar antes del vencimiento acordado, no tendrá problemas, aunque se le cobrará una pequeña penalización.

¿Qué es el Euríbor del período? ¿Cuántos Euríbors hay?

Tantos como plazos. Si aceptamos que el Euríbor *refleja* el precio del dinero, también hemos de convenir en que el dinero no vale lo mismo sea cual sea el plazo al que lo contratamos. Ello es así porque la realidad del mercado marca distintos precios para diferentes plazos.

¿Y de qué dependen las diferencias entre el Euríbor a un plazo y otro?

De las perspectivas de subida o bajada de los tipos de interés. Si la percepción subjetiva del mercado es alcista, es probable que los tipos a plazos largos suban. En caso contrario, los inversores contratarían a corto plazo a la espera de que los tipos ascendieran realmente y poderse así beneficiar de la subida. Contratar a plazo más largo con tipos superiores es equivalente a "anticipar" la esperada subida.

Pero si tengo un depósito a plazo a un tipo de interés determinado, me lo respetarán hasta el vencimiento, pase lo que pase en el mercado, ¿no es así?

Sí. Y ello es así porque cuando se contrata un depósito a plazo a un tipo de interés determinado, se adquiere un compromiso por ambas partes. Por parte del banco, a pagarle a usted ese tipo de interés acordado, sea cual sea la evolución posterior de los tipos del mercado. Por parte suya, a mantener el depósito hasta su vencimiento. Pero mientras se establece un mecanismo de excepción para lo segundo, (mediante una penalización explícita en caso de reembolso anticipado), para el cumplimiento del primer pacto no hay excepción posible.

Si tengo, por ejemplo, un depósito a tres meses, ¿cada tres meses se renovaría a un interés distinto?

A cada vencimiento (y por consiguiente, renovación) se le aplicaría un tipo de interés de acuerdo con los tipos de interés "a tres meses" del día de la renovación.

Pero sé de gente que cobra intereses muy diversos en los depósitos a plazo.

Puede tratarse de depósitos a plazos sustancialmente distintos. La forma en que los financieros reflejan los distintos tipos de interés del mercado de acuerdo con los plazos de contratación es la llamada "curva de tipos de interés".

La curva de tipos de interés del mercado

Una curva de tipos de interés nos refleja gráficamente cómo los intereses evolucionan según el plazo de contratación. En una curva positiva (la más frecuente) los intereses van ascendiendo a medida que los plazos se alargan. Cuando los tipos bajan con el tiempo, se habla de curva con pendiente negativa.

Finalmente, cuando los tipos son iguales, cualquiera que sea el período, se habla de "curva plana" (un alarde de Geometría Creativa).

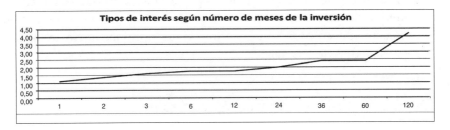

Tipos de interés según número de meses de la inversión

Y ¿de qué depende la inclinación?

De las miles y miles de transacciones que se realizan permanentemente en los mercados internacionales. Además tenga en cuenta que uno de los operadores más importantes en estos mercados son los **bancos centrales (*)**. En el caso de los mercados del euro, el **Banco Central Europeo (*)** y, en los del dólar, la **FED (*)**. Y cuando intervienen estos bancos centrales lo hacen únicamente en los segmentos más cortos de las curvas de tipos, mientras que en los mercados se realizan transacciones a plazos muy superiores: un año, dos, tres, cinco, diez, treinta e incluso más años, como los "consolidated bonds" ingleses, que son deudas perpetuas, sin vencimiento.

¿Y por qué intervienen los bancos centrales en el mercado del dinero? ¿Qué pretenden?

No le voy a atormentar adentrándonos en las complejidades de la Política Económica. Digamos que intervienen porque es su responsabilidad utilizar, entre otros instrumentos, la "política monetaria" (justamente lo que estamos hablando) para estabilizar la economía mediante el control de los tipos de interés. Sus intervenciones en los tramos cortos del mercado (en los plazos cortos) pretenden influir en "toda" la curva de intereses (en el precio del dinero a todos los plazos). Les gustaría que toda la curva se viera afectada. Con ello, pretenden influir en el comportamiento de todos los agentes económicos: empresas, bancos, particulares, etc.

En la pasada crisis financiera global del 2008, se vieron claramente las dificultades inherentes a la labor del **BCE (*):** éste inyectaba una y otra vez dinero en el mercado, al tiempo que bajaba el tipo de interés de intervención, pero el mercado no reaccionaba. Los tipos reales de interés interbancarios a plazos mayores, el **Euríbor (*),** no seguían el camino marcado por el **BCE (*),** al contrario, llegaban incluso a subir en determinadas franjas de la curva de tipos de interés. El **BCE (*)** era, pues, incapaz de lograr una caída de los precios del dinero en los mercados internacionales a medio plazo: había una desconfianza generalizada. Finalmente, en 2009, empezó a intervenir y prestar dinero en los tramos medios de seis meses.

Depósitos a plazo con interés variable

Existen también depósitos a plazos largos pero con pactos de revisión periódica de intereses. En estos casos usted no tiene que preocuparse porque cada período acordado (trimestral, semestral o anual) sus intereses se revisan automáticamente de acuerdo con los tipos de mercado de cada momento.

¿Igual que se hace con las hipotecas?
Exactamente igual. Lo comentamos antes cuando analizábamos el "Riesgo de Interés". Es el mecanismo de los **tipos de interés flotantes (*).**

Depósitos a plazo estructurados

Estos depósitos han devenido un alarde de creatividad e imaginación. Consisten en depósitos a plazo con un vencimiento determinado, pero cuyos intereses no son ni fijos ni flotantes, sino que dependen de unos cálculos complejos.

¿Y siempre distintos?
Efectivamente, se diseñan de acuerdo con las posibilidades específicas que permite cada coyuntura del mercado. Pero en este caso, atención, aquí lo variable no únicamente es la rentabilidad sino que también se juega usted el capital.

¿Puedo perder los intereses y también una parte de mi dinero inicial?

Normalmente sí, aunque también los hay diseñados para que eso no ocurra.

¿Y cómo es posible?

Estos depósitos son la combinación de un producto **derivado (*)** y un contrato de depósito. El **derivado (*)** está vinculado a un **"activo subyacente" (*)**, normalmente **acciones (*)** o **índices bursátiles (*)**. Sería largo de explicar, pero de la misma forma que podría ganar mucho dinero, también podría llegar a perder parte de su capital inicial. Vaya con muchísimo cuidado con estos productos. Recuerde la gran crisis del 2008: se llevó por delante a varios **bancos de inversión (*)** que se dedicaban mayoritariamente al diseño de este tipo de productos. Muchos inversores perdieron el dinero invertido.

No obstante, hay muchos productos estructurados con el riesgo muy controlado, donde únicamente se arriesga la rentabilidad de su inversión (no su capital) y fáciles de entender. Por ejemplo, aquellos productos estructurados que están diseñados para cubrir el riesgo de un repunte en la inflación europea o española. En efecto, mediante la combinación de un depósito a plazo y un **derivado (*)** vinculado al **activo subyacente (*)** "inflación española" o "inflación de la zona euro", se puede obtener una rentabilidad para su dinero, como mínimo, igual a la inflación oficial. Con ello, al menos en teoría, usted asegura una rentabilidad para su dinero igual a la inflación, sea cual sea finalmente.

Y si el IPC (*) se dispara, ¿el banco pierde dinero?

No sufra por el banco. Ni gana ni pierde. Simplemente tiene ese riesgo cubierto en el mercado de derivados. Al banco le da exactamente igual. Es a usted a quien le puede interesar asegurar o limitar la rentabilidad de su depósito a plazo (según cómo lo enfoque) mediante la fijación de un rendimiento ligado a la inflación.

Otros muchos productos estructurados le aseguran su capital invertido al 100% y únicamente arriesga usted la rentabilidad, que podría llegar a ser o muy elevada, o cero.

Algún banco ha ligado "publicitariamente" la rentabilidad de algunos depósitos estructurados a factores extraeconómicos. Por ejemplo, un conocido banco catalán pagaba una sobreprima de interés en un determinado depósito a plazo si el RCD Español de Barcelona se clasificaba para jugar el torneo europeo de futbol conocido como Copa de la UEFA. Otro, lo hacía si el municipio de Madrid finalmente obtenía la designación de sede olímpica.

Por último, déjeme hacerle un último apunte acerca de todos estos depósitos estructurados, ligados a **derivados (*)** financieros: dada la naturaleza y la composición de los mismos, es muy difícil ofrecer la posibilidad de cancelación anticipada.

Depósitos a plazo con intereses en especie

Se trata de otra variedad de depósitos, en algunos casos con un remarcable éxito en el mercado. Es algo tan sencillo como decirle: "mire usted, no le voy a retribuir su depósito a plazo con ningún interés, ni fijo, ni variable, ni referenciado a nada. El interés que le voy a pagar por su dinero es "un cero por cien". Ahora bien, en el momento de la firma le voy a obsequiar con un DVD, una cafetera, una cubertería o una bicicleta de montaña.

Conozco estos casos, sí. ¿Salen los números? ¿Quién sale favorecido en estas operaciones? ¿El banco o el cliente?
Normalmente ambos. Todo depende de la percepción subjetiva del valor del obsequio. En realidad, es del todo incorrecto hablar de obsequios, dado que se trata de "intereses cobrados en especie". Nadie regala nada.

He conocido casos de regalos (o retribuciones en especie) muy valiosos.
Sí, en efecto, pero no hay milagros. Hay, como mínimo, dos efectos que explican el fenómeno. En primer lugar, como le acabo de decir, la valoración personal y subjetiva del "objeto" que se cobra en sustitución del interés. Si usted valora ese "objeto cierto y tangible" por encima de una determinada rentabilidad, si bien concreta, poco tangible, usted gana.

En segundo lugar, piense que, probablemente, el banco puede comprar ese "objeto" a un precio significativamente más económico del que usted conseguiría en la tienda de su barrio, dado que el banco compra en el mercado de origen miles de "objetos como el suyo, con sustanciales descuentos". En definitiva: todos ganan.

A quien le da totalmente igual es a Hacienda, porque usted tendrá que tributar por su "retribución en especie" en su **IRPF (*)**, exactamente igual que si el pago de los intereses se realizara en la forma convencional. Incluida la retención y el ingreso a cuenta.

Pagarés

Como su nombre indica se trata de un documento mediante el cual el "emisor" (ahora hablamos de su banco, aunque podrían ser empresas o el Estado) se compromete a pagar al legítimo tenedor, en una fecha prefijada, una cantidad determinada. Es siempre a corto plazo (poco más de un año como máximo) y se emiten "al descuento". Como siempre el interés depende del plazo y, por tanto, del tipo de interés del mercado para "ese plazo".

¿Qué quiere decir que se emiten al descuento?

Que, en realidad, no se le abona un interés "explícito", sino que el rendimiento se "descuenta" o deduce del importe que se invierte. La verdadera rentabilidad obtenida es la diferencia entre lo que usted invierte y lo que realmente obtiene al vencimiento. Este tipo de instrumentos se llaman de "rendimiento implícito". Volveremos a este concepto cuando hablemos posteriormente de las **Letras del Tesoro (*)**.

Creo que no había oído nunca hablar de los pagarés.

Pues son importantes cuantitativamente, pero únicamente en el mundo de las grandes empresas, no entre particulares. Para éstos no tiene interés, mientras que para las **personas jurídicas (*)** tiene, como atractivo, el hecho de que no se aplican retenciones fiscales sobre la rentabilidad obtenida. Es un instrumento comúnmente utilizado para las inversiones temporales a corto plazo de grandes cantidades de dinero de las empresas, lo que en la jerga del sector se llaman "puntas de tesorería". Tienen, además, liquidez asegurada mediante la cotización en el mercado **AIAF (*)**.

Cédulas Hipotecarias

Esto sí que me suena.

Es un instrumento muy popular y conservador. Son unos títulos emitidos por un banco a medio plazo (de tres a diez años) mediante el cual se comprometen a pagar un interés periódico (normalmente trimestral) hasta su vencimiento. El obligado al pago es el propio banco que, en este caso, responde no únicamente con la solvencia de su balance (como es habitual con todas las cuentas y depósitos): las cédulas incorporan, adicionalmente, la garantía hipotecaria de los créditos hipotecarios concedidos por la entidad.

¿Doble garantía?

Efectivamente, aquí es así. No en EE.UU., donde las hipotecas se pueden **titularizar (*)** en un producto aparentemente equivalente llamado MBS, (Mortatge Backed Securities) muy famoso internacionalmente a raíz de la crisis de las **hipotecas basura (*),** pero que se diferencian de las nuestras por el hecho de que se desligan de la garantía del emisor, respondiendo, únicamente, con las hipotecas que incorporan.

Además tienen **tipos de interés flotantes (*),** por lo que tiene asegurado el hecho de estar cobrando siempre unos tipos de interés de acuerdo con la situación del mercado. Esto los hace unos instrumentos de inversión muy atractivos y buscados. Es un instrumento muy popular por cuanto el importe de cada cédula suele ser tan solo de unos 1.000 euros.

Deuda Subordinada y Participaciones Preferentes

Estos instrumentos de inversión suelen ser muy competitivos desde el punto de vista de rentabilidad para el suscriptor debido a su naturaleza jurídica ya que, si se cumplen determinados requisitos, se asemejan parcialmente al capital ordinario de las entidades de crédito, y es computable como **fondos propios (*)**.

¡No entiendo nada!

Verá. Es que no es sencillo. A los efectos del cumplimiento de ciertos requisitos establecidos por el **Banco de España (*)** sobre el control de la solvencia de los bancos, (permítame que no se lo explique con engorrosos detalles), se asimilan los importes emitidos de estos instrumentos como si fueran, simplificando mucho, **fondos propios (*)**. Esto es especialmente importante en las Cajas de Ahorro, ya que recordará que habíamos dicho que no tienen capital social y, por tanto, no pueden realizar las **ampliaciones de capital (*)** que pudieran precisar. Estas emisiones, tanto de Deuda Subordinada como de Participaciones Preferentes, les permiten, de alguna manera, salvar ese escollo.

¿Si se retribuyen con un interés superior es porque hay un riesgo superior para el inversor-ahorrador? Es una regla universal, siempre es así, ¿no?

Teóricamente sí, por supuesto, pero ello nos obliga a situarnos en un hipotético escenario de pérdidas o de quiebra y en la posterior liquidación del banco o caja de ahorros en cuestión. Es únicamente en ese caso cuando emergen a la superficie y se hacen efectivas las diferencias que existen entre estos títulos y un depósito a plazo convencional.

¿Y cuáles son esas diferencias?

En el caso de la Deuda Subordinada, y en el supuesto de liquidación del banco por quiebra, los titulares de estos títulos quedarían, en el orden de prelación, por detrás de los acreedores comunes en la preferencia de cobro.

¿Y en caso de Participaciones Preferentes?

Serían los últimos inversores en cobrar en caso de quiebra de la entidad, sólo por delante de los accionistas. Además los intereses acordados están condicionados a la existencia de beneficios. Las Participaciones Preferentes ofrecen una retribución fija (condicionada a la obtención de beneficios) y cuya duración es perpetua, aunque el emisor suele reservarse el derecho a amortizarlas a partir de los cinco años, previa autorización del **Banco de España (*)**. En el pasado eran emitidas por filiales instrumentales radicadas en el extranjero, fundamentalmente desde **centros off shore (*)**, pero desde 2003 está regulada su emisión desde territorio español.

No sé si entiendo bien todo esto.

No se preocupe. Quédese únicamente con una idea: evite el Riesgo de Solvencia, tal y como comentamos antes. Opere únicamente con bancos que le ofrezcan total seguridad, y no se preocupe.

Estos instrumentos (Cédulas Hipotecarias, Deuda Subordinada y Participaciones Preferentes) se diferencian, por su distinta naturaleza, únicamente en el caso de llevar las situaciones al límite de la insolvencia de su banco. Piense que una gran parte del ahorro popular, especialmente el ahorro de pensionistas y jubilados, está invertido en estos instrumentos. En nuestro entorno político actual, nadie permitiría ningún tipo de "duda" sobre la solvencia de estas inversiones en nuestros bancos y cajas de primera fila. Si surgieran problemas, se arbitrarían soluciones. Créame. Esté tranquilo.

Y son inversiones muy rentables y con pago periódico de interés. Ideal para pensionistas y rentistas en general. Al margen de que, en paralelo, sean profusamente utilizados por los bancos para obtener recursos en los mercados institucionales internacionales.

Deuda Pública: Letras del Tesoro, Bonos y Obligaciones del Estado

Son títulos emitidos por el Estado o Tesoro. Se diferencian en que las "Letras del Tesoro" son a corto plazo (se emiten a los plazos de 6, 12 y 18 meses); los "Bonos", a medio plazo (3 y 5 años), y las "Obligaciones", a más largo plazo, 10, 15 y 30 años.

Aquí, el nivel de seguridad, solvencia y prestigio son máximos. Cualquier emisión de los países europeos obtiene las máximas valoraciones de las **Agencias de calificación (*)**, que otorgan a la deuda española una calificación de Aaa (Moody´s), AAA (Standard and Poor´s) y AAA (Fitch), o sea, un sobresaliente.

Las Letras del Tesoro se emiten mediante subasta. El importe mínimo de cada petición es de 1.000 euros. Al igual que los pagarés explicados anteriormente, son valores emitidos "al descuento", por lo que su precio de adquisición es inferior al importe que el inversor recibirá en el momento del reembolso. El beneficio esta representado por la diferencia entre los importes de compra y los de reembolso.

Pero ¿dónde se pueden comprar? ¿Dónde está el Tesoro (*)?
Se puede hacer a través de cualquier banco que actúe de intermediario en las subastas. Pero, si lo hace así, su rentabilidad se verá seriamente menguada por las comisiones que le cobrarán por su intermediación.

También se puede abrir una cuenta únicamente para esa finalidad en cualquier sucursal del **Banco de España (*)**. Las cuentas directas en el **Banco de España (*)** son una forma alternativa de invertir en Valores del Tesoro que permite eliminar intermediarios (bancos) y sus costes. Cualquier inversor, sea persona física o jurídica, residente en España puede ser titular de una Cuenta Directa en el Banco de España.

Finalmente, también por Internet, con certificado digital. El Tesoro Público español fue el primer emisor soberano europeo que utilizó Internet para la comercialización de sus valores en el mercado minorista. Otra vez líderes en algo.

Muchos trámites, me imagino, para invertir mis dos duros, ¿no?

Sí, por eso, en la práctica, la forma en que el modesto inversor invierte mayoritariamente en Deuda Pública, no es ninguna de las tres anteriores, sino que suele hacerlo mediante "repos" en su banco habitual.

Las Repos

¿Repos? ¡Otra palabreja! ¿Eso es más fácil?

Y más económico, también. Una Repo es una operación muy simple y que consiste en una compraventa de unos títulos de **deuda pública (*)** con un compromiso de recompra a un precio fijado y a una fecha posterior. Es el banco quien nos lo vende y se compromete, transcurrido un plazo establecido (menor de un año), a recomprárnoslo. Recuerde que la diferencia de precios es la rentabilidad obtenida. Es una forma de invertir en títulos emitidos por el **Tesoro (*)** a corto plazo y a intereses siempre del mercado y, además, desde la oficina de su banco habitual. Aunque, bien es verdad, es una minoría de inversores particulares los que optan por esta opción.

¿Por qué?

Porque los bancos de primera línea tienen una solvencia fuera de dudas y ofrecen inversiones alternativas más sencillas de entender y de similar rentabilidad. Y también porque los bancos no tienen excesivo interés en promover la **deuda pública (*)**, antes que sus propios productos de ahorro.

La Inversión en Bolsa

"Octubre. Éste es uno de los meses donde es particularmente peligroso especular con acciones. Los otros son julio, enero, septiembre, abril, noviembre, mayo, marzo, junio, diciembre, agosto y febrero".

MARK TWAIN

La Bolsa es una alternativa para la inversión de los ahorros. Permite obtener grandes rentabilidades, sobre todo en los largos plazos, pero a cambio de asumir mayores riesgos.

¿De dónde viene el nombre? ¿De las bolsas donde se guardaba el dinero?
Sólo parcialmente. Proviene de la familia de banqueros Van der Buër-se, de Brujas, Bélgica, que organizaron los primeras salas de contratación de títulos en las salas de su propio palacio. Parece que el escudo de armas de esta familia consistía en tres bolsas, las bolsas monederas de la época. La importancia de esta familia y las transacciones que allí se realizaban le dieron el nombre a lo que actualmente se conoce como "bolsa".

Posteriormente, en el año 1460, se creó la primera Bolsa como tal: la de Amberes. En 1570, se creó la **Bolsa de Londres (*)** y en 1792 la **Bolsa de New York (*)**.

Las primeras empresas que cotizaron en estas bolsas estaban muy relacionadas con el comercio exterior. En concreto a través de las bolsas de comercio, se captaban capitales para las grandes expediciones comerciales a ultramar.

Coloquialmente se conocen las bolsas como *"parquets"* por el suelo tradicional de madera que caracterizaba a las salas de contratación. Las operaciones se realizaban a viva voz (más bien a gritos) alrededor de los "corros" especializados por sectores, es decir, por tipos de acciones: el corro eléctrico, el corro bancario, el químico, etc.

Hoy en día, las transacciones se gestionan mayoritariamente mediante sistemas electrónicos, programas que *gestionan y "casan" las ordenes de compra y venta de las acciones.*

No obstante, existe un mercado muy minoritario de acciones que todavía no operan en el mercado continuo electrónico y que siguen cruzando las órdenes de compra-venta a través de la formación de los tradicionales *corros* formados alrededor de los empleados de las Agencias y Sociedades de Valores y Bolsa, quienes, libreta y bolígrafo en mano, a las 11 de la mañana abren sus corros en las cuatro bolsas españolas, Madrid, Barcelona, Bilbao y Valencia, y cruzan a viva voz órdenes de compraventa de las acciones de las empresas más minúsculas y desconocidas de las bolsas españolas y cuyo volumen total no alcanza el 1% del total volumen de transacciones de las bolsas españolas.

En la Bolsa de Barcelona existe el llamado "Segundo Mercado para **Pymes (*)**" en el que se transaccionan acciones de empresas de menor tamaño mediante el sistema tradicional de "a viva voz" en corros formados en el llamado "parquet electrónico".

Seis reglas básicas para invertir en bolsa

Pero, realmente ¿hay que entender para invertir en Bolsa?

No necesariamente. Puede llegar a ser un gran experto pero si, como imagino, no es el caso, hay que tener unas ideas básicas muy claras.

● Invierta únicamente a largo plazo. A corto y medio plazo puede llevarse innumerables chascos. La verdadera rentabilidad diferencial de la bolsa está en el largo plazo.

● Hágalo a través de uno o varios **fondos de inversión (*)** especializados. Usted no puede saberlo todo respecto de todo. Déjelo en manos de especialistas.

● No haga caso del bulo o soplo que le pase "su vecino o el cuñado enterado" o lea por los foros de Internet. Nadie da duros a cuatro pesetas. La bolsa, en el corto plazo, siempre ha sido territorio de gentes introducidas y muy bien informadas. David Rockefeller lo tenía claro. Dijo más o menos algo así: cuando el chofer, el portero o quien te limpia los zapatos te habla de la bolsa, vende todas tus acciones: crisis a la vista.

● Diversifique. Suscriba diferentes **fondos de inversión (*)** que inviertan en distintos territorios, divisas, sectores económicos. Si una va mal, los otros le compensarán. Difícilmente irán todos bien o mal. En la diversificación está la sabiduría, dijo alguien.

● No invierta en bolsa el dinero que vaya a precisar en

una determinada fecha. Puede ser el peor momento para vender.

● A medida que pasan los años y se hace mayor, reduzca su porcentaje de inversión en bolsa.

En resumen, todas las estadísticas internacionales repiten que las de la bolsa son, sin ninguna duda, las rentabilidades campeonas en todos los ránkings a largo plazo. Pero, por el camino podemos tener muchos sustos. Piense en la necesidad de la **graduación de riesgos (*),** que desarrollaremos en profundidad en el capítulo "Quiero ahorrar para la jubilación":

Inversión a través de Fondos de Inversión

¿Qué es realmente un Fondo de Inversión?

Piense que a la hora de hacer una inversión existe la posibilidad de hacerlo de forma individual o bien de forma colectiva con la gestión de un profesional especializado. La elección de un camino u otro está muy unida al tipo de inversión que usted se plantea. Por ejemplo, si usted pretende invertir en **depósitos a plazo (*)**, **deuda pública (*)**, **Cédulas Hipotecarias (*)**, etc., no precisa de un instrumento de inversión colectiva: puede hacerlo solo, sería suficiente el asesoramiento de su contacto en su banco habitual. Ahora bien, si quiere invertir en los mercados bursátiles internacionales, póngase en manos de los profesionales. Hágalo suscribiendo una participación de un Fondo de Inversión.

Un Fondo de Inversión es un instrumento para la inversión "colectiva" en acciones, bonos, **derivados (*)**, inmuebles o activos financieros en general. El patrimonio pertenece a la pluralidad de los inversores, que se llaman "partícipes" (propietarios de un porcentaje de la cartera de las inversiones, denominado participación). El patrimonio del Fondo de Inversión está gestionado por una "Sociedad Gestora" y depositado en un banco "Depositario".

En la práctica, su banco de confianza le podrá ofrecer una larguísima lista de fondos, algunos de su propio grupo, pero otros muchos gestionados por terceros, que acostumbran a ser "Sociedades Gestoras" internacionales de primerísima fila e impecable reputación, especializados en diferentes países o sectores.

Pero ¿hace falta ir a buscar fondos tan lejanos?

Depende. Si quiere usted invertir en el mercado chino, no le recomiendo que lo haga por su cuenta. Suscriba una modesta participación de un fondo especializado. Probablemente su banco no lo tiene, pero sí le podrá ofrecer algún fondo británico, suizo, francés, alemán o americano especializado en China, con décadas de experiencia mediante inversiones millonarias. Usted puede añadirse con una modesta participación de unos pocos euros. Y su rentabilidad, o pérdidas, serán idénticas a la del resto de partícipes. Lo mismo para otros territorios o sectores. Hay fondos especializados en productos farmacéuticos, tecnológicos, energéticos, en el sector de la distribución, en biomedicina, inmobiliarios, ecológicos, éticos, de materias primas, químicos, energéticos, que invierten en el sector de las telecomunicaciones, en el sector sanitario, financieros, en **países emergentes** (*), en países **BRIC** (*), en determinados países específicos, áreas monetarias, áreas comerciales, etc. A esos sitios hay que ir de la mano de un fondo. Y mejor a través de fondos de fondos. También existen los Fondos Asegurados.

Fondos de Fondos. En la diversificación está la sabiduría

¿Fondos de Fondos?

Son fondos que invierten en otros fondos. Varios en uno. Invierta en fondos de fondos. Con lo cual la diversificación llega a ser enorme. Recuerde aquello de que "en la diversificación está la sabiduría".

Fondos asegurados. Arriesgarse, pero con paracaídas y con red

¿Y los fondos asegurados?

Como su propio nombre indica, son aquellos fondos de inversión que garantizan el capital inicial y una rentabilidad mínima a los partícipes. Son conceptualmente similares a los depósitos estructurados que hemos comentado anteriormente ya que combinan inversiones en **derivados** (*) con inversiones libres.

El mecanismo es complejo, pero la filosofía es muy sencilla: si usted cree que una determinada inversión es conveniente, puede hacerlo directamente o mediante un fondo de inversión especializado en esa inversión concreta. Puede ganar o perder. Ahora bien, si invierte a través de un fondo asegurado, le asegurarán su capital inicial invertido, es decir, no podrá perder su dinero y, a veces, le asegurarán también una pequeña rentabilidad adicional.

A cambio, renunciará a "toda" la rentabilidad obtenida, porque una parte ha sido invertida en un **derivado (*)** para asegurar su capital. En otras palabras, a cambio de ganar un poco menos, se asegura no perder. Invierte con paracaídas.

¿Cuándo interesa invertir a través de un fondo de inversión?

¿Dónde está la barrera?

Para un inversor corriente, y desde el punto de vista de la calidad de la gestión en la inversión en acciones, siempre. Por el contrario, si se va a invertir en renta fija, puede hacerse directamente, sin fondos de inversión. La barrera es la complejidad en la gestión: tener o no tener los conocimientos, el tiempo, la información y los medios adecuados. Piense que invertir en renta fija tampoco es tan fácil. Ya lo comentamos en el apartado del Riesgo de Interés. Creo que está muy claro.

No obstante, en el pasado había (y de alguna manera continúa influyendo en casos de plusvalías acumuladas antiguas) otro factor decisivo: la fiscalidad. En efecto, la inversión a través de fondos tenía un tratamiento fiscal muchísimo más favorable que cualquier otro instrumento de inversión (excepto en algunos casos de rentas muy elevadas y plazos de inversión muy largos, en los que la inversión a través de seguros era más conveniente). Pero hoy ya no es así.

Inversiones a través de Seguros de Vida

Comentaremos algunos productos de inversión que tienen como denominador común que, en realidad, son "pólizas de seguros". Algunos de ellos, aunque pueden contratarse con finalidades distintas a la de jubilación, están diseñados para ella. Los desarrollaremos con más detalle en el capítulo "Quiero ahorrar para la Jubilación".

Unit linked

Este producto con este nombre tan raro ¿no tiene traducción al castellano?
Pues la verdad es que no. A menos que le sirva como tal: "seguro de vida entera vinculado a **fondos de inversión (*)** o **cestas de fondos (*)** o **carteras (*)**, con la peculiaridad de que el cliente (el tomador) ordena a la compañía dónde y de qué manera se han de invertir las primas que paga". Porque ésta sería una definición.

Diferentes bancos y compañías aseguradoras han dado nombres comerciales de fantasía a sus "unit linked" mientras que otros mantienen la versión original inglesa en su catálogo de productos. Los "unit linked" combinan las características y ventajas de los seguros de vida y la flexibilidad de los fondos de inversión, para aprovechar de esta forma la evolución de los mercados bursátiles.

¿De vida entera? ¿Qué quiere decir esto?
Simplemente que no tiene vencimiento. Cuando usted desea el dinero, lo rescata. El próximo mes, o dentro de 40 años. En caso contrario, sigue siempre vigente.

¿Qué quiere decir que el tomador "ordena" a la compañía de seguros dónde invertir? ¿Cómo se lo ordena?
El tomador del seguro escoge el perfil de su inversión, escoge los fondos y carteras y, lógicamente, asume individualmente el riesgo. Aunque siempre tiene la posibilidad de ir modificando el nivel de riesgo asumido cambiando la distribución de la cartera dentro del amplio abanico de activos de su póliza; por ejemplo, puede pasar de activos de renta fija a otros de renta variable. Piense que estas pólizas ya están diseñadas para cambiar totalmente su estrategia de riesgo.

¿Y qué gano con el hecho de hacer un seguro? ¿No podría invertir exactamente en lo mismo directamente con los fondos?
La verdad es que hoy en día poca cosa. O nada. Porque este producto tuvo su éxito en el tratamiento fiscal de los beneficios, dado que anteriormente existía una reducción, que incrementaba proporcionalmente a medida que pasaban los años. Si se mantenían durante un determinado número de años, la inversión a través de unit linked es la que obtenía una mejor tributación de los beneficios. Hoy esto ya no es verdad. Y de ahí que se trate de un producto estancado.

Seguros de Ahorro simples

Aquí será difícil entrar en detalle, porque la variedad y casuística de estos productos es muy extensa. Cada compañía de seguros trata de diseñar "un producto diferenciado de la competencia" con lo que, a la hora de resumir, se nos hace muy difícil. Simplificaremos.

Son seguros de vida que combinan en unos casos unas rentabilidades aseguradas por unos determinados plazos: estos plazos de rentabilidad asegurada pueden variar en el tiempo; en otros casos se combinan con un seguro de defunción que incrementa los capitales acumulados a cobrar por los beneficiarios; en otros se aceptan "primas periódicas", mientras que en otros, únicamente "primas únicas", etc. Pero todos están cortados por el mismo patrón: son seguros de vida, son rescatables en cualquier momento, sus beneficios tributan como "rendimientos de capital mobiliario" en el **IRPF (*)**, y los "tomadores" y los "asegurados" siempre coinciden en ser la misma persona.

¿Y también han perdido interés fiscal, como los unit linked?
Efectivamente, es así.

Seguros Diferidos (para obtener rentas o capitales en el futuro)

Para ahorrar duplicidades, este producto lo desarrollaremos ampliamente en el capítulo "Quiero ahorrar para la Jubilación". Le aconsejo dirigirse al apartado: Planes de Jubilación o seguros de capitalización diferida, con múltiples nombres comerciales distintos.

Seguros de Renta Vitalicia Inmediata (para obtener una renta vitalicia a partir de hoy)

Por idéntica razón le aconsejo dirigirse al apartado: "Rentas Vitalicias". Del capítulo "Quiero ahorrar para la Jubilación".

Inversiones en Bienes Tangibles

La pasión por coleccionar es tan antigua como el hombre. ¿Quién no ha coleccionado alguna cosa a lo largo de su vida? El coleccionismo de Bienes Tangibles es una actividad realizable siempre en función de sus personales características económicas y que, a grandes rasgos, por su singularidad y escasez, tienden a ver incrementando su valor a lo largo de los años. El tiempo es el principal aliado del inversor en bienes tangibles.

¿Incluso en épocas de crisis?

Si su objeto es de calidad, siempre hay transacciones, lo que no quiere decir que al mismo precio, como en todos los mercados. En otro caso puede que la demanda haya desaparecido por completo. Hay épocas en las que la demanda se retrae y algunos precios se estancan o caen por exceso de oferta, naturalmente. Pero siempre hay demanda para las "buenas piezas". Dicen que las épocas de crisis son el momento más adecuado para salir al mercado y comprar a buen precio las buenas piezas y retenerlas hasta la llegada de una mejor coyuntura.

Hemos dicho "buenas piezas". Y es que en este mundo de la inversión en bienes tangibles, hay que tener un muy buen conocimiento o asesoramiento para discernir entre aquella pieza que nos falta para completar la colección, la pintura que nos encandila cuando la observamos por las mañanas y, finalmente, la pieza con un claro recorrido al alza en su precio y con unas innegables perspectivas de revalorización. Ojalá fueran siempre las tres cosas a la vez, pero me temo que el dilema **valor de "uso" versus valor de "cambio" (*)** está siempre muy presente en este tipo de inversiones.

Y, claro, para ello hay que tener dinero presto para invertir. Pero no perdamos de vista que hay un segmento de la población, muy solvente en patrimonio y liquidez, que es ajeno a los vaivenes de las recesiones. Son inmunes a las coyunturas que "nos ponen de los nervios" a los demás: ellos siempre son ricos. Y suelen ser los tradicionales inversores mayoritarios en los mercados de bienes tangibles.

Filatelia

¿Qué es realmente un sello?

De hecho, es una tasa que se paga a la Administración Pública por el servicio de transportar y entregar un sobre a una determinada dirección. Pero es curioso su origen. Antes del sello, en los países que tenían organizado un servicio de correos, la tasa por el servicio prestado la pagaban los receptores del envío, no los remitentes. Pero con el fin de ahorrarse el costo, los destinatarios utilizaban todo tipo de estratagemas: rechazaban la carta, se declaraban muertos, o con un nuevo y desconocido domicilio (nuestro actual "marchó sin dejar señas"), miraban de enterarse del contenido por otros canales, etc. El resultado era que la Administración Postal no cobraba.

Sir Rowland Hill, un inglés, para variar, inventó el sello. A partir del día 1 de mayo de 1840 el servicio lo pagaba el remitente y se acreditaba el pago con un sello: el Black Penny, el penique negro. El primer sello de la historia.

Inmediatamente, el Dr. Grey, funcionario del Museo Británico, inició su colección en el año 1840 y fue quizás el primer filatelista en la historia: publicó por primera vez en la historia un anuncio solicitando el canje de estampillas postales usadas, en el Times de Londres el 17 de julio de 1841, iniciando así las colecciones de sellos.

En la actualidad se puede obtener un Black Penny de los emitidos el 1 de mayo de 1840 en perfecto estado por entre 3.000 y 3.500 dólares, y un ejemplar usado y en buen estado, por alrededor de 200 dólares en subastas y en tiendas especializadas.

¿Y cuándo llegaron los sellos a España?
Inmediatamente después. A los diez años, el 1 de enero de 1850, ya circulaba el primer sello español con la imagen de Isabel II.

Posteriormente, alguien dio con la piedra filosofal: si hacemos emisiones únicamente para coleccionistas, sin tener que prestar el servicio de las entregas postales, cobramos un servicio, sin necesidad de prestarlo. Un chollo. ¡Ingresos extras! Y así han venido nutriendo ampliamente sus arcas algunos países de opereta como El Vaticano, Mónaco, Liechtenstein o San Marino. Y algunas élites corruptas de países y territorios africanos obtuvieron importantes sobresueldos, en sus cuentas en bancos suizos, por la emisión de innumerables y desproporcionadas series filatélicas destinadas íntegramente a los mercados de coleccionistas internacionales.

¿Hay muchos coleccionistas de sellos?
Se calcula que en España hay unos 500.000 (de ellos 120.000 abonados al Servicio Filatélico de Correos, que les envía todas las nuevas

emisiones a precio facial). En Alemania hay 8 millones, en Estados Unidos, 20 millones y en China, 17 millones de coleccionistas. En España hay unos mil establecimientos especializados, y más de 30.000 en todo el mundo. Y prestigiosas casas de subastas internacionales.

¿Y les es rentable?

Es difícil de decir. Hay estudios (concretamente de Salomon Brothers) que demuestran que la rentabilidad en filatelia ocupó el cuarto lugar en revalorización durante el larguísimo período comprendido entre los años 1920 y 1990. El ranking fue:

1. Bolsa
2. Pintura
3. Diamantes
4. Sellos

No parece muy convencido

No demasiado. Pienso que las inversiones en filatelia, para ser rentables, deben ser de mucha calidad y a muy largo plazo, de una generación a otra, o mejor aún, a otra todavía posterior, o mejor a dos o tres generaciones vista. Y entonces… ¿quién dirá?

Para entonces, ha de llover mucho. Por el camino, el inversor está cazado en una tupida red de grave iliquidez, con importantísimos **efectos spread** (*) y con los nada despreciables gastos de clasificación, álbumes para almacenaje y mantenimiento, el verdadero negocio de las empresas filatélicas junto a la edición de catálogos.

Internet no ha mejorado la liquidez y transparencia del mercado. En los portales especializados únicamente se vende; nadie compra a no ser colecciones completas específicas y muy valiosas, que no están al alcance de los inversores modestos. Y la inversión colectiva en este sector ha sido tradicionalmente una fuente de presuntas irregularidades y estafas.

Todo ello para optar, en el mejor de todos los casos, a una rentabilidad al cabo de muchísimos años, igual a la de un **fondo de inversión** (*) en bolsa muy poco exitoso y que no haya conseguido una rentabilidad demasiado brillante.

125

Otra cosa es que le guste el proceso de la colección propiamente dicho: comprar, observar, aprender, catalogar, clasificar y almacenar. Y que tenga mucho tiempo libre y espacio para llevarlo a término. En ese caso, adelante, pero no hablemos de rentabilidades.

No soy un entusiasta de esta inversión, aunque comprendo que a quien le guste y pueda invertir dinero y tiempo para que, en el mejor de los casos, puedan recoger los beneficios sus nietos o bisnietos, es un camino adecuado. Pero yo, sin duda, le recomendaría otros.

Numismática

Según el economista británico E. Crowther, *"la invención del dinero, de la moneda, fue quizás debida a algún receloso genio cuando se encontró ante la desagradable tarea de tener que calcular cuántas cabezas de ganado equivalían a cinco canastas de trigo, o si tres ovejas equivalían a una vaca"*. Cuando los hombres se cansaron de realizar cálculos de esa naturaleza, dieron por terminada la era del trueque y se inició la del dinero. Desde entonces, en los miles de años transcurridos, han existido cantidades ingentes de "instrumentos de pago": oro, plata y metales preciosos, en general, hasta la definitiva aparición de la moneda.

Se dice que las primeras monedas acuñadas fueron inventadas por los banqueros jonios, que pusieron las bases para la emisión de las primeras monedas de plata, con la figura de una tortuga marina, en Egina.

Otra versión atribuye a Gyres, rey de Lydia, en Asia Menor, fundador de la dinastía de los Mermnadae, el haber acuñado la primera moneda, ésta con forma de almendra y confeccionada nada menos que con "electrón" (amalgama natural de oro y plata). Decía Herodoto que fue el primer pueblo del que se tuvo noticias de haber acuñado monedas de oro y plata. Lydia tenía abundantes recursos de estos metales. Era un país muy rico. Alrededor del año 800 A.C., comenzaron a usar trozos de metales preciosos, con un peso determinado, y a estampar en ellos símbolos oficiales. Pero las primeras monedas encontradas de oro puro fueron acuñadas en los tiempos del Rey Creso (560-546 A.C.). Tenían la cabeza de un león y la de un toro. A partir de ese momento, la emisión de monedas se generalizó en Persia, Grecia y, finalmente, todo el Mediterráneo

Y así, hasta el duro sevillano y el euro.

¿Duro sevillano? Me suena esto.

Espero que no sea porque le hayan dicho alguna vez "eres más falso que un duro sevillano".

No, no.

Es un gracejo popular español, muy auténtico.

¿Y de dónde viene?

De hace poco más de un siglo. A finales del siglo XIX la plata era la única moneda de curso legal en España. Y su precio había ido cayendo de tal modo que la peseta fue perdiendo valor, de manera que las 5 pesetas de valor facial en plata acabaron valiendo sólo 2 pesetas, con lo que, por cada duro acuñado, el Estado ganaba 3 pesetas. ¡Fantástico! Surgió entonces la picaresca, y en Sevilla iniciaron la acuñación clandestina de los "duros sevillanos", exactamente iguales a los de curso legal, con 2 pesetas de plata en cada moneda de 5, pero, en la práctica, evidentemente falsos. Al parecer su acuñación comenzó en Sevilla pero su fabricación y uso se fue extendiendo de tal manera que finalmente el gobierno de Alfonso XIII acabó por aceptar cambiarlos por duros de curso legal para poder retirarlos de la circulación. Pero para entonces la expresión *"eres más falso que un duro sevillano"* ya formaba parte de nuestro acervo popular. Y hasta hoy. Celebro que no se la hayan dedicado nunca.

Volviendo a la numismática, ya en Grecia y en Roma se conoció el coleccionismo de monedas. Tengamos presente que algunas monedas fueron grabadas por artistas maestros de la talla de Fidias. Se ha escrito que algún emperador romano incluso ordenó la acuñación limitada de algunos áureos o denarios con el único fin de ser intercambiados con otros coleccionistas.

La numismática ha tenido siempre dos vertientes: la del coleccionismo, que pondera el valor "histórico-artístico-cultural" y que, naturalmente, es muy subjetivo y varía de persona a persona e incluso va variando a lo largo de la vida del propio coleccionista, y la vertiente del inversor, que está más atento al valor de mercado de las piezas que a su propia naturaleza. Es la omnipresente dicotomía del **valor de "uso" versus valor de "cambio" (*)**

Y al igual que en el caso de la filatelia, si bien todas las monedas son perfectamente adecuadas para el "coleccionismo" no todas lo son para la "inversión". Aquí, más que nunca, hay que ponerse en manos de los expertos internacionales, que afirman que este es un excelente terreno para la inversión. Las rentabilidades obtenidas en España, tomando como referencia el Catálogo de Monedas Españolas, de Cayón y Castán, son bastante satisfactorias.

Al margen de acudir al comercio especializado, otra forma para acceder a la compraventa de estas piezas es a través de las periódicas subastas que se llevan a cabo, tanto nacional como internacionalmente, al margen de que se pueden hacer transacciones en comercios especializados de cualquier ciudad importante del mundo.

La numismática es una alternativa para la diversificación nada desdeñable, siempre que tenga muy presente que en este terreno el riesgo de liquidez y el **efecto spread (*)** son muy significativos.

Para dedicarse a la numismática, hay que tener, aparte de dinero, claro está, mucho tiempo ¿no?
¡Y espacio! Además, no cualquier espacio, hay que tener espacio ¡en cajas de seguridad!

Hay quien invierte, no en monedas, sino en oro directamente, ¿no? ¿Dónde se compra eso? ¿Cómo funciona?
Son los denominados "bullions" o monedas oro de inversión. Se popularizaron internacionalmente y adquirieron fuerza en los mercados a raíz de la crisis del petróleo de los años setenta.

Pero lo que realmente se popularizó fueron las acuñaciones de monedas en oro fino, con la única finalidad de ser instrumento de canalización de fuertes cantidades de dinero que buscaban únicamente conservar el "valor del dinero" en un momento de graves devaluaciones de las divisas y de descensos generalizados en las bolsas. En otras palabras, el oro es una inversión refugio.

El rey sin discusión es el Krügerrand, primera moneda-inversión por naturaleza. El Krügerrand fue la primera moneda de oro en contener exactamente una onza de oro fino y fue proyectado, desde el mismo momento de su creación, para proporcionar un vehículo para la propiedad privada de oro.

Pero ¿quién fabrica y vende el Krügerrand?

Las monedas Krügerrand son de curso legal en Sudáfrica, aunque no fueron en absoluto ideadas para ser usadas como dinero. Se fabrican unas 150.000 monedas semanalmente, de las que 2.000 quedan retenidas para la venta en el mercado interior sudafricano y el resto se comercializa en todo el mundo a través de "brokers" y empresas bursátiles especializadas, dado que ciertos "bullions" cotizan en las bolsas de Londres, New York, París y Zurich.

Ha sido un modelo mundial para otras experiencias de "bullions" en otros países, como los 50 dólares canadienses, las 100 coronas austríacas, las 100 libras Britannia, el Napoleón o los 50 pesos mexicanos. Hoy ya existe una gran variedad de monedas de este tipo acuñadas por una gran cantidad de países.

Son monedas acuñadas oficialmente y su cotización está directamente ligada a la del oro, ya que no tienen ningún valor numismático. Su valor lo da la cantidad de oro que contienen. Su ventaja es que representan una forma estándar de oro físico y por eso son aceptadas en cualquier parte del mundo y su compraventa resulta más ágil que la de los lingotes debido a que todo el mundo conoce la cantidad (y pureza) exacta de oro de cada moneda.

El oro es un valor refugio en los escenarios de crisis. Es la única moneda que no está bajo el control de ningún gobierno y, por tanto, en la que no pueden influir los políticos.

Con el objetivo de eliminar las distorsiones en el mercado del oro de inversión originadas por el tratamiento fiscal desigual en algunos países comunitarios de estas inversiones, una Directiva Europea declaró definitivamente exentas de IVA las entregas de "oro de inversión". Previamente, definió las condiciones que debería tener una inversión para ser calificada como de "oro de inversión". No hace falta decir que hoy prácticamente la totalidad de las inversiones en lingotes y monedas oro se ajustan a la directiva y están exentas.

¿Y es rentable el oro?

La rentabilidad del Krügerrand y del oro en general es muy errática. Lo es por los gastos de intermediación y comercialización y, sobre todo, porque su precio está muy condicionado por las oscilaciones en los de los metales preciosos y en los mercados bursátiles en general.

Invertir en oro a largo plazo no parece "siempre" una buena inversión; de hecho, su rentabilidad ha sido siempre inferior a la de las bolsas internacionales. No obstante, a corto plazo y en períodos concretos, las rentabilidades obtenidas son muy relevantes, pero claro, al igual que en el caso de los **chicharros (*),** hay que saber el momento exacto de entrar y el de salir, porque se puede también perder mucho dinero. No parece una inversión demasiado aconsejable por su discutible rentabilidad a medio y largo plazo y por su muy alta **volatilidad (*).** A lo sumo, una mínima inversión para completar una amplia diversificación y en ese caso le aconsejaría simplemente comprar participaciones de algunos de los muchos **fondos de inversión (*)** que invierten en acciones de compañías mineras de oro, especialmente en aquellos momentos en los que las perspectivas invitan a retraerse de cualquier otro mercado y refugiarse en el oro.

Antigüedades

Permita que inicie este capítulo con una definición de lo que es una antigüedad.

Adelante.
Gracias. Es que a veces hay confusiones al respecto: una antigüedad no es simplemente "una cosa vieja". Una cosa vieja no tiene nada que ver con una antigüedad.

Me permito definir una antigüedad como un objeto de naturaleza primordialmente **artesanal,** con un **diseño único,** que ha alcanzado una edad que lo hace **testigo de un tiempo anterior** que, por razones obvias, es **escaso,** que con toda seguridad costaría muchísimo encontrar otro similar, y que, en muchísimos casos, es **único**: imposible de encontrar otro igual y, finalmente, que tiene una indiscutible **calidad.**

Legal y fiscalmente, en España, una pieza ha de tener 100 años para ser considerada antigüedad. No obstante, en el mercado real de las antigüedades se han aceptado como tales algunas excepciones: pintores fallecidos, el Art Nouveau, el Art Decó, etc.

Y los que no llegan al listón de los 100 años ¿qué son?
Las piezas del perfil anterior pero entre 50 y 100 años de edad, en

Francia y Catalunya se conocen como "brocante", y en Castilla como "almoneda". Los anglosajones tienen una clasificación más laxa, y consideran que entra dentro de la categoría de "Antiques" cualquier pieza de más de 50 años.

¿Las antigüedades son realmente negocio?

Como es natural, no se puede generalizar, pero una pieza de calidad, escasa, bien conservada y cuya compra fue bien asesorada, siempre tendrá salida. Siempre. Y ya no digamos si se trata de una pieza de "época".

Lo que ocurre es que este mercado sufre grandes oscilaciones, combinando en el tiempo booms, modas y desplomes. Los jóvenes entran en el mercado porque en un momento concreto está de moda y, una vez dentro, se dan cuenta de que, mientras un mueble moderno a medida que pasa el tiempo se deteriora y pierde valor, una antigüedad, "de estilo", y ya no digamos si es "de época", ve aumentar su valor.

¿De época? ¿Qué diferencia hay entre una pieza "de época" y otra "de estilo"?

Cada estilo es de una época. El estilo georgiano es del siglo XVIII, los estilos Louis XV y Louis XVI son del siglo XVIII, el victoriano es del siglo XIX. Se fabricaron, y se siguen fabricando muebles de esos estilos, que obviamente no tienen el mismo valor que los que fueron fabricados realmente en "su época". Por tanto, por ejemplo y para responder a su pregunta, un mueble georgiano fabricado en los siglos XIX o XX tiene sin duda valor, porque es un mueble de "estilo georgiano", pero los que realmente tienen mucho más valor son los muebles de "época georgiana", es decir, auténticos georgianos del siglo XVIII, no réplicas posteriores, aunque a su vez sean también antiguas.

Entendido. Decía que las modas afectan al mercado, ¿no?

Totalmente. Y las coyunturas económicas. Hay claros ciclos. En la fase expansiva, acceden al mercado de las antigüedades segmentos de la población sin experiencia en el mismo, atraídos por las modas, las revistas de decoración, todo ello con la inestimable ayuda de un ciclo económico favorable. En la fase depresiva, hay serios riesgos de **iliquidez (*)**, el mercado parece desaparecer totalmente, pero no es del todo cierto: siempre quedan los de siempre, aquellos privilegiados expertos a quienes la coyuntura económica no les afecta y acuden regularmente a las subastas. El mercado de las antigüedades siempre ha sido un mercado suyo. Los demás regresan al Ikea.

Pero no me ha contestado. ¿Son rentables las antigüedades? ¿Son una inversión a tener en cuenta?

Si no se plantea el plazo y puede llegar a adquirir piezas buenas, sin duda, sí. En otros casos, le diría que no. Otra cosa es que a usted le gusten. En ese caso aparte del valor de uso obtendrá usted una rentabilidad estética. La rentabilidad económica estaría por ver. Además, en el caso de las antigüedades, se da un fenómeno peculiar: el valor sentimental.

¿Se refiere a la cómoda de la bisabuela?

Exactamente. Puede tratarse de una cómoda, si bien antigua, muy corriente y con un relativamente modesto o nulo valor de mercado, pero que, para algunas personas, tiene un gran valor sentimental y emotivo, que el mercado nunca le reconocerá. Estas piezas vale la pena conservarlas. Y si es necesario y puede, gástese el dinero que sea preciso en restaurarlas.

¿Qué otras piezas vale la pena restaurar?

Todas las que son antiguas, de estilo, únicas o escasas y de indudable calidad. Consérvelas y, en su caso, restáurelas. Y guárdelas. A medio y largo plazo se revalorizarán y no perderán valor. Las demás, especialmente sin son más bien "cosas viejas" y no antigüedades y, a menos que le gusten personalmente para su propia casa, llévelas a una subasta y despréndase de ellas: siempre habrá alguien a quien le gusten y las valorará para su uso y disfrute personal. ¿Para qué quiere usted algo, por muy viejo que sea, que no le gusta y que ni vale ni valdrá nunca nada?

Con el importe obtenido cómprese una antigüedad, adquiera un **bono** (*) o haga una aportación extraordinaria a su **plan de pensiones (*)**.

Pintura, obra gráfica y arte en general

De nuevo nos encontramos frente a un tipo de inversión que podríamos calificar de "refugio" en momentos de incertidumbre en otros mercados de inversión, de rentabilidades muy variables, afectada por el **efecto spread (*)** y con un, variable pero cierto, riesgo de liquidez. No obstante, las ingentes cantidades de dinero que se mueven diariamente en transacciones de obras de arte en todo el mundo nos llevan a pensar que el mercado está muy vivo y sano.

El comprador de pintura clásico responde al perfil del inversor – coleccionista, que busca la "rentabilidad estética" al tiempo que no deja de lado la rentabilidad estrictamente económica, dejándose asesorar.

¿Y qué tipo de pinturas son mejor inversión?

Depende, como siempre. Dicen los expertos que la Pintura Antigua, es decir, aquella comprendida entre el gótico y el 1900, es muy estable, de lenta revalorización, pero siempre un valor seguro. Por otra parte, a la Gótica, se la considera una de las mejores oportunidades de inversión en pintura. Me refiero a retablos en madera, pintura móvil que se inició en nuestro país a mediados del siglo XIV.

Finalmente, sobre la pintura Contemporánea del siglo XX, no voy a pronunciarme, ni siquiera por boca de los expertos: es demasiado reciente y diversa para ser comentada aquí. Hay que entender mucho para desenvolverse con éxito en un mundo de neosurrealistas, de genios probeta, de jóvenes pintores emergentes, de innumerables "ismos", de múltiples "escuelas", de genios sonoros y estrellas fugaces.

Póngase siempre en manos de un experto: él le aconsejará distinguir entre gustos personales e inversión, le enseñará a diferenciar entre un "nombre" y una obra concreta, y le ayudará a seleccionar su inversión en artistas jóvenes.

¿Y cuál es el mejor sitio para comprar o vender pintura?

Los galeristas para autores vivos, los anticuarios o marchantes para los demás. Y, sobre todo, acuda regularmente a las salas de subastas, que son el auténtico termómetro del mercado del arte.

Recientemente, se han abierto nuevas oportunidades a través de internet, con multitud de portales personales de artistas noveles, salas de subastas virtuales, bases de datos para valoraciones, portales especializados, todo ello tanto a escala local como planetaria.

La Inversión en Viviendas

Este impresionante gráfico, confeccionado por un economista de la Universidad de Yale, refleja la evolución del precio de las viviendas en Estados Unidos, ajustados a la inflación, es decir, a precios constantes, no monetarios. No pretendo extenderme. Simplemente decirle que, en los Estados Unidos y en Gran Bretaña, al contrario que en nuestro país y en la Europa Continental en general, sí han existido históricas "fuertes explosiones de la burbuja inmobiliaria", y en consecuencia, bajadas "importantes" del precio de las viviendas.

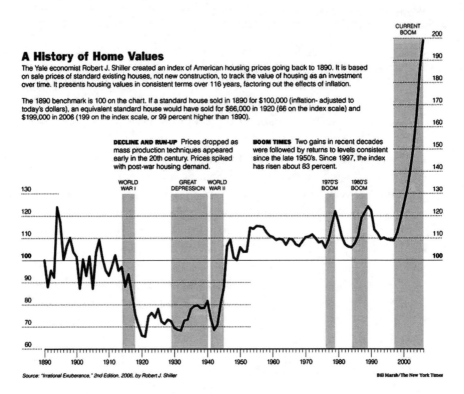

A History of Home Values

The Yale economist Robert J. Shiller created an index of American housing prices going back to 1890. It is based on sale prices of standard existing houses, not new construction, to track the value of housing as an investment over time. It presents housing values in consistent terms over 116 years, factoring out the effects of inflation.

The 1890 benchmark is 100 on the chart. If a standard house sold in 1890 for $100,000 (inflation- adjusted to today's dollars), an equivalent standard house would have sold for $66,000 in 1920 (66 on the index scale) and $199,000 in 2006 (199 on the index scale, or 99 percent higher than 1890).

DECLINE AND RUN-UP Prices dropped as mass production techniques appeared early in the 20th century. Prices spiked with post-war housing demand.

BOOM TIMES Two gains in recent decades were followed by returns to levels consistent since the late 1950's. Since 1997, the index has risen about 83 percent.

Source: "Irrational Exuberance," 2nd Edition. 2006. by Robert J. Shiller — Bill Marsh/The New York Times

Vea los años 20, 40, 60, 80, ¿Se da cuenta de que ocurre, curiosamente, cada 20 años aproximadamente?

A lo largo del libro varias veces nos hemos encontrado en la tesitura de valorar aquel sentir popular tan arraigado en España de que nada es tan seguro y rentable como la inversión en viviendas.

Según los datos publicados por Sociedad de Tasación, S.A. los **"precios medios nominales de coste de una vivienda en euros para toda España, desde 1986 hasta 2006"** siguen la siguiente tendencia (pero para no comparar casas de distinto tamaño, es mejor analizar el precio **por metro cuadrado**):

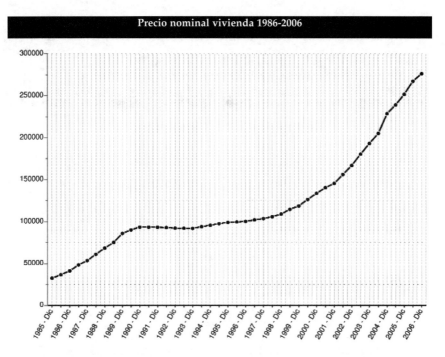

Estos precios, sin duda, le pueden parecer una broma de mal gusto si usted reside en una zona urbana céntrica de determinadas ciudades españolas, donde el precio por metro cuadrado pudo haber sido más del doble del que aquí se observa. Estas estadísticas, como todas, son promedios.

Pero si en lugar de hablar de precios nominales, es decir, los precios monetarios, descontamos la inflación, llegaremos a los **precios medios por metro reales** (es decir, descontada la inflación):

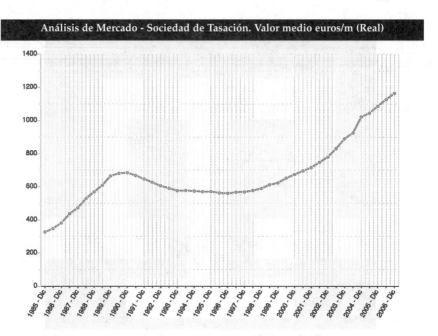

Aunque el gráfico no lo recoge con tanto detalle, se observa claramente que los precios reales bajaron desde 1990 (hasta un 18% concretamente) y a partir de allí comenzaron a subir de nuevo, pero no se recuperaron los valores de 1990 hasta 2001. Once años sin revalorización.

Este gráfico es muy interesante y a pesar de trabajar con una serie histórica muy corta, ya inicia el desmentido de aquellas ideas populares que afirman que la inversión en vivienda siempre es rentable, o incluso que es lo más rentable...

En mi familia todos lo dicen. ¿Y no es verdad?

No es del todo cierto, o al menos no siempre. Lo veremos con detalle.

Para empezar, destaquemos que, contrariamente a otro tipo de inversiones, especialmente las financieras, la inversión en vivienda tiene una importantísima cantidad de gastos "ocultos y recurrentes" que habitualmente no se toman en consideración al analizar las rentabilidades.

¿Tiene usted claro el costo anual medio cierto del mantenimiento de una vivienda? No olvide nada: pintura, reparaciones varias, portería, imprevistos y sorpresas, reformas de baños y cocinas cada un cierto número determinado de años, horas de dedicación y coste de desplazamientos si está lejos, gastos de comunidad, seguros de incendio, responsabilidad civil y de contenido, impuestos municipales, imputaciones de rentas inmobiliarias en el **IRPF (*)** aun en el caso de que formalmente no existan alquileres. Y naturalmente, no olvide la tributación de los mismos si éstos existieran. En la tesitura de una inversión, todos estos gastos deberían cuantificarse, anualizarse y restarse de los alquileres (de existir) y de las revalorizaciones (en su caso).

No olvide tampoco que, en determinadas coyunturas, estas inversiones se convierten en **ilíquidas (*)** con una gran facilidad.

Ahora observe este gráfico. Corresponde aproximadamente a los mismos años del gráfico anterior que reflejaba el precio del metro cuadrado de la vivienda. No es un período atípico. Lo que ha ocurrido en el **IBEX 35 (*),** y en las bolsas en general, en los últimos 20 años puede perfectamente extrapolarse a períodos más largos y a otros países.

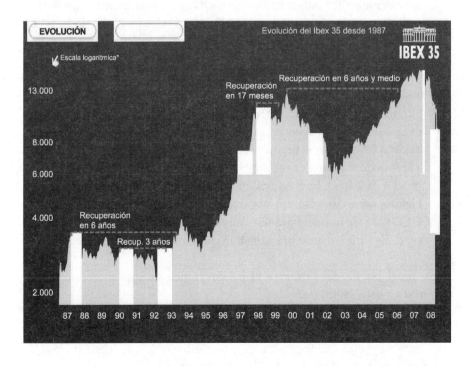

Para simplificar, 100 euros invertidos en una vivienda media en 1987

valdrían hoy 550 euros, es decir, un 450% más, a lo que hay que descontar toda la infinidad de gastos directos e indirectos incurridos en paralelo durante esos años y añadir los teóricos alquileres netos.

Por el contrario, si hubiera invertido sus 100 euros en índice **Ibex-35 (*)** en 1987, se hubieran convertido en 636 euros. Sin gastos de portería, Impuestos de Bienes Inmuebles, seguros, reparaciones de la calefacción, arreglos de goteras ni otras preocupaciones varias.

¿Es esta la gran rentabilidad de los inmuebles?

Probablemente, si se hacen los cálculos de forma realista, la inversión en bolsa es notoriamente más rentable, aparte de cómoda y transparente. Y, cuanto mayor sea la serie histórica, probablemente, la ventaja de la inversión en bolsa es mayor. Esto lo saben muy bien los americanos e ingleses.

Y todo esto en un país donde, hasta 2008, nunca había habido una caída brusca y en picado en el precio de la vivienda como ocurre periódicamente en los países anglosajones. No obstante, parece que el mercado inmobiliario español se ha adentrado finalmente en un muy necesario proceso de profunda depuración y saneamiento, de calibre hoy todavía indeterminado.

¿Depuración? ¿Saneamiento?

Simplemente, volver a los precios que tienen coherencia con el resto de magnitudes macroeconómicas. Se cometieron excesos, se depurarán, bajarán los precios y llegados éstos a un nivel coherente, se regresará a la fase de transacciones y normalización, eso si, a un nivel de precios mucho más bajo. Es habitual en los mercados. Llevábamos años recibiendo los avisos de los organismos internacionales, entre ellos la **OCDE (*)**, de que esto pasaría. Y, normalmente, si algo tiene que pasar, pasa. Es simplemente una cuestión de tiempo.

Pero, ¿cuál puede considerarse el precio lógico de una vivienda? ¿Hay respuesta a esta pregunta?

Sí, la hay. Los precios han de ser lógicos y coherentes con su entorno económico. Piense que hay economías europeas, con estabilidad en los mercados inmobiliarios y salarios superiores a los nuestros, en las que los precios medios de las viviendas acostumbran a ser, aproximadamente, el equivalente a los ingresos totales netos de unos 5 ó 6 años de una persona con unos salarios que puedan calificarse como medias representativas. Esas viviendas podrían pagarse, con relativa facilidad, mediante una hipoteca a 20 ó 25 años.

En España, los precios habían llegado a ser absolutamente desorbitados en relación a las rentas del país. Haga usted la cuenta según los parámetros que le acabo de explicar.

Pues según ese criterio los precios han de seguir bajando bastante ¿no?
Estamos en pleno proceso.

También hay que decir que no es lo mismo invertir en un piso en la calle Serrano de Madrid o en la Rambla de Catalunya de Barcelona, que en una urbanización de Torrevieja (Alicante). Y no lo digo por consideraciones de calidad o de la rentabilidad esperada, si no por la estabilidad en los precios: los pisos en el centro de Madrid y Barcelona siempre tienen demanda, sus precios pueden decrecer, pero difícilmente se hundirán. Por el contrario, todos hemos visto, por todo el litoral del boom, kilómetros lineales de letreros anunciando la venta de apartamentos-segundas residencias.

Es más, puede llegar el caso (que en mi opinión ya ha llegado) que los precios en los centros de nuestras ciudades sean tan elevados que se conviertan en totalmente inaccesibles para una economía familiar normal. En ese caso, vivir en el centro de las grandes ciudades será únicamente posible en régimen de alquiler, y los propietarios dejarán de ser los particulares para ser las compañías inmobiliarias, fondos de inversión, fondos de pensiones, sociedades de inversión y **Fondos de Inversión Soberanos** (*) de países petroleros de Oriente Medio, y algunas personas físicas relacionadas con el show business, artistas y futbolistas de élite, como ocurre tradicionalmente en los barrios céntricos de New York, París y Londres.

¿Me está tratando de decir que invertir en pisos no sólo no es lo más rentable, sino que además exige tal cantidad de millones que puedo olvidarme de por vida de esa posibilidad?
Parecería que sí, pero verá más adelante que no: verá que lo puede hacer con una módica cantidad. Trato de decir que invertir en inmuebles bien situados es una buena inversión, naturalmente, quizás no tan buena como dice el imaginario popular español, pero sin duda buena a largo plazo. Una planificación de inversión de un patrimonio a largo

plazo debe incluir, sin duda, inmuebles de calidad. Pero como diversificación. Sólo en una parte.

Lo que ocurre es que, aunque me encantaría equivocarme, muy probablemente ni usted ni yo vamos a tener suficientes ahorros ociosos prestos para invertir y, encima, sólo parcialmente, por aquello de la diversificación, en edificios en el barrio de Mayfair de Londres o en el de Salamanca en Madrid.

De todas formas, permítame que le haga un comentario sobre las viviendas, que creo absolutamente necesario para evitar equívocos, y está muy relacionado con el imaginario popular acerca de la propiedad de las viviendas: los inmuebles son una alternativa de inversión, como estamos comentando, pero al mismo tiempo también son una necesidad, por cuanto todos precisamos de una casa donde habitar. Tenerla en propiedad es una opción. Pero quede claro que cuando estamos hablando en este capítulo de las inversiones en viviendas no esta mos hablando ni de su vivienda habitual ni de su teórica segunda vivienda.

Los economistas suelen diferenciar "*el valor de uso*" de las cosas del "*valor de cambio*". La eterna dicotomía: **valor de "uso" versus valor de "cambio" (*)**. Cuando invertimos con la finalidad de obtener una rentabilidad a un determinado plazo, lo único que nos interesa es su "valor de cambio". Compro, por tanto obtengo tanto de rendimientos netos y, finalmente, vendo. Gano o pierdo tanto. Fin.

Las cosas, no obstante, tienen también un "valor de uso". Yo lo denominaría de "uso y disfrute".

La vivienda habitual es quizás el caso más extremo, donde casi da igual cuál sea su valor de cambio (su precio de venta) porque, hoy por hoy, no la voy a poder vender porque vivo en ella y la necesito. Un caso intermedio podría ser la inversión en un apartamento en la playa, en una obra de arte, en una pintura cotizada, en una antigüedad, en estos casos coexisten simultáneamente los valores de uso y de cambio. En el extremo opuesto se encontraría la inversión en **bonos del estado** (*), dado que es difícil imaginar a alguien, sin inclinaciones fetichistas, que sienta ningún placer especial al contemplar el impreso del resguardo del depósito de los mismos.

Pero, ¿qué ocurre con una segunda vivienda, de la que puedo prescindir, pero que también tiene un "valor de uso"?

Es complicado todo esto, porque se mezclan necesidades básicas con bienes prescindibles, pero apreciados, en mayor o menor cuantía.

Por ello, cuando hablamos de inversiones, no incorporamos los bienes a los que apreciamos un "valor de uso", pues en los cálculos deberíamos incorporar factores subjetivos muy personales, difícilmente cuantificables y homologables con los de otros terceros, fríos inversores.

Está bien tener las ideas claras sobre el valor de mercado de las cosas pero, cuando hablamos de inversiones, en el contexto de este libro, no incluimos su piso ni su pintura favorita, probablemente heredada de sus abuelos. Una cosa y otra pueden ser vendidas, obviamente, pero no estamos hablando de ello ahora. Hablamos de invertir sus ahorros para obtener una rentabilidad.

Entendido. Pero, por lo que dice, si quiero invertir mis humildes ahorros en inmuebles, me recomienda hacerlo únicamente en "buenos" inmuebles, preferentemente en el centro de las grandes ciudades, París, Londres, New York, Milán, Madrid, Barcelona. ¡Yo nunca podré invertir allí! ¡Yo no tengo un pozo de petróleo en el jardín de mi casa!

¿Tiene 100 euros? Es la aportación mínima en muchos **fondos de inversión inmobiliarios (*)**. Es la manera. Limpia y cómoda.

Cuando digo que los grandes edificios del centro de las ciudades son únicamente accesibles a inversores institucionales, no le estoy excluyendo a usted. Puede acceder indirectamente a su propiedad, de forma muy natural, casi inconsciente, de varias maneras: como partícipe de un Plan de Pensiones que invierta parcialmente su patrimonio en inmuebles, de un Fondo de Inversión Inmobiliario o como accionista de una empresa inmobiliaria cuyo objeto social, exclusivo o no, sea precisamente ése: adquirir inmuebles para posteriormente alquilarlos.

Por entre 12 y 15 euros puede comprar acciones de estas características esta misma noche, desde el ordenador de su casa.

Caray, ¡me hace sentir importante!

Piense, además, que si decide entrar en el negocio, aunque sea con una cantidad simbólica como si del juego del Monopoly se tratara, usted obtendrá, si los hay, los mismos beneficios porcentuales que el jeque árabe de turno, que también había pensado, como usted, que aquello era una buena inversión. Ni un céntimo menos.

Bueno, lo anterior probablemente tampoco es del todo cierto, claro. Mientras que usted, con toda seguridad, declarará su ganancia en su declaración de renta y tributará por ella lo que el Sr. Ministro de Hacienda le diga, el sultán, probablemente, tendrá contratados a un ejército de especialistas fiscales en Londres o Zurich, que le habrán constituido una maraña de sociedades instrumentales en algún **paraíso fiscal (*)** a través de las cuales habrá canalizado su inversión y, muy probablemente, tributará dos duros por sus ganancias, si es que llega realmente a hacerlo.

Me temía que era así. Pero ¿es ahora un buen momento para que invirtamos en pisos, mi socio árabe y yo?

Es muy difícil contestar a esto. Invertir ¿dónde? ¿en Polonia? ¿en Marruecos? ¿en Hungría? ¿en Rumania? ¿en Bulgaria? ¿en Brasil? ¿en Chequia? ¿En Estados Unidos aprovechando la caída del dólar? A estos países, entre otros, es a donde se están dirigiendo hace ya tiempo las inversiones inmobiliarias. No corra hasta allí a comprar un piso. Haga como su socio el sultán. Compre una acción o una participación de una sociedad o un fondo de inversión que lo haga. Ellos saben muy bien lo que hacen.

El profesor de la Universitat Pompeu Fabra, José García-Montalvo, comentaba en su weblog cómo los precios de la vivienda deberían lógicamente estar íntimamente relacionados con los alquileres y los tipos de interés. Para argumentarlo cita un estudio publicado por Davis (Iowas University), Lehner y Martin (Reserva Federal), que afirma que: la ratio de alquileres sobre precio de la vivienda en Estados Unidos está a un nivel muy bajo para los estándares históricos. La media de la inversa del ratio PER de la vivienda como activo (alquileres sobre precio) estuvo en torno al 5,5% en el periodo 1960-95. Desde 1995 ha sufrido una caída espectacular. Los autores explican que los motivos de esta caída son la disminución de la primas de riesgo y un aumento en las expectativas de incremento futuro de los precios de la vivienda. La conclusión del artículo señala que, suponiendo que los alquileres suben al 4% anual, el precio nominal de la vivienda debería caer al 3% anual hasta 2012 para alcanzar una valor similar a la media de la ratio alquileres/precio del periodo anterior (5%).

Y ya refiriéndose a nuestro país, profesor añade: en España la ratio alquiler/precio ha alcanzado el absurdo valor de 1,9%. Hagamos el mismo cálculo, simplista pero ilustrativo, que proponen los autores del artículo citado más arriba: supongamos que los alquileres subieran al 5% hasta 2012 (similar a la media en los años pasados según el componente correspondiente del IPC). Los precios nominales de la vivienda deberían caer al 13% anual para alcanzar una ratio alquiler/precio del 5% en 2012. Incluso si los alquileres subieran mucho más rápidamente (digamos al 7%) como consecuencia de todas las subvenciones y desgravaciones aprobadas por el gobierno, los precios nominales deberían caer alrededor del 11% anual para alcanzar una ratio PER razonable en 2012.

No sé si entiendo lo que me quiere decir con esto. Bueno, en realidad, no lo entiendo en absoluto.

Quédese con la idea de que la evolución del mercado inmobiliario, sus precios de venta, así como los alquileres, no es tan autónoma como a veces se piensa. Está sujeta a unas servidumbres de coherencia con respecto a otras magnitudes **macroeconómicas (*)** y, en especial, a los tipos de interés. A menos de que las inversiones en inmuebles se diseñen para el muy largo plazo, entonces sí, en ese caso se puede prescindir de la coyuntura momentánea sin problemas.

Las recomendaciones de invertir en inmuebles no son ni fáciles, ni tienen validez para demasiado tiempo... y, por supuesto, no son universales. Lo que es válido para Suecia, puede no serlo para Brasil, India, Dubai, Chile o Rumanía, ni para su apartamento en Matadepera. Hoy por hoy, los inversores inmobiliarios (centrados, no lo olvide, en los valores de cambio, no en los de uso) están encontrando oportunidades mucho mejores, y por consiguiente dirigiendo sus inversiones en mercados muy lejanos. España ya forma parte de la Historia.

Una vez más, como en la mayoría de los temas, lo mejor es ponerse en manos de profesionales, que invertirán sus 100 euros, bien repartidos entre una diversidad de empresas internacionales, que llevan a cabo las inversiones inmobiliarias más adecuadas y en los países del mundo más indicados. No lo dude.

¿Tan lejos se invierte? ¿No me exagera?

No, no. En absoluto. Mire. Le voy a poner un ejemplo que le ilustrará mucho más de lo que yo pueda pretender. El mayor fondo de pensiones español por el número de partícipes, que es el que corresponde al plan de pensiones de los empleados públicos españoles, los funcionarios de la AGE, Administración General del Estado, con más de medio millón de partícipes, está actualmente invirtiendo, por supuesto en una pequeña proporción, en el mercado inmobiliario de Polonia, Rumanía y Hungría. Los países del Este se han convertido en un destino habitual de las inmobiliarias españolas tras la crisis del mercado local. Si usted es funcionario del Estado, quizás está invirtiendo en esos países sin saberlo.

Las inversiones en tiempos de crisis

La crisis conlleva, como es natural, una gran inestabilidad laboral y, como consecuencia, un gran temor a la pérdida de puestos de trabajo y, por tanto, de ingresos. Ello lleva a unos lógicos cortes drásticos en el consumo no imprescindible, con la intención de prepararse para un futuro inmediato lleno de interrogantes. La tasa de ahorro global se incrementa de forma muy sustancial.

No obstante, la crisis ha traído, para algunos, cosas buenas. El ejemplo más palpable ha sido la espectacular caída de los tipos de interés. Lo que es una pésima noticia para los ahorradores y, en general, para aquellos que viven (o complementan sus ingresos) de los rendimientos de sus inversiones financieras, es un gran alivio para los miles y miles de hipotecados que ven cómo sus pagos mensuales de hipoteca pueden llegar a recortarse, dependiendo del caso, entre un 30% y un 50%. No en vano, el **Euríbor (*)** evolucionó en menos de un semestre desde sus máximos históricos, el 5,3%, hasta sus también mínimos históricos.

Algunas personas han llegado a reducir su factura hipotecaria mensual a casi la mitad, digamos de 1.300 euros a 700 euros, encontrándose con unos ahorros inesperados, que se unen a los que proceden de su voluntaria disminución en los gastos prescindibles. ¿Qué hacer con ellos?

¿Supongo que no va a recomendarles invertir en bolsa, aprovechando que está a precios de saldo?

No, en absoluto. En bolsa hay que invertir únicamente el dinero que no se necesita y, además, a muy largo plazo. Pienso que en estas circunstancias de incertidumbre cada uno ha de comportarse según sus propias circunstancias personales. En tiempos de crisis, aún más que nunca, hay que ser muy prudentes y pensar todas nuestras decisiones.

Se dice que "cuando baja la marea, lo hace para todos los barcos, grandes y pequeños: todos descienden su nivel", como metáfora para describir que en una crisis amplia y generalizada, todos sufrimos las consecuencias, directa o indirectamente.

Pero, al lado de familias afectadas por el temor al paro y al descenso de ingresos, hay gentes que, aparentemente, no han cambiado significativamente sus hábitos de consumo.

Efectivamente, sin ir más lejos, algunos funcionarios. Pero, en términos generales, en un entorno tan inestable como el actual, no puede recomendarse otra cosa que ahorrar, e invertir esos nuevos ahorros en depósitos bancarios a corto plazo o en cuentas de tesorería de alta rentabilidad. Hoy, si se está endeudado y se percibe riesgo de perder el trabajo, lo recomendable es ahorrar, en previsión de futuras necesidades.

Si, por el contrario, su situación personal es estable, sus ingresos no se perciben en peligro, ni su empleo está en situación de riesgo, puede pensar en "invertir" esos nuevos ahorros inesperados que mes a mes se le están generando por la disminución de los pagos hipotecarios. En ese caso, después de pensárselo repetidas veces, sería muy recomendable invertir sus nuevos ahorros en, precisamente, amortizar anticipadamente parte de su hipoteca.

Esta recomendación se hace todavía más insistente si usted "no agota" el máximo de desgravación fiscal permitido anualmente por el pago de la hipoteca. En ese caso, conseguiría, no únicamente reducir su cuota mensual futura (o reducir su plazo de amortización), sino que, además, lograría una nada despreciable deducción en el pago de su **IRPF (*)**. Repito, si sus circunstancias laborales personales se lo permiten, invierta todo aquello que se ahorra como consecuencia de la bajada de los tipos de interés en reducir su hipoteca. Ahorrará dinero e impuestos.

Resumen

● Las posibilidades existentes en el mercado para invertir sus ahorros son enormes y bien diferenciadas.

● Debe conocer obligatoriamente los riesgos a los que se expone en cada caso. Después decida.

● Si decide invertir en productos "tranquilos", apueste por cédulas hipotecarias, deuda subordinada, participaciones preferentes, deuda pública o depósitos bancarios.

● Si, por el contrario, quiere invertir en bolsa, hágalo a través de fondos de inversión especializados.

● Tiene también la opción de invertir a través de seguros de vida. Sin embargo, a día de hoy, ya no es fiscalmente favorable.

● También puede optar por invertir una parte de su patrimonio en Inversiones tangibles: Filatelia, Numismática, Antigüedades y Pintura u Obra gráfica en general. Cada uno de ellos tiene sus peculiaridades. Cuidado con la iliquidez.

● Existe asimismo la opción de invertir en viviendas. Cuidado con las sabidurías populares al respecto.

● Diversifique siempre. En la diversificación está la sabiduría.

● En tiempos de crisis, intensifique el ahorro e inviértalo únicamente en depósitos bancarios a corto plazo. Si tiene hipoteca, y no corre riesgo de perder su empleo, invierta sus ahorros en amortizar anticipadamente parte de su hipoteca. Ahorrará dinero y, posiblemente, impuestos.

7

El galimatías de la TAE

Me alegra que haya incluido este capítulo porque, hasta hoy, todavía no he conseguido entender de verdad qué es la TAE, para qué sirve ni cómo se calcula.

Efectivamente, éste es uno de los conceptos más popularmente incomprendidos del mundo financiero español, no porque sea conceptualmente difícil de entender, sino porque por imperativo legal ha de aparecer de forma siempre visible en múltiples contratos, folletos y spots publicitarios y comunicados, sembrando diariamente la confusión en mucha gente no avezada que, como es natural, es la inmensa mayoría. Es fácil de entender pero muy complicado de calcular.

¿Fácil de entender, dice? ¿Está de broma?

Sí, es aquello que todo el mundo considera de sentido común: *"a la hora de pagar, cuanto más tarde mejor, y para cobrar, cuanto antes mejor"* y *"no se olvide usted de nada a la hora de calcular"*, que todo el mundo entiende, y para lo que no se precisan demasiadas formulas sofisticadas.

TAE es el acrónimo de Tasa Anual Equivalente. La fórmula recoge los datos de su interés "nominal" y el período en el que paga (o cobra), y lo recalcula para darle un cifra de interés "efectivo" que sería la que correspondería por lo que usted está pagando o cobrando en el supuesto de que, esos cobros o pagos, se efectuaran *una sola vez y al final del año*. Por eso la TAE de un depósito cuyo interés se recibe al final del año es igual al tipo de interés "nominal".

La teoría dice que es *"tipo de interés efectivo cobrado (o pagado) anualmente en las operaciones de préstamo (o de depósito) una vez capitalizado por*

147

interés compuesto". También se conoce como el *Equivalente Anual Vencido*.

Se calcula por esta fórmula donde r= tipo de interés nominal y f= frecuencia de las liquidaciones, sean de cobros o, en su caso, de pagos, 12 si es mensual, 4 si es trimestral, 1 si es anual).

$$TAE = (1 + \frac{r}{f}) f - 1$$

No es tan difícil. Vamos a explicarlo con un ejemplo:

Supongamos que tiene usted un depósito a plazo de 100 euros en un banco por el que le han dicho que le van a pagar unos intereses del 5% "nominal" anual, pagaderos mensualmente. Como es fácil de adivinar, a usted como inversor le interesa mucho más este sistema mensual de cobro de intereses que cobrarlos trimestralmente, semestralmente o íntegramente a su vencimiento al cabo de un año (en este supuesto, cobraría 5 euros) por cuanto, el cobrarlos periódicamente, le permitiría reinvertirlos de nuevo durante unos meses (que lo haga o no, no importa ahora, lo relevante es que podría hacerlo) al final del primer mes, del segundo, del tercero y así hasta el mes 11.

Como resultado de estas reinversiones de intereses usted *habría obtenido una rentabilidad final "adicional" al 5%* que en el caso de no haber visto ningún pago de intereses durante el año no hubiera obtenido, por cuanto hubiera cobrado estrictamente los 5 euros al final del año.

Si cobro mensualmente, de hecho, en términos "efectivos" cobro *más* que el tipo de interés nominal.

Exactamente. Concretamente, y si no me equivoco en el manejo de mi calculadora financiera, un 5% nominal anual, cobrado mensualmente es un 5,12% TAE, y cobrado trimestralmente un 5,09% TAE. La diferencia es simplemente la capitalización por interés compuesto (sumando "los intereses de los intereses" por cada uno de los 11 ó 3 períodos intermedios).

Esta TAE tiene la siguiente lectura final: a mí, como inversor, me es más conveniente el cobro mensual de intereses porque mi inversión realmente "en términos anuales efectivos" me renta el 5,12% y no el 5%, que sería la rentabilidad efectiva si los cobrara al vencimiento. Me sería indiferente cobrar los intereses al vencimiento del año siempre y cuando éstos ascendieran al 5,12% nominal y no al 5%.

En el caso que el flujo del ejemplo fuera un préstamo en lugar de un depósito, está claro que, puestos a pagar un 5% de interés nominal, es preferible hacerlo anualmente (el TAE es el 5%) que trimestralmente (TAE 5.09%) o mensualmente (5.12%). Claro: si tengo que pagar los intereses al final de un año, en teoría podría invertir esa cantidad durante 11 meses, mes a mes, y la rentabilidad obtenida (0,12 %) considerarla como menos coste del préstamo.

En otras palabras, me sería indiferente pagar un préstamo al 5,12 % nominal, pagado por años vencidos, que otro al 5% pagado mensualmente.

Todo esto le puede parecer un juego aritmético sin demasiada relevancia, pero cuando hablamos de grandes cantidades de euros, cobra protagonismo.

Hasta aquí llegamos si hablamos únicamente de los intereses. Pero en la TAE oficial se incluyen también las comisiones y algunos gastos, con lo que el tema se complica dado que implica el cálculo de interés compuesto y, en el caso de existir **comisión de apertura (*)** y gastos por anticipado, el cálculo del valor efectivo anual y vencido de cobros de las mismas por anticipado, operaciones que hoy son, en la práctica, imposibles de llevar a cabo sin una calculadora financiera o una hoja de cálculo que opere con valores presentes y futuros.

Está entendido pero, al final, ¿todo este ejercicio mental tan abstracto para qué sirve?

Para comparar un préstamo con otro o un depósito con otro. Para evitar que en la publicidad de un producto financiero traten de confundirle. En definitiva, para proteger al consumidor.

La importancia de la TAE y su popularidad radican en que es un instrumento muy válido para ver realmente la rentabilidad efectiva de un producto financiero o el coste de una financiación y, sobre todo, permite *compararlos de forma homogénea* con otros presuntamente equivalentes de la competencia. En su cálculo no se toma en consideración únicamente el interés sino *cualquier otro pago o cobro de cualquier naturaleza* (comisiones) que afecte a la retribución o costo del producto, sea de inversión o de financiación.

La agresividad comercial y publicitaria de alguna entidad podría llevar a promocionar, por ejemplo, unos préstamos para la financiación de coches con un tipo de interés aparentemente muy interesante, pero que implicaran unos gastos de constitución y formalización desproporcionadamente elevados. Pues bien, en el cálculo de la TAE, estos gastos se tendrían en cuenta, con el coste efectivo que supone el pagarlos por anticipado, y el valor resultante del cálculo *lo reflejaría*. De esta forma, si se quiere comparar de verdad el costo efectivo real de dos productos financieros, la TAE es un buen camino.

Consejo: póngase las gafas y preste mucha atención, porque muchas veces la obligatoria publicación del TAE se traduce, en la práctica, en unas letras muy pequeñas y que pasan a tal velocidad en los spots publicitarios de la televisión que son muy difíciles de captar.

El Banco de España, consciente de la necesidad de pedagogía sobre el tema, tiene, en el Portal del Cliente Bancario, dentro de su web principal www.bde.es, un simulador que permite efectuar cálculos online de la TAE.

Pero, en los recibos mensuales de un préstamo, aparece la expresión CER = 5,37%. ¿Qué es eso? ¿Es la TAE?

El CER es el Costo Efectivo Remanente. Es la TAE, pero únicamente desde hoy en adelante hasta su total amortización y cancelación. No se tienen en cuenta las comisiones y gastos de apertura que se abonaron al inicio de la operación, sino únicamente lo que aún está pendiente de vencimiento.

Teniendo en cuenta que hay una cierta concentración de gastos en el inicio de una operación, el CER se considera más representativo a efectos comparativos que la TAE, siempre que hablemos de préstamos que ya están en período de amortización avanzada.

Resumen

● La TAE es uno de los conceptos más popularmente incomprendidos del mundo financiero español. Responde aquello que todo el mundo considera de sentido común: "a la hora de pagar, cuanto más tarde mejor, y para cobrar, cuanto antes mejor", y "no se olvide de nada a la hora de calcular" que todo el mundo entiende, y para lo que no se precisan demasiadas fórmulas matemáticas sofisticadas.

● Se utiliza para comparar un préstamo con otro, o un depósito con otro, y evitar así que en la publicidad de un producto financiero traten de confundirle.

● Existe para proteger al consumidor. La TAE, por imperativo legal, ha de aparecer de forma siempre visible en múltiples contratos, folletos, spots publicitarios y comunicados.

● Es el tipo de interés anual efectivo cobrado (o pagado) en las operaciones de préstamo (o de depósito) una vez introducidos el conjunto de gastos y comisiones y, finalmente, todo ello capitalizado por interés compuesto.

● No es difícil de entender, pero sí de calcular.

● El CER, Costo Efectivo Remanente de un préstamo en un estadio avanzado de su calendario de amortización, es la TAE, pero sólo referida a los pagos futuros, todavía no vencidos, sin incluir los pagos ya efectuados.

● La importancia de la TAE y su popularidad radican en que es un instrumento muy válido para ver realmente la rentabilidad efectiva de un producto financiero o el coste de una financiación y, sobre todo, permite compararlos de forma homogénea con otros presuntamente equivalentes de la competencia.

8
Quiero ahorrar para la jubilación

*"Envejecer es como escalar una gran montaña:
mientras se sube, las fuerzas disminuyen,
pero la mirada es más libre, la vista más amplia y serena".*
INGMAR BERGMAN

*"Los cuarenta son la edad madura de la juventud;
los cincuenta, la juventud de la edad madura."*
VÍCTOR HUGO

¿Qué es lo que pasa realmente con las pensiones?

Entre otras varias cosas, lo que ocurre es que las edades reales de jubilación no están relacionadas con la **esperanza de vida (*)** y, dado que nuestros sistemas europeos de pensiones públicas no son "**sistemas de capitalización" sino "de reparto**" (*), y que cada vez vamos a ser más a repartir, hay quien se cuestiona, con sólidos argumentos, qué quedará finalmente a cada uno de los jubilados en el reparto. Vamos a extendernos en estos conceptos porque son muy, muy, muy importantes:

Cuando, allá por los años cuarenta, se fijó la actual edad legal de jubilación en los 65 años, la esperanza de vida en Europa era de 55 años, aproximadamente.

¿La esperanza de vida inferior a la edad de jubilación?
Efectivamente. Se jubilaba realmente una minoría. Hoy, la esperanza de vida supera ampliamente los ochenta años, y algunos científicos opinan que ésta crecerá en el futuro al ritmo de *un año cada año*, llevando a la quiebra a todos los sistemas de previsión social del mundo si no se reestructuran y adecuan.

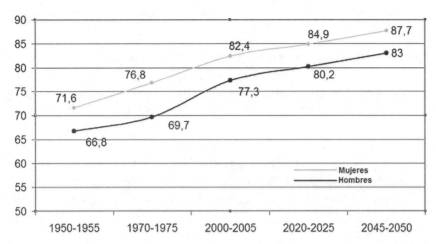

Fuente: I.N.E

En su día, se premiaba con "una pensión pública" a cargo del Estado a quien se escapaba ampliamente con vida de los **cálculos actuariales** (*) e insistía en seguir viviendo a pesar de los datos estadísticos de la esperanza de vida. Era como un premio a la supervivencia y a la longevidad.

Hoy, por el contrario, la jubilación laboral es el inicio de una fase muy esperada de la vida... en algunos casos, una segunda juventud, esta vez, madura.

En todo caso, la esperanza de vida también está mal repartida en el planeta y está muy ligada al bienestar económico y nivel sanitario de los países. El siguiente cuadro es muy clarificante:

Esperanza de vida mundial

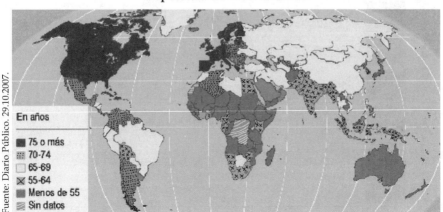

Fuente: Diario Público. 29.10.2007.

La "esperanza de vida al nacer" es la tasa que mide el número de años que vivirá por termino medio un individuo de 24 horas de edad.
El mapa muestra la esperanza de vida en todos los países del mundo, más de 75 años en los más desarrollados, menos de 55 en los menos desarrollados.

Actualmente, en España, cada jubilado está financieramente soportado por 2,4 trabajadores en activo **cotizantes** (*), y se espera que, en cuatro décadas, este ratio se sitúe en 1,5 ó 1,2 según las fuentes... ¿Qué economía soportará esta carga impositiva sobre los trabajadores en activo? Se estima que, para que el sistema de pensiones mantenga su equilibrio, ese ratio no puede bajar de 2,1... también depende, naturalmente, de los incrementos en la productividad de la economía española, que pueden aliviar el problema. Volveremos sobre este concepto.

Índice de envejecimiento y dependencia. Período 1950-2050

Año	Indice de envejecimiento	Indice de dependencia en adultos mayores *
1950	8	12
1960	7	13
1970	8	13
1980	9	14
1990	11	17
2000	13	18
2010	14	20
2020	18	28
2025	21	33
2030	23	38
2040	25	42
2050	26	44

Fuente: Naciones Unidas. División de Población del Departamento de Asuntos Económicos y Sociales (DESA). Proyecciones Mundiales de Población: Revisión 2004 y Proyecciones Mundiales de Urbanización: Revisión 2003.

Índice de envejecimiento: Cociente entre personas de 65 años y más con respecto a las personas menores de 15 años, multiplicado por 100.

* Índice de dependencia en adultos mayores: Personas de 65 y más años por cada 100 personas de edades comprendidas entre 15 y 64 años.

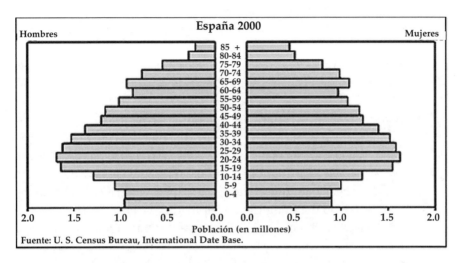

Observe las pirámides de la población española en el año 2.000 y las previsiones para el 2040. En ese año la pirámide ya no es tal y la figura se acerca a una pirámide invertida. Nótese que los mayores segmentos de población por edades se sitúan en los 60-64 años para los hombres y 65-69 para las mujeres.

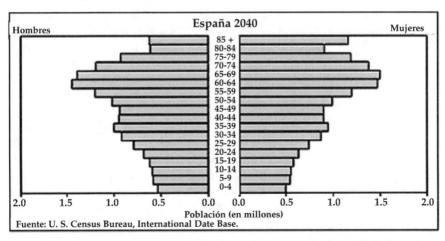

Según Eurostat, en un espacio de treinta años, la fecundidad cayó en numerosas regiones de la UE por debajo del nivel de renovación generacional, que es de 210 hijos por 100 mujeres.

También un informe preparado en 2006 por el Comité de Política Económica de la UE y por la Comisión Europea dice que, puesto que los ciudadanos de la UE tienen menos hijos y viven más tiempo, la población de la UE en edad laboral disminuiría un 16% entre 2004 y 2050. El estudio asegura que el mayor gasto previsto ponía en duda el sostenimiento de los sistemas de pensiones.

De hecho, hace unos pocos años los estudios siempre solían situar el "crash" del sistema español (si no se tomaran medidas correctoras, que se tomarán) en los años 2015- 2017… Pero el superávit generado en la década que terminó en 2008, supuso un balón de oxígeno para el sistema.

Octavio Granado, secretario de Estado de la Seguridad Social y responsable de economía del PSOE, afirmaba en unas conferencias organizadas por la UGT en mayo de 2009, que *"el año 2020 podría ser el horizonte para la aparición de problemas"*. Por su parte, en el informe sobre el sistema de pensiones que el Banco de España envió a la Comisión del Pacto de Toledo del Congreso de Diputados en abril de 2009, se señalaba al año 2025 como el año crítico, mientras que la propia Seguridad Social, en el tercer informe trianual sobre "Estrategia Nacional de Pensiones, 2008", aplaza la fecha maldita hasta el año 2029, *"como consecuencia del crecimiento económico, del empleo registrado en los últimos años, la incorporación de trabajadores extranjeros y a las reformas llevadas a cabo en la Seguridad Social"*.

La respuesta fácil, la inmediata, sería aumentar las cotizaciones a la Seguridad Social para equilibrar las cuentas. Pero esto tiene un límite muy serio: no olvidemos que, en la práctica, las cuotas son un impuesto directo al trabajo. Y no está nuestra economía para incrementar las penalizaciones fiscales a quienes crean y mantienen puestos de trabajo. No debemos olvidar que, además, todas las economías modernas occidentales, y España igual, se ven obligadas a apostar de forma simultánea por la disminución del peso de los impuestos y cargas sociales para competir con países con menores protecciones sociales, que llevan a cabo un descarado **dumping social (*)**. Y nuestra economía no es en absoluto, ni ha sido nunca, un modelo de **productividad (*)**. Todo lo contrario. La competitividad española está, junto a la italiana, en la cola de la Unión Europea.

Pero, por lo que veo, el problema es básicamente demográfico, y no económico ¿no es así?

En su origen sí, efectivamente, pero yo no lo definiría simplemente como demográfico. La baja natalidad y el espectacular incremento de la esperanza de vida son los responsables últimos del fenómeno. Pero simplemente incrementando la natalidad no se soluciona el problema.

En nuestro sistema de pensiones, lo que cuenta de verdad no es la cantidad de jóvenes del país, ni siquiera la cantidad de **cotizantes (*),** sino más bien la cuantía de las cotizaciones efectivamente recaudadas. De poco serviría un ejército de nuevos jóvenes si no tienen trabajo: al contrario, aún podrían convertirse en una carga adicional más para sus padres y, de nuevo, como en el pasado, verse obligados a emigrar. Recomendar en público el incremento de la natalidad es un ejercicio de muy alta responsabilidad social que yo no me atrevo a llevar a cabo.

No obstante, fíjese en lo que hacen en Francia: conscientes de que el origen del problema es demográfico y de que los jubilados que han tenido más hijos a lo largo de su vida han contribuido más a la estabilidad del sistema, el Estado premia a los pensionistas que han tenido tres o más hijos con un incremento de su pensión de jubilación pública de un 10% vitalicio.

Entonces, así, por lo que cuenta ¿parecería que voy a cobrar una pensión más pequeña que las actuales en términos reales?
Nadie tiene una respuesta inequívoca a esta pregunta, pero todos los síntomas apuntan a ver unos importantes nubarrones.

En las mismas conferencias organizadas por UGT mencionadas anteriormente, Octavio Granado proseguía: *el cóctel de más jubilados y menos cotizantes es insostenible.* Y añadió que *"gobierne quien gobierne, habrá que buscar fórmulas para prolongar la edad de jubilación y acortar las jubilaciones anticipadas.* Granados precisó: *"España es uno de los países con menos tasa de natalidad y el segundo país europeo con más esperanza de vida. El sistema no es de goma y no tiene una capacidad infinita".* Y, finalmente, amenazó con las siguientes palabras: *"si no optamos por manejar la variable de la edad de jubilación, no nos quedará más remedio que optar por manejar la cuantía de la prestación, ajustaremos el precio".*

El artículo 48 de la Constitución española afirma que "los poderes públicos garantizarán la suficiencia económica de los ciudadanos durante la tercera edad, mediante pensiones adecuadas y actualizadas periódicamente" y su artículo 41 reza que "la asistencia y prestaciones complementarias serán libres".

No tema, porque las pensiones públicas sin duda no van a desaparecer en Europa (como proponían los **Chicago Boys (*)** y el Partido Republicano de los Estados Unidos incluyó en su programa electoral), pero es altamente probable que, a largo plazo, sus pensiones sean bastante más reducidas que las actuales y, por tanto, complementarlas con pensiones privadas se convierta en algo imperativo.

Y no únicamente eso, sino que iniciará su cobro bastante *más tarde*, sobre todo si es joven. Si, por el contrario, está próximo a la jubilación, el proceso puede ser bastante más suave por cuanto las medidas que se toman internacionalmente siempre han sido paulatinas. Es decir, que los realmente más afectados son los hoy jóvenes y de mediana edad.

Medidas acordadas en ocasión de los famosos "Pactos de Toledo" del año 1995 firmados por unanimidad por todos los partidos políticos, organizaciones patronales y sindicatos, nos llevarán al fomento de la prórroga laboral voluntaria y, desgraciadamente, a la modificación de la fórmula de cálculo de las bases reguladoras de las pensiones extendiendo los años de cálculo a toda la vida laboral, lo que lleva parejo, según la mayoría de cálculos realizados, reducciones promedio del 15% de las pensiones finales...

Los Pactos de Toledo, ¿qué decían en resumen? Hablan de ellos, pero no sé muy bien en que consistieron.

Fue como una reflexión responsable de la clase política española, en la línea de los históricos Pactos de la Moncloa: algo así como *"a ver, pongámonos de acuerdo en este tema de las pensiones, al margen de nuestras cotidianas luchas por el poder, de nuestros irresponsables excesos demagógicos y populistas. El tema es vital y no podemos legislarlo con criterios partidistas. Lleguemos a acuerdos responsables y respetémoslos a largo plazo, gobierne quien gobierne de nosotros. De otra forma el sistema de pensiones se hunde. Creemos reuniones entre nosotros al margen de los calendarios electorales: una especie de miniparlamento especial para el tema de las pensiones."*

Muy bien por ellos ¿no?

En teoría sí. Lo que ocurre es que a los políticos les cuesta mucho prescindir realmente de todo aquello a lo que se renuncia en unos pactos de este tipo. Y, como quiera que tenemos siempre elecciones a la vuelta de la esquina, pues nunca es un buen momento para avanzar...

Excepto Austria y Francia (25 años), y naturalmente, España (15 años), el resto de países comunitarios ya han trasladado a "toda la vida laboral" el período de referencia para hacer el cálculo de la pensión.

En Suecia, Hungría, Polonia y Eslovaquia, el 100% de los trabajadores ya tienen un sistema de planes de pensiones privado en paralelo. Finlandia, Alemania, Suecia y Portugal han ajustado sus pensiones a la esperanza de vida colectiva en el momento de la jubilación.

Todo este tipo de reformas ya se han llevado a término en los países de nuestro entorno de forma progresiva: Alemania, Portugal, Francia, Gran Bretaña, Italia, están inmersos en calendarios de retraso en la edad de jubilación. Por el momento, hasta alrededor de los 67 años, pero con intención de ir creciendo…. hasta los 70 en el año 2050. En España, a diferencia de otros países, hemos conseguido retrasar todo este proceso gracias, en gran parte, a la tardía pero masiva afluencia de la mujer al mercado de trabajo y, también, a la llegada de una masiva inmigración, lo que ayudó sólo de forma parcial a resolver estos problemas.

Piense que estamos hablando de un problema de origen demográfico, no económico, ni financiero, ni creado por los políticos, aunque éstos últimos deberán gestionarlo con visión, por una vez, del largo plazo.

El día 14 de octubre de 2008, el diario *Expansión* afirmaba en un titular:

España desoye a Bruselas (*) y se aísla de las reformas de pensiones de la UE.

En ese artículo hacía un detallado recuento de las medidas que se están tomando en el resto de Europa: "*los principales socios europeos ya cuentan con nuevos modelos económicos para sortear el boom demográfico. El debilitado sistema de pensiones español se ha quedado sólo. De hecho es, junto a Grecia, el único que se ha aislado de la oleada de reformas que mantiene atareados a los principales socios comunitarios desde 2000. La tendencia en la UE es unánime: rebajar la presión sobre las arcas públicas que ejerce una población cada vez más envejecida, responsabilizando a cada trabajador de la prestación que recibirá en el momento de su retiro. La recomendación comunitaria es: desarrollar las pensiones privadas y ajustar las ya existentes a la esperanza de vida. Con todos estos cambios, el sistema de pensiones español es lo más parecido a un monumento monolítico, rodeado de edificios vanguardistas*".

159

A su vez, el día 20.02.2006, los lectores de *El País*, desayunaron con este espectacular titular:

La edad de jubilación deberá aumentar hasta los 85 años antes de 2050.

Un experto estadounidense pronostica que la esperanza de vida crecerá a ritmo de un año cada año y que en 2050 será insostenible soportar las cargas económicas de la jubilación. La edad de jubilación deberá aumentar hasta los 85 años antes de 2050 debido al crecimiento de la esperanza de vida, que se incrementará a ritmo de un año cada ejercicio durante las próximas dos décadas, según pronosticó el reputado biólogo estadounidense, de la Universidad de Stanford, Shripad Tuljapurkar, informa la BBC. El científico explicó que el momento de retiro laboral deberá postergarse para que no se produzca una quiebra en los sistemas de seguridad social. También consideró que los préstamos e hipotecas a 50 años, e incluso a 75, serán muy frecuentes en el futuro. Hizo estas declaraciones en el encuentro anual de la Asociación Americana para el avance de la ciencia, celebrado en Missouri.

Pero es que, además, *la edad de jubilación real, en la práctica, es anterior a la legal* (debido a los extendidos sistemas de prejubilaciones y de jubilaciones parciales), situándose en el caso español en los 63 años aproximadamente. Todos los gobiernos han manifestado recientemente su objetivo de hacer coincidir la edad de jubilación "real" con la "legal" como una primera medida para dotar al sistema de pensiones público con la necesaria solvencia y equilibrio financiero estable y sostenido a largo plazo.

La implementación de estas medidas en España se considera inminente desde hace ya varios años. El **boom del ladrillo (*)** de los últimos años y la cifra espectacular de nuevos cotizantes en la Seguridad Social, motivada por la llegada de cientos de miles de inmigrantes asociados al mismo, generó un momentáneo superávit en los sistemas de la Seguridad Social restando, provisionalmente, presión al problema.

De hecho, algunas medidas ya han sido acordadas por los **agentes sociales (*)**, pero tienen el veto de uno de los dos grandes sindicatos españoles y se piensa que, en cuanto las dinámicas electorales lo permitan, se volverá a replantear el tema (cosa nada fácil, por cuanto casi siempre hay un período electoral de alguna naturaleza a la vista).

En esta línea, inmediatamente después de las elecciones generales de marzo de 2008, y por primera vez en la Historia, el **Banco de España (*)**, mediante su muy prestigioso "Informe Anual" correspondiente al año 2007, reconoció que *"las pensiones pronto pondrán en apuros al Estado"*, e indicó que *"es necesario adoptar medidas para aumentar el "grado de contributividad" del sistema público de pensiones y fomentar "el desarrollo de sistemas complementarios", ante unas finanzas públicas que se enfrentarán a "importantes retos" en el medio y largo plazo, como consecuencia de la presión sobre el gasto público que ejercerá el envejecimiento de la población."* El Banco de España apuesta en concreto por *"acometer "pronto" reformas adicionales en los sistemas de pensiones, dado que la sostenibilidad a largo plazo de las finanzas públicas será cada vez "más costosa y difícil". Y recomienda tomar medidas "sin dilación".*

El Fondo Monetario Internacional, **FMI (*),** también lo tiene claro: en su demoledor informe de abril de 2009 sobre la economía española, reitera la importancia de la reforma del sistema de pensiones porque la trayectoria fiscal del país *"no es sostenible"*, en palabras de Bob Traa, economista responsable del estudio.

Y en el no menos crítico informe sobre el sistema de pensiones que el Banco de España envió a la Comisión del Pacto de Toledo del Congreso de Diputados en abril de 2009, afirma que *"para mantener el sistema de pensiones español, basado en la solidaridad intergeneracional, hay que tomar medidas urgentes porque, de no actuar, en 2060 el gasto de pensiones llegará al 14% del **PIB (*)**, frente al 7,6% del año 2007. Algo totalmente insostenible".*

Ello ocurrirá porque, afirma, *"la tasa de dependencia (población mayor de 65 años en relación a la población en edad de trabajar, según la hemos definido anteriormente en el estudio de las Naciones Unidas) se disparará en 35 puntos, hasta llegar al 59,1% en 2060, ocho puntos por encima de la media de la Unión Europea en dicho año".*

"El panorama es oscuro", afirma el informe, y la solución pasa por *"reflexionar"* sobre vías de reforma, entre ellas:

> ● *Retrasar la edad legal de jubilación, como en otros países de nuestro entorno europeo.*
> ● *Ampliar significativamente el número de años de cotización necesarios para el cálculo de la pensión.* Un gran número de países europeos, incluso Portugal y Polonia, lo han aumentado a la totalidad de la vida laboral.

- *Revalorización estricta con el IPC. (*Con ello quiere decir que si la inflación final es inferior a la esperada, las pensiones deben ajustarse a la baja de forma automática*).*
- *Diseño de un IPC especial, ajustado a los hábitos de consumo de los jubilados.*
- *Ligar la esperanza de vida a la pensión.* Se ajustaría la cuantía de la pensión a la evolución de la esperanza de vida. Sin diferenciar entre hombres y mujeres, aunque ya hay quien aboga por ello.
- *Supresión de los topes de cotización a la Seguridad Social para elevar la recaudación mensual.*
- *Incremento de las dotaciones al Fondo de Reserva. Separando las fuentes de financiación de la Seguridad Social, cotizaciones por una parte y aportaciones del Estado por otra, de forma que los eventuales superávits en las cotizaciones sirvieran exclusivamente para aumentar el Fondo de Reserva.*

Está claro, ¿no? Pues eso. Pintan bastos en este tema, ya lo ve.

La verdad es que sí. ¿Y qué solución hay frente a este panorama?

Ahorrar a título individual, sin duda. Créame. No hay otra fórmula. Y tenga la edad que tenga. Cuanto más joven sea, más nubarrones tiene por delante, pero menos le costará llenar la hucha poco a poco, mes a mes, a lo largo de toda la vida. Y debe hacerse, por difícil que ello parezca a la vista de nuestros salarios y del precio actual de las cosas.

No es fácil pedirle al trabajador común, que vive en uno de los países europeos de mayor inflación y menores salarios, que destine una parte de su escuálido sueldo a un plan de pensiones cuyos frutos no serán visibles hasta el día en que se jubile.

Repito: no hay otra fórmula que crear una "hucha" que no pueda romperse hasta el día de la jubilación, fecha en que, normalmente, los ingresos reales obtenidos se nos reducirán todavía más y de forma ostensible.

No obstante, los gobiernos, perfectamente conscientes de la problemática, diseñan discretamente productos financieros a los que dota de importantes ventajas fiscales con la finalidad de incentivar a los ciudadanos a crear y nutrir esa "hucha" para el futuro: Planes de Pensiones, PIES, Rentas Vitalicias, etc.

España, sin embargo, está también en este tema, en la cola de los países europeos:

Sólo un 39% de los trabajadores han dispuesto cada mes de una parte de su salario para tener derecho a una paga complementaria. Si se compara el mencionado porcentaje con el que existe en otros países europeos, a tenor de los datos del mencionado informe, 53 de cada 100 trabajadores del Viejo Continente tienen aportaciones para garantizar su vejez. Pero las cifras resultan realmente escandalosas si se toman en consideración países como EE UU o el Reino Unido, en los que 85 y 79 trabajadores de cada 100 —respectivamente— han apostado por planes de pensiones complementarios

Por lo que a la aportación media a los planes de pensiones se refiere, el mencionado estudio cifra una cantidad de 162 euros mes por cada trabajador español. Si comparamos nuevamente estas cantidades con las de otros países del entorno europeo, tan sólo los trabajadores de Portugal tendrían una aportación menor —108 euros al mes— que los españoles.

Fuente: 'Estudio Internacional 2007 sobre Jubilación', elaborado por TNS Sofres.

Caray, y siendo un tema importante, ¿por qué no se habla más del mismo?
En definitiva, es algo así como si los gobiernos le dijeran: *"mira, no puedo decirte abiertamente que tú no vas a cobrar la pensión que cobran hoy tus padres o abuelos, porque ahora no es políticamente conveniente que lo haga, siempre tenemos unas elecciones a la vuelta de la esquina; pero si decides iniciar un plan de ahorro para que cuando seas mayor puedas complementar la pensión que yo voy a recortarte, te compensaré con importantes beneficios fiscales. Y no hagas más preguntas".*

Entonces ¿qué debo hacer?
Hacerle caso, e iniciar de forma indudable y decidida un plan de ahorro con la intención de *mantenerlo contra viento y marea, de por vida*. No hay que decidirse por un solo camino. Ese plan puede ser una cesta de diferentes productos financieros (de hecho, más adelante voy a recomendar precisamente esta diversificación estratégica de productos de ahorro para la vejez). Y adaptado a sus posibilidades financieras reales de cada momento y a su edad.

Planes de Pensiones. El producto estrella

Podríamos definir un plan de pensiones como "una hucha" que se va nutriendo de aportaciones que va realizando, sea en forma periódica automática (una cantidad fija al mes), o esporádica (aporta algo de vez en cuando) o ambas cosas a la vez (que es el caso más frecuente). *Esa hucha no puede romperse* hasta el día en que tenga en sus manos un escrito del Sr. Director General de la Seguridad Social que diga que le han concedido la jubilación y pasa a la categoría de "pensionista-jubilado" (y también en el caso de Invalidez): por lo tanto es "**ilíquida**" (*) por un período largo de años. El dinero es suyo pero no puede acceder a él hasta ese día.

Si tengo una necesidad económica, ¿no puede cancelarse el Plan y cobrar mi saldo acumulado?

No. Puede solicitarse sólo en casos muy extremos de "grave enfermedad" y "paro de larga duración sin prestación de desempleo".

También hay que destacar que, en caso de invalidez (incapacidad laboral), también se cobran de inmediato los saldos acumulados conocidos técnicamente como **derechos consolidados (*)**.

Claro está, a cambio de este grave inconveniente (la iliquidez), el Estado le compensa mediante una fuerte desgravación en su Declaración de Renta, nada menos que del 100% de sus aportaciones realizadas durante el año. (Técnicamente se trata de una "Reducción en su Base Imponible", pero ya habrá notado que popularmente se dice que algunas cosas "se deducen" o "se desgravan" en la Renta, por lo que sigo la terminología popular). Las cantidades aportadas a su Plan se deducen íntegramente de sus ingresos de trabajo o de actividades económicas o profesionales y, por tanto, el efecto práctico en su bolsillo lo verá al hacer la declaración el mes de mayo del siguiente año: Hacienda le devolverá una cantidad que oscila, según el nivel de ingresos individual de cada uno, entre un 24% y un 43%.

¿Quiere esto decir que si un año aporto, por ejemplo, 3.000 euros al plan, Hacienda me devuelve entre 720 y 1.290 euros?

Exactamente, recupera una parte importante de las retenciones que han aplicado a su nómina durante el año. De hecho conozco a personas que se van cada año de vacaciones en verano gracias a la devolución de impuestos que le hace Hacienda.

¿Y de qué depende que se aplique el 24% o el 43%?

De su tipo marginal de IRPF, es decir, del tipo impositivo máximo que se aplica a sus ingresos en la declaración de la Renta. Es sabido que los ingresos tributan más cuanto más altos son: el mínimo es hoy del 24%, que se aplica a los ingresos anuales de hasta 17.707 euros o, en su caso, al tramo de los primeros 17.707 euros de su sueldo (o ingresos por actividades económicas) anual. El siguiente tramo de sus ingresos, hasta los 33.007 euros, tributa el 28%; entre esta cantidad y 53.407 euros, el 37%, y a partir de esta cantidad, el tipo marginal máximo del 43%.

El tipo marginal es el porcentaje de impuestos que paga su "último euro ingresado". No es demasiado conocido, aunque es fácilmente calculable mirando simplemente la tabla de tipos del IRPF: siempre son o del 24%, del 28%, 37% o del 43%, dependiendo de su nivel de renta. Anteriormente, había más tramos, ahora han quedado reducidos a cuatro.

Lo que sí es muy visible en la declaración de renta es el tipo "medio", que es lógicamente inferior al marginal, aplicado al tramo más alto. Un caso muy frecuente es tener un tipo medio del 28% pero un marginal del 37%... pues bien, el ahorro de impuestos de las reducciones por aportaciones al Plan de Pensiones se calcula sobre el marginal, en este ejemplo, el 37%. Es un buen ahorro de impuestos

Y ¿puedo poner todo lo que yo quiera en esa hucha?

No, la ley establece unos topes máximos que han ido variando con los años. Se comprende, porque de otra forma podría pervertirse el espíritu de la ley y, en la práctica, los planes de pensiones, en lugar de ayudar fiscalmente a los ciudadanos para que formemos un patrimonio para la jubilación, podrían convertirse en un mecanismo perverso para que los grandes patrimonios financieros redujeran su factura fiscal con Hacienda, año tras año. Este hecho ya ocurrió durante unos años determinados, coincidiendo con gobiernos del Partido Popular, hasta que se volvieron a establecer unos máximos como se habían venido aplicando históricamente desde la introducción de los planes de pensiones en nuestro país.

Hoy, el máximo que se permite aportar (y desgravar) depende de la edad: hasta los 50 años la menor cifra entre 10.000 euros y el 30% de sus rentas de trabajo y actividades económicas. A partir de los 51 años las cifras ascienden a 12.500 euros y al 50%.

Adicionalmente, pueden aportarse (y deducirse) otros 2.000 euros al año si se realizan aportaciones a planes de pensiones del cónyuge, siempre que éste no tenga rentas de trabajo superiores a 6.000 euros. Son los que, en su día, se denominaban los planes de pensiones familiares, pensados para aquellos matrimonios donde, en un ejercicio determinado, uno de los cónyuges no trabaja.

Y si tengo la desgracia de fallecer antes de llegar al día de mi jubilación, o quedara inválido ¿qué ocurre con las cantidades acumuladas?

Pasarían íntegramente a sus herederos legales, fueran estos quienes fueran, sin pagar nada en concepto de "Impuesto de Sucesiones" (de hecho, los herederos tributarán, cada uno por su parte, en sus respectivas declaraciones de renta). En caso de invalidez, sería usted quien cobraría el importe de los **derechos consolidados (*)**.

El sentido de todo ello es que los planes de pensiones cubren siempre tres contingencias: la invalidez, la jubilación y la muerte. En las dos primeras, es usted quien cobra y, en la última, sus herederos.

Y ese dinero que está en la hucha ¿no renta nada?

Claro que sí; además del ahorro fiscal que hemos mencionado, el plan de pensiones también tiene un beneficio financiero (como cualquier otro producto) que se acumula y reinvierte diariamente, incrementando el saldo o el derecho consolidado.

La rentabilidad del plan dependerá de varios factores: de la buena gestión de la Sociedad Gestora del Plan, de las comisiones que aplica, etc. Pero el factor más determinante de su rentabilidad es su vocación de inversión.

Los planes de pensiones ¿tienen vocaciones?

Pues así se llama a los *"propósitos de inversión"* que caracterizan al plan: los hay sumamente precavidos que, únicamente invierten los saldos de los partícipes en **Letras del Tesoro (*)** a muy corto plazo (son planes de vocación muy conservadora); otros en **Deuda Pública** (*) a plazos superiores; otros, combinan Deuda Pública con acciones cotizadas en las bolsas internacionales en distintas proporciones; otros, más aventureros, invierten íntegramente los saldos de los aportantes en títulos de renta variable (acciones), a su vez desglosados en distintos mercados, regiones mundiales, divisas, sectores económicos, etc. Finalmente, otros planes se publicitan ya con una determinada rentabilidad asegurada por determinados plazos. Como es natural, este amplio abanico de posibilidades conlleva riesgos y rentabilidades muy distintas.

O sea, que si mi plan de pensiones invierte mis dineros en bolsa (digamos que tiene una elocuente vocación aventurera) ¿mi futura pensión dependerá de los futuros vaivenes de los mercados internacionales de valores? ¿No sabré aunque sea aproximadamente a cuánto ascendería mi futura pensión? No sé si realmente me interesa esto.

Efectivamente, es así. Y puede que le interese, y mucho. Depende de la edad. Lo que ocurre es que es del todo necesario llevar a cabo una estrategia de planificación en los planes de pensiones (y en todas las inversiones en general) para tratar de *maximizar su cuantía y simultáneamente minimizar los riesgos* de que un **crack bursátil (*)** unos meses antes de jubilarse se lleve al traste un porcentaje importante de su pensión privada: hay que llevar a cabo una graduación de riesgos a lo largo de la vida.

La graduación de riesgos a lo largo de la vida

¿Qué quiere decir esto de la graduación de riesgos? ¿Cómo se graduan los riesgos a largo de la vida?

Es tan fácil de explicar y entender como necesario hacerlo. Normalmente en las etapas más jóvenes, en las décadas de los veinte y treinta y tantos años, podemos asumir muchos más riesgos en nuestras inversiones que cuando uno se acerca peligrosamente a los cincuenta o sesenta y la jubilación se ve ya muy próxima. En este último caso, no es en absoluto recomendable asumir demasiados riesgos en las inversiones, puesto que una repentina crisis en los mercados (siempre hay crisis en los mercados de forma recurrente) podría hacer desaparecer una parte de nuestros ahorros de toda la vida (en este caso de los saldos de nuestros planes de pensiones) y ya *no tendríamos tiempo material para recuperarnos*. Llegaría el día de la jubilación y los fondos disponibles para el cálculo de la misma se habrían visto mermados y, en consecuencia, la pensión resultante menguada.

Por el contrario, si uno es joven, puede contemplar los **cracks bursátiles (*)** desde la distancia, porque tiene por delante muchos años para recuperar el valor de sus derechos consolidados. De hecho, una persona que inicie un plan a los 25 años puede asistir tranquilamente a más de diez situaciones graves de pánico en las bolsas internacionales a lo largo de su vida laboral. No pasa nada; siempre, siempre, siempre, los mercados *se recuperan con creces.* A largo plazo, claro está.

Se trata de tener ese plazo de recuperación por delante y eso sólo lo tienen ampliamente los jóvenes, y a medida que van pasando las décadas, hay que ir "graduando" el perfil de las inversiones, haciéndolas más conservadoras, llegando al extremo de hacerlas hiperconservadoras justo antes de llegar a la jubilación.

De hecho, en los círculos especializados (anglosajones) es popular la siguiente fórmula:

% en Bolsa = (100– su edad)

La cual le vendría a decir el porcentaje recomendado de sus inversiones en Bolsa con respecto al total de sus ahorros a largo plazo, dependiendo de su edad. Según esta fórmula, si usted tiene 25 años, puede tranquilamente invertir el 75% (100-25) de sus ahorros, o de su plan de pensiones, en los mercados bursátiles. Si usted tiene 40 años, puede invertir el 60%, y así sucesivamente.

Lo normal es que, en algún momento, alguien le hable de esta fórmula, de la que personalmente discrepo por cuanto la encuentro excesivamente agresiva en relación a los últimos años de la vida y demasiado prudente en los años más jóvenes. Pero se está haciendo bastante popular. Otra cosa es que se aplique en España, y, de hecho, creo que no se hace.

Pero ¿qué necesidad tengo yo de asumir estos riesgos que únicamente me aportarán inquietud e inseguridad si lo que pretendo es formar un ahorro, de forma tranquila y sistemática, para cuando sea mayor?
Es que, claro, a lo largo de su vida laboral irá manteniendo un saldo (técnicamente se llaman "derechos consolidados") en su "hucha", y el objetivo es que su rentabilidad durante las décadas en que esté ahí obtenga una máxima rentabilidad. Y, como ya hablamos anteriormente en ocasión de la inversión de los ahorros, no hay ningún producto, en ningún país, que supere o haya superado en la historia, a la rentabilidad a largo plazo de los **índices bursátiles (*)**...

Por tanto, si tiene por delante "ese largo plazo" imprescindible para invertir en bolsa, lo lógico es que escoja un plan de pensiones con "vocación de inversión en bolsa" con el objetivo de obtener la máxima rentabilidad y, a medida que se va haciendo mayor, vaya traspasando de forma progresiva sus derechos consolidados a otros planes más conservadores, para terminar, ya a partir de los 55-60 años, situado sólo en planes conservadores.

Entonces, ¿puedo ir cambiando de planes, saltando de uno a otro?

Claro que sí. El hecho que la ley no le permita cancelar y hacer líquido un plan, no le impide que pueda tener varios planes simultáneamente y traspasar los derechos consolidados de uno a otro, sin limitación en el número de planes ni de traspasos. Unos planes activos, otros paralizados. De hecho, esto es exactamente lo que le recomendaría hacer.

Varios planes, incluso aunque tengan la misma vocación, sin duda tienen comportamientos y rentabilidades distintas, sin descartar tenerlos en distintas compañías gestoras de planes (las gestoras son filiales de bancos, cajas y compañías de seguros). Si tiene varios planes, puede aportar al que prefiera en cada momento o puede traspasar parcial o totalmente los derechos consolidados a otro. Si tiene varios planes abiertos, puede hacer una mejor gestión del riesgo. De joven, tener una cesta de planes, con mayoría de los de vocación de bolsa y, al final de la vida laboral, todo lo contrario.

Hoy día, seamos realistas, traspasar los derechos consolidados de un plan a otro no son más de 3 minutos frente a la pantalla del ordenador de casa.

Uno de los **bancos on line (*)** que operan en España comercializa un producto que considero muy interesante: se trata de un servicio mediante el cual su plan de pensiones, a medida que pasan los años y de forma automática, va cambiando sus **derechos consolidados (*)** a un nuevo plan con el perfil de inversión más conservador que el anterior. ¡Bien pensado!

La única recomendación práctica que le hago es que, cuando se acerque la fecha de la jubilación, vaya traspasando todos los planes a uno de ellos, al objeto de tener posteriormente *una única jubilación* procedente de la concentración de todos los planes, no varias.

¿Por qué?

No es, en absoluto, obligatorio pero es más cómodo. Es simplemente un tema de simplificación administrativa. Si usted, por aquello de la diversificación, tiene diversos planes de distintos importes y no los agrupa, puede encontrarse con tantas pensiones como planes, y algunas de ellas muy modestas si corresponden a planes que usted mantenía únicamente como diversificación. Incluso le podría obligar a mantener más cuentas bancarias (que no son gratuitas) de las razonables. Eso es todo.

¿Y ya me olvido de la diversificación?

Conceptualmente, le sigo recomendando diversificar, como siempre y en casi todo. Pero depende de los importes. Si usted sabiamente ha diversificado en múltiples planes a lo largo de su vida laboral, y las cantidades representativas de sus derechos consolidados no son muy relevantes, podría tener una relativamente grande cantidad de pensiones muy modestas, en distintos bancos. A veces pensiones ridículas. Un engorro. Estoy hablando únicamente de aspectos administrativos. Si, por el contrario, el importe de las pensiones es sustancial, vale la pena mantenerlas y seguir el sabio consejo de la diversificación.

¿Y qué son los planes paralizados?

Si un plan no recibe aportaciones se le llama *"en suspenso"*, lo que significa *"ser un plan paralizado"*. Y a usted se le conocería como *"partícipe en suspenso"*. No ocurre nada, sigue acumulando diariamente sus beneficios o pérdidas, hasta que decida qué hacer con él. Puede estar así años y años.

Las aportaciones a los planes son siempre voluntarias. Si elige un sistema de aportaciones periódicas, de forma que cada mes el banco traspasa de su cuenta corriente al plan una cantidad determinada, siempre puede modificar al alza o a la baja las cantidades mensuales aportadas, e incluso puede interrumpir el proceso de forma indefinida, hasta nuevo aviso.

Esto me tranquiliza. Si lo entiendo bien, la decisión de iniciar un plan de pensiones no me obliga a seguirlo de forma indefinida... las cosas pueden cambiar y no sé si en el futuro podré seguir aportando lo que ahora puedo permitirme, o quizás, al contrario, llegue un día en el que pueda y me interese incrementar mis aportaciones.

Es exactamente así. Puede cambiar las aportaciones, interrumpirlas y reanudarlas cuantas veces quiera, sin limitaciones.

En la práctica, le recomiendo que actúe de la siguiente forma: establezca una aportación periódica y automática de una cantidad muy modesta, una aportación que usted considere que, por mal que le vayan las cosas durante el año, pueda ser asumida sin mayor preocupación. Le será cargada en la cuenta como el recibo del teléfono, cada mes de forma sistemática. Ahora bien, antes de que termine el año, allá por noviembre o diciembre, estudie su caso: calcule lo aportado durante el año, piense en sus ingresos del ejercicio que está a punto de terminar y acerca de la probable factura fiscal a pagar en la renta el próximo mayo; piense en las retenciones que le han ido aplicando por diversos conceptos durante el ejercicio y, finalmente, mire su bolsillo y su cuenta corriente y, finalmente, decida qué cantidad puede aportar ese año *"de forma extraordinaria"* a sus planes de pensiones antes de que finalice el ejercicio fiscal el siguiente 31 de diciembre.

Esos planes que tienen las empresas para sus trabajadores y los colegios profesionales para sus asociados ¿qué son? ¿Son planes de pensiones como los que estamos hablando?

Sí, efectivamente, son planes de pensiones, pero de otra clase. Hasta ahora, hemos estado hablando de los planes "individuales", es decir, que la decisión de abrirlos es a título personal y todas las decisiones a lo largo de la vida del plan las toma usted individualmente.

Existen otros dos tipos de planes donde, si bien el titular del plan sigue siendo usted, el promotor, en lugar de su banco, es, o bien su empresa, o bien una Asociación o Colegio Profesional.

Cuando el promotor es la empresa para la que usted trabaja se habla de *planes de empleo*. La empresa le aporta mensualmente una cantidad a su "hucha particular" en una especie de salario diferido, a cobrar, junto a sus rendimientos, el día que se jubile.

Si, en cambio, el promotor es una Asociación o Colegio Profesional (*planes asociados*), los partícipes son sus asociados, que son los que hacen las aportaciones. Cada partícipe realiza sus aportaciones voluntariamente, como si se tratara de un plan individual.

Pero si mi empresa me paga un plan de pensiones y cambio de trabajo, ¿qué pasa con mi plan y mis saldos acumulados?

Pues se traspasa al plan de pensiones de su nueva empresa. Si su nueva empresa no lo tuviera, o su reglamento no permitiera realizar aportaciones personales paralelas a las de la empresa, podría traspasárselo a un plan individual.

Y en el caso de que mi empresa me pague un plan de pensiones y realice una cifra determinada de aportaciones al mismo ¿eso afecta a mi límite máximo anual de aportaciones a los planes?

Desde el año 2007, sí. Antes, los límites eran independientes pero, en la legislación vigente, los límites a los que hemos hecho referencia anteriormente son únicos y, por lo tanto, la suma de las aportaciones realizadas por la empresa más las realizadas individualmente no deben sobrepasarlos. Ha sido, de acuerdo con el criterio de la mayoría de los profesionales fiscales, un grave paso atrás en el fomento de los planes de pensiones.

Y lo que aporta la empresa a mi plan de pensiones, ¿también desgrava en la renta igual que lo que aporto yo individualmente?

No. Las aportaciones del empresario son "neutras" para Vd. (no para la empresa, para quien, obviamente, es un gasto deducible en su Impuesto de Sociedades).

Para ser más concreto y evitar equívocos, hay que decir que, en realidad, sí que desgravan igual que las individuales, lo que ocurre es que, simultáneamente, sus ingresos de trabajo a efectos fiscales también se incrementan por el mismo importe aportado, es decir, técnicamente se incrementan los ingresos en la misma cantidad que posteriormente se deducen, por lo tanto, se queda Vd. igual que estaba.

Si tomo la decisión de abrir mi primer plan de pensiones o uno nuevo si ya tengo, ¿dónde me recomienda hacerlo, en una caja, en un banco o en una compañía de seguros? ¿Es indiferente?

Ya hemos mencionado que las Sociedades Gestoras han de cumplir unos ciertos requisitos y que suelen ser empresas filiales y controladas por los bancos, cajas y compañías de seguros.

Desde el punto de vista normativo es absolutamente indiferente, pero antes de elegir me permitiría recomendarle tres reflexiones previas:

● ¿El día en que me jubile esta entidad seguirá existiendo? Sea realista. Al tratarse de una operación a muy largo plazo es necesario plantearse la pregunta en estos términos con la finalidad de ahorrarse preocupaciones, noticias de fusiones, absorciones, reestructuraciones, cambios de interlocutores, de planes de pensiones, etc. Y ya no hablamos de teóricos problemas más graves de solvencia a largo plazo.

● ¿Esta entidad tiene experiencia en la gestión de Fondos de Pensiones y puede aportar un pasado exitoso en este campo, o bien es un recién llegado que se abre camino en base a fuertes campañas publicitarias y promociones mediante las cuales le regalan a los clientes múltiples sorteos de viajes a las Bahamas, y DVDs?

● ¿Esta Sociedad Gestora tiene una amplia y rica gama de Fondos de Pensiones exitosos que, si es el caso, me permita llevar a cabo una prudente diversificación de mis planes de pensiones y, llegado su momento, aquello de la graduación de los riesgos, sin necesidad de cambiar de gestora o banco?

Hágase siempre estas tres preguntas y, probablemente, la respuesta le sobrevendrá automáticamente.

¿Cuánto cuestan los planes de pensiones? ¿Tienen gastos anuales fijos?

Naturalmente que los tienen, pero no son pagados por Vd., sino por su Fondo de Pensiones a la Sociedad Gestora del mismo, de forma que cuando ésta le informa (como mínimo trimestralmente, como marca la ley) de la evolución de su Fondo de Pensiones, los gastos ya han sido deducidos y, por tanto, las rentabilidades de las que le informan son ya rentabilidades netas.

Es obvio que, tratándose de inversiones a muy largo plazo, los gastos de gestión que cobra la Sociedad Gestora al Fondo de Pensiones son muy relevantes a la hora de valorar la rentabilidad general del Plan y, en consecuencia, de calcular su futura pensión.

Un Plan con unas comisiones muy altas en una época de tipos de interés muy bajos puede reducir casi a la nada su rentabilidad.

Las comisiones son siempre visibles (si uno se fija) por imperativo legal, y forman parte de la información básica del Plan de Pensiones. Hay que tenerlas siempre muy presentes y no dejarse deslumbrar con los regalos de DVDs que suelen siempre ir asociados a planes con comisiones altas.

¿Fondos de Pensiones? ¿Planes de Pensiones? A veces me habla de Fondos de Pensiones y a veces de Planes de Pensiones. ¿Son lo mismo?

Aunque, efectivamente, a veces se suelen utilizar como sinónimos, realmente son distintas cosas, aunque no pueden existir el uno sin el otro.

El *Plan de Pensiones* se define como el derecho a recibir determinadas prestaciones (la pensión de jubilación, de invalidez o de fallecimiento) en base a unas obligaciones de contribuir al mismo mediante aportaciones que se invierten en un determinado "Fondo de Pensiones", que es gestionado por una determinada Sociedad Gestora, de acuerdo con unas condiciones generales y costes de gestión determinados. En la práctica el Plan de Pensiones es lo que Vd. contrata con su banco.

El *Fondo de Pensiones* es el patrimonio creado con la única finalidad de dar cumplimiento a lo establecido en los Planes de Pensiones. Es "la bolsa" que recoge las aportaciones realizadas en los distintos planes que invierten en ese Fondo. Todos los Planes de Pensiones deben integrarse en un Fondo u otro.

Entendido. Supongamos que he ido aportando a la largo de mi vida profesional a varios Planes de Pensiones, con altibajos, interrupciones y recuperaciones, y ahora voy a jubilarme. ¿Qué tengo que hacer?

Unas semanas antes, como mínimo, agrupar todos sus planes en uno, al objeto de evitar tener múltiples pensiones que le complicarían la vida desde el punto de vista administrativo. O no. Antes ya hemos hablado de esto.

Entonces, informar del hecho a su Sociedad Gestora (en la práctica, a su banco) y aportar la documentación acreditativa de que se le ha concedido una Pensión de Jubilación.

En ese momento, debe informar acerca de lo que piensa hacer Vd. con sus derechos consolidados: convertirlos en una pensión actuarial vitalicia (conocida como una *Renta Vitalicia*) a una o a dos vidas, a capital cedido o a capital reservado, en una renta financiera, en una renta de capital (pasar por ventanilla y llevarse todo el dinero), o mixta, una mezcla de todo ello.

¡Uff! Deberá explicarme todo esto en detalle pero antes tengo otra pregunta previa: ¿qué ocurre si, por razones que ahora no vienen al caso, por

ejemplo no llegar al mínimo de años cotizados, etc. la Seguridad Social resuelve no concederme ninguna pensión y por lo tanto no paso a engrosar oficialmente el ejército de jubilados pensionistas? ¿Qué ocurre con los saldos de mis Planes de Pensiones?

Efectivamente, esto puede ocurrir. No pasa nada. En ese caso, actualmente hay que esperar a cumplir 65 años. La ley dice exactamente que *"cuando no sea posible el acceso de un partícipe a la jubilación, la contingencia se entenderá producida a partir de la edad ordinaria de jubilación en el Régimen General de la Seguridad Social, en el momento en el que el partícipe no ejerza o haya cesado en la actividad laboral profesional, y no se encuentre cotizando para la contingencia de jubilación en ningún Régimen de la Seguridad Social"*. O sea, que no pasa nada. Usted cobra del Plan de Pensiones.

Vamos entonces por partes: ¿qué es una Renta Vitalicia o una pensión actuarial vitalicia?

Es una pensión que se tiene derecho a percibir hasta el fallecimiento. Luego volveremos a este concepto con más profundidad, sobre todo en lo que hace referencia a sus muy positivos aspectos fiscales, porque al final de todo, sea cual sea el camino o caminos de ahorro para la vejez adoptados, el final debería ser transformar el patrimonio acumulado en una pensión o renta vitalicia.

"Pensión a una vida" o "a dos vidas": ¿qué quiere decir esto?

Si el asegurado es único, el derecho al cobro de la pensión se extingue con su fallecimiento. Se trata de una pensión *"a una vida"*. La pensión *"a dos vidas"* es el caso típico de parejas, matrimonios o no, en el que la pensión se sigue percibiendo cuando uno de los dos asegurados fallece. La pensión vitalicia se prolonga hasta el fallecimiento del asegurado superviviente. Se denomina también "pensión vitalicia conjunta".

¿Y una renta financiera?

Es aquella renta cuyo importe y periodicidad la decide el partícipe en el momento de su jubilación y se abona hasta que se agota el saldo acumulado de su plan.

¿Y una renta de capital?

Es el cobro de los derechos consolidados de una sola vez por su importe total. No es necesario que coincida con el momento de la jubilación. El cobro de la totalidad de los derechos consolidados puede diferirse sin límite de fecha.

El sistema mixto ¿es una mezcla de los anteriores?

Efectivamente, el caso más habitual consiste en cobrar una parte en forma de capital en el momento de la jubilación para hacer frente a algún compromiso concreto, y el resto de los derechos consolidados cobrarlos en forma de renta vitalicia a dos vidas. Éste podría ser un esquema muy típico en nuestro entorno.

Y en cuanto a Hacienda, ¿cómo contempla todos estos cobros mensuales que voy a tener a partir de ahora? ¿qué impuestos me tocará pagar?

Esta es la mala noticia. Los cobros, cualquiera que sea la modalidad elegida, están sujetos al Impuesto sobre la Renta como Rendimientos de Trabajo. Lo mismo que ocurre con la pensión de la Seguridad Social.

El ahorro de impuestos con los planes de pensiones: una falacia, pero con importantes matices

¿Quiere esto decir que los ahorros de impuestos como consecuencia de la contratación de Planes de Pensiones son realmente una falacia? ¿Es cierto que los impuestos sobre las cantidades invertidas al final se acaban pagando igual?

Sí, pero con importantes matices. Es verdad que esas rentas de trabajo que son objeto de reducción a lo largo de los años en los que se aporta a los Planes de Pensiones, acaban tributando durante los años de jubilación. De hecho, estrictamente, lo que se consigue con los Planes de Pensiones no es la exención fiscal sino *el diferimiento en la tributación. Se paga, sí, pero años más tarde.*

Ahora bien, hay que tener en cuenta varios aspectos. En primer lugar, en términos generales no es lo mismo realizar un pago hoy que dentro de 30 o 40 años. El pago es, sin duda, mucho menor en términos efectivos. Por otra parte, lo más habitual es que, durante nuestra vida laboral, tengamos un nivel de ingresos muy superior al que, desgraciadamente, vamos a lograr en nuestros últimos años como pensionistas. Por tanto, nuestro tipo impositivo en ese momento será inferior al actual y, en consecuencia, acabaremos tributando menos.

Pero es que, además, durante estas décadas de aportaciones, vamos obteniendo una rentabilidad de los derechos consolidados que, estrictamente hablando, corresponden a rendimientos del trabajo que no tributaron en su momento. Esos ahorros en los impuestos nos producen además importantes rendimientos que son para usted.

Al final, es como si, durante décadas, el Estado le estuviera concediendo a Vd. unos préstamos cada año (en forma de ahorro de impuestos) y que, al cabo de 30 ó 40 años, procediera a su devolución, en forma mensual, pero sin intereses, por un importe inferior, y además reservándose para Vd. los rendimientos que esos ahorros de impuestos le han proporcionado. No es un mal negocio ¿no cree?

¿Qué son las EPSV?

Las **E**ntidades de **P**revisión **S**ocial **V**oluntaria son lo que coloquialmente se conoce como "planes de pensiones vascos". Sólo se comercializan y únicamente pueden contratarse si se tiene el domicilio fiscal en Euskadi.

Son muy similares a los planes de pensiones, con algunas diferencias que los hacen incluso más atractivos. De hecho, en el País Vasco, apenas se contratan planes de pensiones. Todo el mundo opta por las EPSV.

La diferencia más evidente es que las EPSV sí tienen liquidez (a partir de los 10 años), pero a cambio no pueden trasladarse los derechos consolidados de una EPSV a otra. Existen, tanto en el País Vasco como en Navarra, otras diferencias adicionales en el tratamiento fiscal de estos instrumentos

¿Y los Planes de Previsión Asegurados?

Son seguros de vida. Los PPA, Planes de Previsión Asegurados, son una figura totalmente nueva en el sistema español. Consisten en unos planes de ahorro, *formalizados como seguro de vida*, que tienen por objeto acumular un capital para la cobertura de las contingencias de jubilación, invalidez y fallecimiento, permitiendo la disposición anticipada total o parcialmente en supuestos excepcionales como enfermedad grave o paro de larga duración. Es decir, exactamente lo mismo que hemos dicho antes en relación a los planes de pensiones.

La novedad es que, siendo contratos de seguros, están sujetos a la Ley de Planes y Fondos de Pensiones, y tienen idéntico tratamiento fiscal, de máximos, etc. que ellos.

¿Tienen el mismo límite de aportaciones anuales? Entonces, si mis circunstancias personales me llevan, por ejemplo, a que mi límite para hacer aportaciones a planes de pensiones sea de 10.000 euros máximos al año, ¿quiere esto decir que mediante los PPAs dispondré de otros 10.000 euros adicionales para aportar y, por tanto, desgravar? Aportando a los dos productos, puedo duplicar los límites, las aportaciones y las desgravaciones fiscales?

No. En absoluto. Los límites son únicos para Planes de Pensiones y PPAs. Entre los dos productos no puede sobrepasar su límite.

Y, al igual que los planes de pensiones, ¿pueden traspasarse los saldos de un PPA a otro?

Sí, por supuesto, y no únicamente eso: desde 2008, pueden incluso traspasarse total o parcialmente los saldos de los planes de pensiones a PPAs, o viceversa. Todo ello para facilitar la adaptabilidad a las preferencias del cliente.

¿Y por qué ha salido este producto? ¿Qué aporta de nuevo?

De hecho, salvo una excepción, los PPAs son un producto clónico a los planes de pensiones. En realidad, sin embargo, no lo son: son seguros. A la industria del seguro le interesaba tener un producto que dispusiera del enorme atractivo comercial que supone la desgravación fiscal de los planes de pensiones. Ahora ya lo tiene. Pero, por el momento, no se está comercializando en demasía, y su lanzamiento ha sido únicamente testimonial, sin que se conozcan campañas de promoción. Los bancos se han limitado a colgar los PPAs en sus catálogos de productos, y nada más.

¿Cuál es la excepción? ¿En qué se diferencian en la práctica?

Al ser un contrato de seguro, siempre dispone de una rentabilidad mínima garantizada. Eso es todo.

Pues yo asociaba la palabra "Previsión" a otros productos, o a pensiones públicas; no lo tengo claro. Por lo que menciona, los PPAs son productos recientes, mientras que yo he oído la expresión "previsión" toda la vída. ¿Por qué me suena la palabra?

Puede ser por varias razones. En el castellano está muy extendida la expresión "sistemas de previsión social" (asociados a lo que hoy, normalmente, cubren los sistemas de la Seguridad Social: previsión de incapacidad laboral, maternidad, orfandad, viudedad, invalidez, jubilación, etc. y en su día también la sanidad).

Existen también los Planes de previsión social empresarial, (un instrumento para la cobertura de los compromisos de pensiones de las empresas), las "mutualidades de previsión social" (como forma de mutualismo no integrado en la Seguridad Social obligatoria, principalmente en Colegios Profesionales, Cooperativas, etc., y que están también fiscalmente protegidos).

También diferentes compañías de seguros comercializan productos que bautizan como "productos de previsión" donde caben tanto un **Plan de Jubilación (*),** del que hablaremos ampliamente más adelante, como otros seguros de vida-ahorro, de ahorro inversión, de rentas, de capitalización, seguros de capital deferido...; en fin, una gran variedad de productos de seguros todos ellos enfocados al muy largo plazo y con denominaciones comerciales muy distintas entre ellas, a veces con la expresión "previsión".

Y probablemente, dependiendo de su edad, recordará también el famoso "Instituto Nacional de Previsión", el por mucho tiempo famoso INP, que creó Antonio Maura en 1908, bajo el reinado de Alfonso XIII, y que era la entidad que gestionaba la Seguridad Social española, hasta el año 1978. Hoy ya no existe. Pero ha quedado la expresión en la memoria colectiva.

¿Y qué pasó con sus funciones? ¿O hubo tan sólo un cambio de nombre?
Fue un cambio estructural muy relevante y se generó en los importantísimos Pactos de la Moncloa. El Instituto Nacional de Previsión desapareció, y se creó un sistema de participación de los **agentes sociales (*)** en la gestión, estableciéndose nuevos sistemas de gestión y control, y creándose nuevos organismos:

● El Instituto Nacional de la Salud, INSALUD, para las prestaciones médicas (posteriormente transferidas a algunas comunidades autónomas).
● El Instituto Nacional de la Seguridad Social, INSS, para prestaciones económicas.
● El Instituto Nacional de Servicios Sociales, para la gestión

de los servicios sociales.
- El Instituto Social de la Marina, ISM, para los trabajadores del mar.
- La Tesorería General de la Seguridad Social.

Los PIAS, otros desconocidos

Este producto es un gran desconocido, por novedoso. Ciertamente, su nombre tampoco ayuda, la verdad. Los PIAS, **P**lanes **I**ndividuales de **A**horro **S**istemático, son un nuevo instrumento de ahorro para la jubilación que nació en el año 2007. Son una alternativa a los planes de pensiones, con características muy distintas, pero también con relevantes ventajas fiscales.

Técnicamente hablando, se trata de seguros de vida de carácter vitalicio que permiten la formación de un ahorro a largo plazo de forma cómoda y paulatina, al tiempo que, lógicamente, se va obteniendo una rentabilidad financiera interesante.

La primera gran diferencia con los planes de pensiones es que los PIAS *sí tienen liquidez*, en otras palabras, pueden rescatarse en cualquier momento sin tener que dar ninguna explicación a nadie, ni por supuesto a Hacienda.

La segunda gran diferencia es que *las ventajas fiscales que el Estado otorga a estos productos no se materializan en el momento de hacer las aportaciones sino en el momento de la jubilación*: los rendimientos que generan no están sujetos al pago de impuestos por rendimientos de capital mobiliario mientras no se rescatan y, en ese momento, si se cumplen determinados requisitos, todos los rendimientos generados durante todos los años en los que se han realizado las aportaciones quedan totalmente exentos de tributación.

Estos requisitos, a fecha de hoy, son cuatro:

- que hayan transcurrido como mínimo 10 años desde la primera aportación.
- que las aportaciones anuales hayan sido como máximo de 8.000 euros.
- que el patrimonio acumulado total no supere los 400.000 euros.

● que se constituya una pensión vitalicia con el capital acumulado.

No cabe duda que este producto es una alternativa atractiva para el ahorro finalista para la jubilación. Destacamos el hecho de la total liquidez del mismo como factor relevante en muchos casos en los que la iliquidez de los planes de pensiones es un freno para su contratación.

Pero hay otra característica, no muy evidente, que los hace atractivos: la posibilidad de ser **pignorados** (*), es decir, ofrecidos como garantía, en caso de una necesidad financiera temporal. En efecto, si esta circunstancia se presentara, en lugar de efectuar el rescate y por tanto perder la antigüedad y las ventajas fiscales asociadas, puede formalizarse un préstamo en garantía del PIAS y, una vez devuelto éste, el plan de ahorro sigue sin más incidencias conservando todas sus prerrogativas fiscales por antigüedad. Esta posibilidad de pignoración no existe en los planes de pensiones.

Entonces, ¿sería recomendable ahorrar para la jubilación tanto a través de los planes de pensiones como mediante los PIAS?

Efectivamente, a esta conclusión quería llegar: la combinación de ambos productos le puede aportar parcialmente la posibilidad de liquidez de la que carecen los planes de pensiones, conservando las desgravaciones anuales por las aportaciones a los planes, y añadiendo una nueva desgravación, en este caso al final del período, por las cantidades aportadas al PIAS. La recomendación de *repartir al 50%* las cantidades que se decidiera aportar para la jubilación parece bastante lógica, aunque cada uno puede aplicar sus preferencias personales.

¿Dónde se puede suscribir un PIAS?

Igual que su plan de pensiones: en su caja o banco, a través de sus interlocutores habituales, aunque los contratos se realicen formalmente con sus compañías de seguros, propias o asociadas, de las que ellos son agentes. Los principales bancos y cajas tienen compañías propias en sus órbitas, y otros tienen acuerdos con terceras compañías para ofrecer este producto. Una vez más, reitero la recomendación de identificar una compañía que pueda presumir de una probada experiencia en la gestión de los seguros de previsión y de una indudable solidez a largo plazo.

Planes de Jubilación o seguros de capitalización diferida, con múltiples nombres comerciales distintos

Entonces, ¿qué son los Planes de Jubilación, de los que he oído hablar toda la vida, y que, por lo que observo, no son ni Planes de Pensiones, ni PPAs, ni PIAS?

Efectivamente, hay que ir con cuidado con la terminología para estar seguros de que hablamos de lo que realmente queremos.

Los conocidos como *Planes de Jubilación* son seguros de vida temporales, también conocidos como Seguros de Capital Diferido, o Seguros de Capitalización o, muy genéricamente, Seguros o Planes de Previsión, (nada que ver con los Planes de Previsión Asegurados, PPA, comentados anteriormente), que consisten en que, previo pago de las primas acordadas, una compañía de seguros debe abonar *un capital* determinado en la fecha estipulada en el contrato (póliza) que normalmente coincide aproximadamente con su edad de jubilación (aunque no tiene por qué hacerlo) *o bien una renta vitalicia* a partir de esa fecha.

Por supuesto, pueden rescatarse (cancelarse) en cualquier momento. Nunca debe confundir un Plan de Jubilación con un Plan de Pensiones, con un PPA o con un PIAS.

¿Y tiene alguna ventaja fiscal?

Ya no. Históricamente las tuvo, dado que las primas mensuales pagadas desgravaban en la Renta, pero ya hace años que no es así, y hoy no tiene ningún interés fiscal por cuanto sus rendimientos tributan íntegramente como Capital Mobiliario en la Base del Ahorro del Impuesto sobre la Renta.

Si se diera el caso, en su parte final, la renta vitalicia sí que tiene interés fiscal, (el cual analizaremos después dentro del apartado "Rentas Vitalicias"), pero las exenciones fiscales a las que dan derecho las rentas vitalicias lo son por ellas mismas, no porque procedan de un plan de jubilación o de cualquier otra fórmula de ahorro o capitalización.

¿Tiene sentido entonces seguir contratando estos productos?

En algunos casos sí, claro. Tenga en cuenta que estos productos pueden llevar asociados unos interesantes seguros de vida de diversas naturalezas, tanto en la fase de diferimiento (fase del pago de las primas), como en la de devengo (fase del cobro de la pensión). La casuística

puede llegar a ser bastante compleja y cada compañía de seguros dise-
ña productos distintos, lo que hace imposible la tarea de divulgación
global y genérica.

Es evidente que los PIAS son, en su estructura básica, el mismo tipo de
producto, pero con exenciones fiscales; por lo tanto, en la medida en
que podamos encuadrarnos dentro de los límites reglamentarios de
los PIAS (plazos de permanencia, importes máximos anuales, saldos
totales máximos), éstos son absolutamente preferentes.

Si, sin embargo, por alguna razón, las condiciones legales de los PIAS
no encajan con sus circunstancias personales, o bien, haciéndolo, desea
contratar algunos seguros de vida asociados, o bien dispone usted de
recursos suplementarios para hacer aportaciones mayores a los límites
legales establecidos, entonces sí puede plantearse una inversión de
esta naturaleza.

**¿Hay algún producto más para ahorrar para la edad de jubilación? Los
Planes de Pensiones, los PPAs, los PIAS y los Planes de Jubilación son
todo?**

Bueno, a ver, puede utilizar alternativamente cualquier otro de los
cuasi infinitos productos de inversión, o puede comprar plazas de parking para alquilar. De hecho, *cumpliría con la función ¡hasta una hucha de
barro!*, pero salta a la vista que no es una buena idea. Estos productos
han sido diseñados estructuralmente para esa finalidad y, además, los
tres primeros están subvencionados por el Estado, dotándoles de
mecanismos de ahorro de impuestos, pero cualquiera de las muchas
opciones de inversión comentadas anteriormente en el capítulo correspondiente a las diversas formas de inversión de nuestros ahorros,
sería válida.

Por fin llega el día de la jubilación. ¡Felicidades!

¿Y ahora qué hago?

En primer lugar: ¡felicidades!

Ahora le tocará, por una parte, pasar cuentas y arreglar sus números
con el Sr. Ministro de Trabajo, quien muy probablemente le habrá enviado a su domicilio los datos de su historia laboral, etc. para que pueda calcular la pensión a la que tendrá derecho y proceder a su solicitud.

183

En paralelo, debería ya haber agrupado todos sus planes de pensiones en uno o máximo dos (no hay problema en tener más, pero si no los agrupa puede darse el caso que finalmente cobre varias pensiones insignificantes en lugar de una única más relevante, como así le deseo que sea). Esto, en la práctica, quiere decir traspasar los derechos consolidados de los diversos planes al plan que deseamos mantener para el resto de nuestra vida, quizás, aunque no necesariamente, al plan de pensiones del banco donde tenemos las domiciliaciones de recibos personales, las tarjetas de crédito y donde domiciliaremos también el cobro de la pensión pública.

Y, por otra parte, ha llegado el momento de convertir sus Planes de Jubilación, PIAS (recuerde que en este punto tiene una exención fiscal del 100% de todos los intereses cobrados a lo largo de los años) y otros posibles ahorros que pudiera tener materializados en otros productos, financieros o no, en Rentas Vitalicias, que son, no lo olvidemos, nuestro objetivo final: *complementarias a la pensión pública y a su plan de pensiones privado.*

Rentas Vitalicias. ¡Una renta paralela a su pensión pública y a sus planes de pensiones!

Ya hemos hecho anteriormente una breve incursión a este concepto al hablar de los planes de pensiones. Efectivamente, al final de todo, sea cual sea el camino o caminos de ahorro para la vejez adoptados, el final debería ser transformar el patrimonio acumulado en rentas vitalicias complementarias a su pensión pública y a la pensión derivada de su plan de pensiones.

¿Y esto es otro producto financiero?

De hecho, es un seguro, pero una vez más, *el Estado se lo aconseja prioritariamente y se lo subvenciona con generosidad.*

¿Un seguro? ¿Pero de qué me aseguran si estamos hablando de "mi" dinero?

Le asegura que usted cobrará una renta mensual fija toda su vida, viva usted los años que viva. Para entendernos, *le aseguran del efecto Matusalén.* Y para el cálculo de esa renta tendrán en cuenta los **cálculos actuariales (*)**, aquellos a los que hacíamos referencia al principio de este capítulo. Si usted sobrevive tanto como Matusalén, no debe preocuparse por su pensión; bastantes dolores de cabeza le dará probablemente la artrosis.

¿Y aquí es aplicable aquello que de lo que hemos hablado en ocasión de los planes de pensiones, sobre rentas a una vida o dos vidas, a capital cedido o a capital reservado?

Efectivamente, al igual que en los planes de pensiones, si el titular es único, el derecho al cobro de la pensión se extingue con su fallecimiento. Se trata de una pensión "a una vida". La pensión "a dos vidas" es el caso típico de parejas, matrimonios o no, en el que la pensión se sigue percibiendo cuando uno de los dos asegurados fallece. Es la pensión vitalicia conjunta. La pensión vitalicia se prolonga hasta el fallecimiento del asegurado superviviente.

¿Y a capital "cedido" y a capital "reservado"? ¿Qué ocurre al morir con los fondos que quedan en mi Renta Vitalicia?

Cuando la pensión es a *"capital cedido"* no existe seguro para caso de muerte (al morir se pierden todos los derechos frente a los herederos) ni posibilidad alguna de rescate (cancelación del contrato cobrando el valor de rescate) en ningún momento. Ni quedaría nada para sus herederos. A cambio, como es de esperar, su Renta Vitalicia sería sustancialmente mayor. Un ejemplo de *"capital cedido"* es la pensión pública de la Seguridad Social.

Si, como suele ser habitual, la renta se contrata a *"capital reservado"*, se incorpora un seguro para caso de muerte y es rescatable en cualquier momento y, además sus herederos legales, fueran quienes fueran, cobrarían el "capital de muerte" de su Renta Vitalicia al día de su fallecimiento. Como es lógico, en este segundo caso, el importe de la pensión es inferior del primero por cuanto, en los casos de pensiones a capital reservado, existe el coste de la prima del seguro de vida.

¿Y en qué consisten las ayudas fiscales a las Rentas Vitalicias?

En la aplicación de unos *coeficientes correctores* que dependen de la edad que usted tiene en *el momento de la contratación* del producto y que *le reducen el porcentaje de tributación de sus rentas*, es decir, que únicamente se reconocen como RCM (Rendimientos de Capital Mobiliario) un porcentaje de las mismas, en concreto, según la siguiente tabla:

PORCENTAJE QUE SE CONSIDERA RCM	EDAD EN LA FECHA DE CONSTITUCIÓN
40%	MENOS DE 49 AÑOS
35%	ENTRE 40 Y 49
28%	ENTRE 50 Y 59
24%	ENTRE 60 Y 65
20%	ENTRE 66 Y 69
8%	70 AÑOS O MÁS

Por ejemplo, si usted contrata su Renta Vitalicia a los 66 años (¡vale la pena esperar unos meses hasta llegar a esa edad y evitarse un 4% anual de tributación de por vida con respecto a hecho de contratarlo a los 65!) significa que únicamente tributa por RCM por el 20% de la pensión que cobra (el 80% esta exento). En consecuencia, su banco no le aplicará la retención de IRPF del 18% como es habitual, sino únicamente del 20% del 18%, es decir, del 3,6% en lugar del 18%. Una importante rebaja.

Tenga presente que su pensión pública no tiene ningún tipo de exención y *tributa al 100%* como Rendimientos del Trabajo.

Ha mencionado que las Rentas Vitalicias pueden cancelarse (rescatarse). ¿Qué ocurre en estos casos con los beneficios fiscales de los que se ha disfrutado hasta el día del rescate? ¿Están consolidados irreversiblemente o hay que devolverlos?

Hay que devolverlos. Y se entiende. El Estado le ofrece estos importantes descuentos en sus impuestos siempre que su inversión lo sea con carácter vitalicio. Si usted, por cualquier razón, rompe el pacto, le solicitará que devuelva los impuestos que hubiera tenido que pagar y no pagó. La ayuda fiscal va indisolublemente unida a la inversión vitalicia. Si no fuera así, estos productos podrían fácilmente pervertirse y convertirse en instrumentos de inversión a corto o medio plazo con tributación mínima.

Es decir, en la práctica, la compañía de seguros ya efectuará el cálculo de esos impuestos adicionales y, en el momento del reembolso, ya le efectuará la retención correspondiente.

O sea, que si por cualquier razón tuviera una necesidad económica que me obligara a cancelar la póliza, ¿me llevaría a perder y retroceder a Ha-

cienda todos los ahorros fiscales de los que hubiera gozado durante años?

De hecho, no. O no necesariamente, porque con toda seguridad, en el momento de la constitución de la Renta Vitalicia, ya le habrían recomendado no firmar un solo contrato sino *dividir su capital inicial en bastantes contratos (pólizas) de distintos importes* con la idea de que, si en el futuro una emergencia le obligara a disponer de una parte de este dinero, tuviera a su disposición una póliza (o una combinación de pólizas) del importe aproximado de su necesidad, la cual sería la póliza a cancelar y de la que se deberían reintegrar los impuestos. El resto de sus pólizas seguirían gozando de todas las prerrogativas fiscales de forma vitalicia.

Otras fórmulas para complementar los ingresos en la tercera edad (si es propietario de su vivienda)

Supongo que conocerá, con mayor o menor proximidad, el caso de personas a las que, por las razones que sean, les han correspondido y cobran unas pensiones muy bajas (de la naturaleza que sean: jubilación, invalidez, viudedad, no contributivas, etc.). Sobreviven con estas pensiones, quizás con la ayuda de los hijos, pero, sin embargo, son propietarios de las casas donde habitan, que en muchos casos son céntricas y están valoradas en auténticas fortunas.

Sí, sin duda. Me han venido a la cabeza varios casos.

Los barrios céntricos de las grandes ciudades acogen muchos de estos casos. Son los millonarios en piedras pero pobres en dinero. ¿De qué les sirve que su vivienda esté valorada en más de medio millón de euros si no pueden ir al mercado y comprar lo que precisan y les apetece?

El caso está bastante generalizado en nuestro país por diversas razones, pero dos evidentes: la existencia de pensiones ridículas y la propensión a la compra de las viviendas, hecho que ya comentamos anteriormente. Según el **INE (*)**, el 92% de los pensionistas españoles viven en casas de su propiedad que, por otra parte, en muchos casos, han sufrido unos importantes incrementos de valor, y un tercio de ellos vive cerca del umbral de la pobreza, ya que las pensiones se encuentran entre las más bajas de Europa.

En estos casos, se da la circunstancia de que del esfuerzo de haber invertido sus ahorros en la vivienda habitual, y de las espectaculares subidas de valor de la misma, no se beneficiarán ellos, sino sus herederos. Y ello no es justo. No lo es que una persona malviva sus últimos años con una pensión mínima, mientras su piso sube de valor, sin que ello le beneficie lo más mínimo.

¿Y qué solución tiene esto? Sin vender la casa, claro, porque han de seguir viviendo en ella.

Hay productos que resuelven este problema: la Venta de la Nuda Propiedad de la vivienda y la Hipoteca Inversa. En ambos casos, se sigue viviendo de forma vitalicia en la casa.

Venta de la vivienda habitual, reservándose el usufructo vitalicio

¿Nuda propiedad? ¿Y eso qué es?

No se asuste. Es pura terminología jurídica, pero ahora mismo lo verá claro. La legislación permite que usted venda a una tercera persona su vivienda, pero se reserve para usted de forma vitalicia el usufructo o derecho de habitación de la misma: en otras palabras, que no tenga que marcharse de casa y pueda seguir viviendo en ella toda su vida.

Es también un caso muy habitual en las herencias en nuestro Derecho Común (Catalunya, Aragón, Baleares, Navarra, parte del País Vasco y Galicia tienen variantes específicas). Simplificando y generalizando mucho: en el caso de defunción de una persona casada, el piso pasa a ser propiedad de los hijos, pero el consorte superviviente conserva de forma vitalicia (por toda la vida) el usufructo o derecho a vivir en él.

Sí, conozco casos así a raíz de herencias.

Pues en esos casos los hijos poseen la *Nuda Propiedad* de la vivienda y su progenitor viudo, el *Usufructo*. Unos y otros por separado no pueden disponer de la vivienda: una vivienda con un usufructuario no puede venderse ni hipotecarse sin su permiso.

Nuda Propiedad + Usufructo = Plena propiedad

Al fallecer el usufructuario, de forma automática, quien posee la Nuda Propiedad pasa a poseer la Plena Propiedad.

Pues de lo que hablamos ahora es de la misma figura pero no originada en una defunción (mortis causa) sino en vida del o de los propietarios (inter vivos).

Vitalicio con venta de la Nuda Propiedad a un particular

Un ejemplo muy real y frecuente ayudará a comprender el caso. Imaginemos que la Sra. Matilde malvive con una modesta pensión, pero vive en un piso de su propiedad cuyo valor de mercado es de 450.000 euros. En teoría, a ella le da igual que los precios suban y su piso pase a valer 600.000 euros o un millón, porque ella ha de seguir malviviendo de su modesta pensión.

El Sr. Domingo, familiar, o simplemente conocido, es una persona solvente, siempre preocupada de sus inversiones que materializa en acciones, pisos, etc. y siempre atenta a las oportunidades de buenos negocios, para él y para su familia. Conoce y le interesa en concreto el piso de la Sra. Matilde porque ha pensado que cuando ella falte sería muy adecuado para sus hijos o nietos, o simplemente para alquilar.

Por mediación de un abogado conocido, (eso sí, ha de hacerse inexcusablemente en el despacho de un profesional del derecho), el Sr. Domingo compra a la Sra. Matilde la "Nuda Propiedad" de su vivienda. Aquí pueden darse dos casos:

    A.   Le paga en efectivo (con lo que puede contratar al día siguiente una **renta vitalicia (*)** en su banco habitual.)
    B.   O le paga mediante un flujo de rentas mensuales vitalicias.

En ambos casos, llegamos a lo que la Sra. Matilde quería: seguir en su casa de por vida y conseguir unas rentas vitalicias que le complementaran su escuálida pensión.

Pero, ¿y si luego el Sr. Domingo no le paga?
Exactamente. Hemos llegado a donde quería: la confianza. Si no le paga, el contrato queda resuelto por incumplimiento, y recuperará su Nuda Propiedad. Pero esto a doña Matilde no le soluciona nada: volvería al punto de inicio.

¿Entonces?

Hay que limitar el caso B del ejemplo anterior a casos muy especiales, procurando, si hay dudas, que se acuerde el pago mediante la opción A, y contratando posteriormente la **renta vitalicia (*)** en su banco habitual. El problema de la confianza queda definitivamente resuelto. Le he puesto en primer lugar el caso de un vitalicio con un particular porque es peculiar y porque en la vida real se da con bastante frecuencia.

Vitalicio con venta de la Nuda Propiedad a una compañía de seguros

Como ya se imagina, se trataría de la misma operación pero, esta vez, ya no realizada con una persona particular conocida, sino con una compañía de seguros especializada en estas operaciones. Es, por supuesto, más seguro y, además, pueden añadirse una serie de ventajas y servicios que un particular difícilmente le podría ofrecer.

La compañía de seguros le adquiere la Nuda Propiedad de su casa y, en paralelo, le contratará una **renta vitalicia (*).**

Hay otra buena noticia para doña Matilde. Hay compañías de seguros que, por razones comerciales, que no jurídicas, en su oferta genérica de estos productos se hacen cargo de los futuros gastos de comunidad e impuestos municipales de la vivienda aunque, según las leyes civiles vigentes, corresponden pagar al usufructuario y no al nudo propietario. En otras palabras, además de la renta vitalicia el usufructuario se ahorra gastos de comunidad e impuestos municipales (IBI), que son pagados por la compañía.

Está entendido. Parece una buena solución para los casos de personas millonarias en piedras y pobres en dinero.

Exactamente de ellas estamos hablando.

Pero, dígame una cosa que no acabo de entender, y ahora me refiero a la otra parte, a quien compra la Nuda Propiedad, sea un particular o una compañía de seguros. ¿Cómo y dónde hacen el beneficio? Porque claro, si contratan con un matrimonio de jubilados que tienen la suerte de gozar una buena salud... pueden pasar muchos años hasta que se produzca el fallecimiento del segundo de ellos y puedan tomar posesión de la casa. Comprar algo de lo que no se puede disponer hasta el cabo de unos años,

quizás muchos, sólo puede ser negocio si se adquiere a un precio notable-mente inferior al del mercado, ¿no es así?

Sí, efectivamente. En la fórmula antes mencionada Nuda Propiedad + Usufructo = Plena Propiedad; cada uno de los tres elementos tenía su valor. Es perfectamente comprensible que el valor de la Nuda Pro-piedad no sea igual al de la Plena Propiedad, aunque sea únicamente por lo más evidente: no se tiene acceso a la vivienda, puesto que ello corresponde exclusivamente al usufructuario. Por tanto, quien compra una Nuda Propiedad, sabe que se expone a pasar muchos años hasta poder disponer del bien comprado, y eso tiene su traslación en el pre-cio. Lo normal es que el diferencial de precios entre la Nuda y la Ple-na Propiedad sea mayor cuanto más joven sea el usufructuario.

Lógico.

Claro, si el usufructuario supera los 90 años, por ley de vida, el usu-fructo se extinguirá más o menos pronto y se obtendrá la Plena Propie-dad en un breve plazo.

Por otra parte, quien ostenta el usufructo vitalicio también tiene un derecho que es forzosamente cuantificable, aunque sólo sea a efectos tributarios.

¿Cuánto vale un usufructo? Y en consecuencia ¿cuánto va-le una Nuda Propiedad?

Eso, ¿cómo se calcula?

Mire, hay un componente subjetivo importante. El Sr. Domingo puede tener un enorme interés en hacerse con el piso de doña Matilde cuan-do ella fallezca porque quizás es su vecina y quiere en el futuro unir ambos pisos, o porque quiere cedérselo a un hijo para estar próximos. Si fuera así, estaría dispuesto a pagar mucho más por la Nuda Propie-dad que un simple inversor financiero como es una compañía de se-guros, (recuerde aquello del "valor de uso" y el "valor de cambio" co-mentado anteriormente al hablar de las inversiones en general).

En cualquier caso, la fijación del precio de la Nuda Propiedad es libre, abierta a negociación, y normalmente guarda proporción con el valor de mercado del piso, es decir, con el valor de la Plena Propiedad.

Ahora bien, Hacienda sí tiene muy claro cómo valorar la Plena

Propiedad y el Usufructo, a efectos de tributación.

¿Y Hacienda marca los precios?

No. Los precios los marcan las partes negociadoras, pero Hacienda tiene establecidas unas fórmulas para calcular los valores de la Nuda Propiedad y del Usufructo por los que hay que tributar en el momento de la transacción, conocido el valor de la Plena Propiedad, que es el valor de mercado o de tasación del piso.

Hacienda dice así: si en el momento de la transmisión, el usufructuario es menor de 20 años, el valor del derecho de Usufructo es el 70% del valor total de la vivienda. A partir de esa edad, el porcentaje se reduce un 1% por cada año que excede a esa edad, fijándose un mínimo del 10% del valor de la vivienda.

Por tanto, si la operación se realiza cuando la persona tiene, por ejemplo, 65 años, el valor del derecho de Usufructo a efectos fiscales será:

Valor del Usufructo = 70% - 1% (edad -19) = 70% - 1% (65 -19) = 24%
Valor de la Nuda Propiedad = 100 – 24 = 76%.

Creo que me estoy mareando. A ver: si una persona de 65 años vende la Nuda Propiedad de su casa, ¿Hacienda dice que el valor de esa Nuda Propiedad es el 76% del valor real de la vivienda total?

Exactamente.

Y ese 24 % de "descuento" con el que don Domingo compra la vivienda de doña Matilde es "el costo de no poder acceder a ella hasta que fallezca". Si doña Matilde tuviera 75 años, ese descuento sería sólo del 14%, mientras que, si tuviera sólo 50 años, sería sustancialmente mayor: el 39%. Un señor descuento, claro está: a cambio, don Domingo, debería quizás esperar varias décadas...

Ahora lo he entendido del todo. Pero en este tipo de vitalicios, al fallecer el titular o titulares, se pierde el usufructo y la renta vitalicia y ya no queda nada para los herederos, ¿No es así?

Sí, es efectivamente así. No queda nada de nada. Y el hecho luctuoso (la muerte del titular si éste es único, o del último titular superviviente, si son varios cotitulares) puede acaecer al cabo de muchísimos años, pero también al mes siguiente de la firma de los documentos.

Por ello, le hablaré ahora de dos productos que solucionan totalmente este problema a los titulares y a sus herederos: la *venta de la Plena Propiedad de la vivienda habitual y constitución de una Renta Vitalicia*, (si usted por la razón que fuere, no desea seguir viviendo en su casa), y la *Hipoteca Inversa* si es que desea seguir viviendo toda su vida en su casa. En ambos casos, al fallecer usted, sus herederos cobrarán. En el primer caso, la totalidad del importe invertido y, en el segundo, la parte no consumida en vida del valor de la casa. Veámoslo:

Venta de la Plena Propiedad de la vivienda habitual y constitución de una Renta Vitalicia

Puede darse el caso de que usted no desee, realmente, quedarse en su casa y no esté interesado en el derecho vitalicio de usufructo. Ello puede ser, entre otras razones, porque haya decidido ingresar en una residencia para la tercera edad, o trasladarse a vivir a casa de su hija, o por la razón que fuera. En estos casos, lo que le puede interesar es la venta de la Plena Propiedad de la vivienda habitual y la constitución de una **Renta Vitalicia (*).**

Hay compañías de seguros que, para constituirle una renta vitalicia, le ofrecerán los servicios de asesoramiento fiscal y legal para la venta de su piso, tratarán de intermediar para ayudarle en su venta, etc. Déjese aconsejar y ayudar.

En cuanto proceda a la venta de la vivienda, firme inmediatamente un plan de Rentas Vitalicias (no una sola, sino varias de importes fraccionados por si ha de cancelar alguna, recuerde lo comentado antes), y no olvide sus ventajas fiscales, ni tampoco de asegurarse de que es a "capital reservado", para que pueda rescatar el capital en cualquier momento y pase a sus herederos al fallecer, etc. Repase lo comentado anteriormente en relación a las **Rentas Vitalicias (*).**

Y, sobre todo, piense aquello de que en el momento de firmar algo con carácter vitalicio hay que estar seguro de que la otra parte, es decir la compañía de seguros, tiene una **esperanza de vida (*)** superior a la suya, es decir, fíjese bien en la solvencia de la compañía de seguros. Si es una filial de su banco de confianza, ningún problema.

La Hipoteca Inversa. Una novedad, de momento sin el éxito esperado

La Hipoteca Inversa permite dar liquidez a los patrimonios inmobiliarios que, al constituir viviendas habituales y por tanto no poder ser vendidas, están "inmovilizados". Al contrario que en la fórmula de los vitalicios tradicionales con venta de Nuda Propiedad que hemos visto antes, los titulares conservan de por vida la plena propiedad de la vivienda (no únicamente la posesión o usufructo) y se preservan también los derechos de los futuros herederos.

Esto parece muy interesante.
Sin duda, lo es.

Pero, ¿por qué se llama inversa? ¿cómo funciona? ¿quién paga la Hipoteca?
Nadie la paga. Es una hipoteca que "se cobra", no se paga, al menos hasta el fallecimiento del o de los titulares. Hasta ese momento no se paga ni un céntimo, ni siquiera los gastos iniciales de constitución, notario, Registro e impuestos.

En realidad, lo que se firma es un crédito con garantía hipotecaria. Ese crédito tiene un límite que está en función del valor de su vivienda (que queda como garantía hipotecaria) y, como es lógico, de su edad.

En función del valor de la casa y de las edades, el banco se compromete a abonarle al titular o titulares una determinada pensión o renta vitalicia desde el mes siguiente a la firma de la escritura hasta el fallecimiento del último de los titulares (de hecho éste es el caso más simple y generalizado, aunque puede haber otras variantes, que aquí no planteamos).

¿Pero la casa sigue siendo de los titulares, y los hijos la heredarán? ¿Transcurran los años que transcurran? ¿Cómo es posible esto?
Es posible porque, en el momento de la contratación, se hacen determinadas operaciones simultáneamente. En primer lugar, se analiza la **esperanza de vida (*)** de los titulares, y se constituye una cuenta de crédito con garantía hipotecaria con el plazo equivalente a esa esperanza de vida. Esta hipoteca tiene dos fases: una fase de disposiciones para pagarle las pensiones a los titulares y una segunda fase en la que ya únicamente se acumulan los intereses.

Simultáneamente, se constituye una **Pensión Vitalicia Diferida PVD** (*), cuya prima única también se carga a la cuenta de crédito anterior. Esa PVD le permite seguir cobrando su pensión de forma vitalicia más allá de la fecha de vencimiento de la primera fase del crédito.

Al mismo tiempo, se cargan también al crédito todos los gastos asociados, notarios, registros, gastos e impuestos. El titular no paga un céntimo en todo el proceso y, al mes siguiente, inicia el cobro de una pensión vitalicia del importe que el banco le haya comunicado. La casa sigue siendo suya, con una hipoteca.

Pero el crédito vence por el camino, ha dicho.
No, vence únicamente la primera fase del crédito, la fase de disposiciones, pero el crédito no vence hasta algunos meses después del fallecimiento del último titular. Nadie le va exigir ningún pago mientras viva uno de los titulares.

¿Y, mientras tanto, el crédito no se paga?
No se paga nada. Ni gastos, ni capital ni intereses. Nada de nada. La cancelación es al vencimiento. Todo se va acumulando al crédito: los gastos iniciales, la prima de la PVD, y cada uno de los importes de las pensiones abonadas mes a mes. Todo ello, más los intereses, permite que en cada momento exista un saldo "dispuesto" de la cuenta de crédito, obviamente tanto mayor como más años transcurran. La deuda, al vencimiento (fallecido el último titular), es el saldo que se ha dispuesto de la hipoteca inversa a esa fecha.

¿Y entonces qué ocurre?
Una vez conocedor del fallecimiento, el banco interrumpe los pagos y fija el "saldo dispuesto" hasta esa fecha. Entonces, los herederos, sean quienes sean, pueden optar por uno de estos tres caminos, que no difieren demasiado de los que se presentan en cualquier otra propiedad heredada con una hipoteca:

> ● Cancelar la hipoteca inversa mediante el pago **cash** (*) de la deuda acumulada.
> ● Constituir una nueva hipoteca a largo plazo a su nombre, procediendo a la cancelación de la hipoteca inversa.
> ● Vender la vivienda para cancelar la deuda, quedándose con el sobrante.

Parece un buen producto. ¿Hace mucho que existe? ¿Y por qué ese nombre?

El nombre es el internacional. En inglés se conoce como "Reverse Mortgage". Aquí también se le conoce así, aunque comercialmente algunas entidades le llamen Pensión Hipotecaria o Pensión Vivienda.

Se inició tímidamente en España, aproximadamente en los años 2002-2003, pero está avanzando muy despacio. De hecho, no está teniendo, ni de lejos, el éxito esperado. Únicamente un par de bancos (concretamente cajas) le han dado impulso comercial. Los demás no lo promueven demasiado porque, cuando se hacen "los números", no salen muy brillantes.

¿Los números?

La pensión suele resultar bastante modesta. Para que salgan pensiones interesantes, los titulares han de tener una edad bastante avanzada. Esta operación no es para firmar a los 65 años, sino bastante más adelante, y ello a pesar de que el gobierno ha decretado una serie de ayudas para favorecer la hipoteca inversa, como la exención total del impuesto de Actos Jurídicos Documentados y una sustancial rebaja en los aranceles notariales y registrales. Pese a ello, el producto no acaba de arrancar: la situación del mercado inmobiliario tampoco ayuda.

Ejemplo

Jacqueline tiene 30 años, no es rica pero tiene un sueldo razonable y una seria preocupación acerca de la pensión que llegará a cobrar el día que se jubile. Sabe que en esos años de la tercera edad deberá vivir exclusivamente de la pensión pública y de las privadas que sea capaz de planificar a lo largo de su vida laboral.

Está convencida de que habrá de sacrificar sistemáticamente una parte de sus ingresos para dicho propósito. Por ello, decide abrir un plan de pensiones. Para empezar contrata un plan mixto 70-30, (que invierte el 70% en Renta Fija y un 30% en Bolsa), que piensa ir modificando a lo largo de los años. No sabe muy bien qué cantidad podrá aportar anualmente, así que, haciendo caso a Samuel, su banquero asesor, contrata unas aportaciones mensuales periódicas por una cantidad modesta, 100 euros, que previsiblemente podrá mantener siempre, y se reserva la posibilidad de decidir, antes de acabar el año, qué

---

aportación extraordinaria adicional realizar.

Aunque tiene muy claro que, cuando ella llegue a los 65 años, la edad de la jubilación legal ya se habrá retrasado en varios años, efectúa los cálculos como si pudiera continuar jubilándose a los 65 años.

Contrata un plan, como hemos dicho, con una aportación sistemática de 100 euros al mes, y decide que cada año se le incremente un 4%. Por otra parte, todos los meses de diciembre durante los 35 años en los que nutre su plan de pensiones, decide aportar, para simplificar, otros 1.800 euros como aportación única y extraordinaria, y que cada año también se incrementa un 4%. De esta forma, Jacqueline aporta a su plan un total de 3.000 euros el primer año, y la misma cantidad incrementada en un 4% durante los años sucesivos. Es posible que algunos años no aporte absolutamente nada extra, pero, en otros, su aportación sea superior. Para que nosotros podamos llegar a alguna conclusión, suponemos que estas cantidades que mencionamos son un promedio anual total, y también asumimos que obtiene una rentabilidad promedio de un 4% anual entre los diferentes planes en los que irá concentrando sus **derechos consolidados (*)** a lo largo de los años.

Con los datos anteriores, Jacqueline habrá aportado a su plan de pensiones 220.943,24 euros, y habrá obtenido a lo largo de los años unos rendimientos de 183.095,86 euros, lo que totaliza unos **derechos consolidados (*)** de 404.039,10 euros. Con ello, le aseguran una pensión vitalicia de 1.901,29 euros al mes.

Durante los 35 años, habrá reducido su Base Imponible General del **IRPF (*)** en 220.943,24 euros y, suponiendo que su tipo marginal de sea del 37%, se habrá ahorrado el pago de impuestos por la cantidad de 81.749,00 euros. 2.335,69 euros de promedio anual. En otras palabras, de los 220.943,24 euros aportados al plan de pensiones, ella ha puesto realmente 139.194,24 euros (el 63%) y los 81.749,00 (el 37%) se los ha puesto Hacienda, es decir, el resto de ciudadanos. No está nada mal.

Jacqueline ya es consciente de que a partir de aquel momento, y durante todo el resto de su vida como pensionista, deberá tributar por la pensión vitalicia que cobre. Pero, en general, está contenta con el planteamiento general y los números resultantes de las simulaciones.

Un día se lo explica a Kevin, su colega en el trabajo y amigo. Le habla de la necesidad de pensar en el futuro y le convence para visitar a su mismo asesor, para que le haga también unas simulaciones adecuadas a su caso. Kevin tiene un perfil idéntico a Jacqueline, misma edad, mismos ingresos, mismas circunstancias personales. Y, para simplificar, acuerda contratar un plan de pensiones clónico al de Jacqueline, con idénticas aportaciones, etc. Samuel le calcula que, al cabo de los 35 años Kevin dispondrá, como es natural, los mismos 404.039,10 euros de **derechos consolidados (*)**, y le anuncia que su pensión mensual vitalicia sería de 2.348,39 euros al mes.

Jacqueline, sorprendida, salta de la silla diciendo: —*¿Cómo puede ser que él cobre 2.348,39 euros al mes y yo únicamente 1.901,29 euros?*

Samuel, relajado, con la seguridad adquirida al haber respondido a la misma pregunta multitud de veces, la observa por encima de sus gafas y afirma: —*Tú eres mujer Jacqueline. Tu **esperanza de vida (*)** de acuerdo con las tablas actuariales que maneja nuestra compañía de seguros (y todas las del mundo) es varios años superior a la de Kevin. No es que el sistema sea perversamente misógino, es un simple cálculo actuarial que efectúan por igual todas las compañías de seguros del mundo. Kevin, y todos los de su género, estamos llamados a vivir menos años, alrededor de unos cinco, por eso se nos calculan unas pensiones algo superiores.*

—*¿Y la pensión pública de la Seguridad Social, también será distinta?*, replica Jacqueline.

—*No. Hay quien lo sugiere, pero no. Estate tranquila.*

Cálculos efectuados de acuerdo con la legislación aplicable en el año 2009.

Resumen

● Las edades reales de jubilación no están relacionadas con la esperanza de vida. Cuando, allá por los años cuarenta, se fijó la actual edad legal de jubilación en los 65 años, la esperanza de vida en Europa era de 55 años, aprox. Hoy, la esperanza de vida supera los ochenta años, y algunos científicos opinan que ésta crecerá en el futuro al ritmo de un año cada año, llevando a la quiebra a todos los sistemas de previsión social del mundo si no se reestructuran y adecuan. Lo que sin duda harán.

● Es prudente pensar que usted no va a poder cobrar una pensión pública que le permita llevar un nivel de vida razonablemente similar al que tuvo durante su vida laboral. Por lo tanto, por difícil que sea, trate de ahorrar en paralelo con esa finalidad.

● El Estado le ayudará generosamente de diferentes maneras a crear una hucha que en el futuro pueda transformarse en unas pensiones vitalicias complementarias y paralelas a la del Estado, a su vez con prerrogativas fiscales.

● No hay otro camino que el ahorro individual y sistemático.

● Si lo hace a través de los *Planes de Pensiones o Planes de Previsión Asegurados*, tendrá importantísimas desgravaciones fiscales, pero con el inconveniente de que su dinero no podrá ser recuperado hasta el día en que se jubile.

● Si opta por un *PIAS*, no disfrutará de ninguna desgravación hoy, pero el día de su jubilación, si se dan determinadas circunstancias, tendrá exención fiscal de todos los rendimientos acumulados a lo largo de los años.

● Un buen consejo sería materializar sus ahorros al 50% en cada uno de estos dos bloques de productos fiscalmente protegidos. Con ello tendría liquidez del 50% de sus ahorros, y desgravaciones tanto hoy como el día de su jubilación.

● Cualquier *otro tipo de inversión* sería igualmente válida, aunque no gozaría de desgravaciones. El objetivo final sería acumular un patrimonio que en el momento de su jubilación se transformara en una Renta Vitalicia, complementaria a sus pensiones, a su vez también con ventajas fiscales.

● Si es propietario de su vivienda puede optar por complementar su pensión mediante la venta de la Nuda Propiedad de su vivienda, conservando el usufructo de forma vitalicia.

● Aunque si no quiere perjudicar a sus herederos, puede optar por la venta de la vivienda y con el producto obtenido constituir una Renta Vitalicia a "capital reservado", o bien decidirse por la firma de una Hipoteca Inversa.

9

He de hacer la Declaración de la Renta

"Evitar los impuestos es el único esfuerzo intelectual que tiene recompensa."
JOHN MAYNARD KEYNES.
Economista británico (1883-1946)

"El arte de los impuestos consiste en desplumar el ganso de forma que se obtenga la mayor cantidad de plumas con la menor cantidad de protestas."
JEAN-BABTISTE COLBERT.
Político francés (1706-1790)

"Lo más difícil de comprender en el mundo es el impuesto sobre la renta."
ALBERT EINSTEIN.

Qué fuerte lo que dice Einstein, ¿no?
La verdad que es que sí. Supongo que debería tratarse de una broma encaminada a dar pena y suplicar compasión a algún inspector de Hacienda, quien, entre multas, sanciones y recargos, le manifestaría, a su vez, su personal incapacidad para entender la Teoría de la Relatividad.

Keynes tampoco se queda corto. En realidad, las tres citas son muy potentes. Pero pienso que, hoy en día, tanto Einstein como Keynes harían su declaración de renta sin excesivos "esfuerzos intelectuales", porque imagino a ambos dominando los ordenadores personales y sin ningún problema para "bajarse" el programa **PADRE (*)** de la web de Hacienda. Las cosas han cambiado mucho en estos últimos años y "el calvario" de la renta ya va dejando de serlo, al menos para una gran mayoría de personas. Aquellas escenas de varios fines de semana rodeados de papeles y calculadoras, han pasado definitivamente a la historia.

Como es lógico, existen problemáticas complejas o muy complejas que siguen precisando de gestión altamente cualificada y profesional, pero para la gran mayoría de ciudadanos el trámite se ha simplificado mucho.

El trámite, quizás sí, pero los conceptos... ¡siguen siendo abstrusos e indescifrables!

Se han simplificado mucho y, sobre todo, tienen una lógica interna irrefutable. Aunque comprendo que para la mayoría de las personas sigue siendo un auténtico galimatías. Aquí hay que recurrir al familiar, al amigo, vecino o a ese famoso cuñado *"enterado"* que parece tener todo el mundo. O a la propia Hacienda. O bien a un asesor profesional, claro está. Yo le recomiendo uno de estos dos últimos: Hacienda (le darán hora y le confeccionarán la declaración gratis, e incluso le proporcionarán asesoramiento telefónico) o un asesor profesional.

Con la experiencia de realizar bastantes declaraciones al año a familiares y amigos, ¿quiere que le dé mi opinión personal?

Sí, claro

Como en todo en la vida, hay que ponerse en manos de profesionales. Nadie que no se dedique profesionalmente al tema todos los días del año con exclusividad, puede estar enterado de lo que quizás precisamente hoy usted necesita. Los *"enterados"* amateurs sabemos cosas, pero, ni mucho menos, todas, y quizás ignoramos precisamente aquello que justamente le afecta a usted. Vaya, que no somos de fiar.

Otra conclusión a la que voy llegando es que, hoy en día, en muchos casos (aquellos más sencillos) y en determinados entornos y ejercicios fiscales, el hecho de no poderse confeccionar la propia declaración de renta es debido más a la carencia de conocimientos tecnológico-informáticos que fiscales.

Para quien únicamente tenga nóminas y otros ingresos sometidos a retenciones, y aunque tenga desgravaciones porque invierta en vivienda y en planes de pensiones, el ordenador de Hacienda es capaz de hacerle llegar a su domicilio un borrador de declaración que, salvo errores (que, hoy por hoy, los hay, y muchos), lo incluye todo, y simplemente ha de repasarse que todo es correcto y cuadra con sus circunstancias personales y con lo que usted sabe por los documentos llegados de su empresa, de sus bancos, etc. Se acepta y confirma por teléfono, por mensaje sms, por internet, a través del cajero automático o la ventanilla de su banco. O, en su caso, corregirlo y confirmarlo.

Y cuando acuden a un especialista para repasar el borrador recibido, muchas veces la gestión dura 5 minutos porque simplemente deben cambiarse únicamente dos o tres cosas. ¡Pero hay que saber cuáles!

¡Claro! ¡Hay que saber cuáles! Hay que saber lo que dice la ley. Si no lo sabes, tienes problemas. Y es del todo imposible que nos conozcamos todos los aspectos de la ley.

Sí, es la verdad. Le pongo un ejemplo bien fácil y real: las personas que quedan viudas tienen una deducción en el IRPF de ese ejercicio y en los dos siguientes. Es una deducción por el fallecimiento puntual, no por el hecho de ser viudo. Eso, hoy por hoy, los borradores que envía Hacienda no lo contemplan, porque no saben del hecho luctuoso. Y como usted no sepa que tiene derecho a una deducción, se queda sin ella, claro. Lo grave del caso es que usted no sólo ha de saber que la deducción existe, sino que ha de tomar buena nota para, en su día, explicarle el caso a su *"experto"*, porque si usted no se lo dice, él no sabrá que usted ha enviudado en los últimos tres años, y no le aplicará la deducción. Por muy buen fiscalista que sea. Y es que, además, esta deducción es autonómica, concretamente catalana, con lo que, si su *"experto"* está en otra comunidad, difícilmente la tendrá presente. Es un lío todo esto, sí.

Como ve, los asesores fiscales tienen su trabajo asegurado de por vida. Y cada día más.

Los asesores fiscales tienen su trabajo asegurado de por vida

Ahora no le entiendo. ¿En qué quedamos? Los fiscalistas ¿tienen más o menos trabajo?

Más. Cada vez más, y es un proceso que parece que no tiene fin. Todas las Administraciones Públicas, Estados, Comunidades Autónomas, Diputaciones, Ayuntamientos, regulan más las diferentes actividades profesionales y personales, legislan excepciones, discriminaciones, desgravaciones específicas, etc. En fin, que el grado de complejidad es cada vez mayor. Cada autonomía, además, añade su grano de arena al lío del **IRPF (*).** Y no digamos cuando combinamos nuestra complejidad fiscal con la de otro país, en las operaciones transnacionales, cuando alguien tiene ingresos y retenciones en diversos países. Hoy, cualquier decisión económica financiera que tomemos tiene una trascendencia fiscal importante y es en ese momento cuando hay que asesorarse bien; es entonces cuando hay que consultar al asesor. Luego, una vez la operación está cerrada, aún queda margen de actuación, pero una vez terminado el año, ya no hay nada que hacer, salvo la declaración en el siguiente mes de mayo.

Un asesor fiscal le puede orientar de forma decisiva en el momento de crear un negocio, recomendándole la forma jurídica más adecuada en cada caso (evaluando las ventajas de crear para ello una sociedad específica o bien regentarlo como empresario individual autónomo); pueden ser imprescindibles en algunos casos de herencias, al objeto de minimizar los impactos fiscales globales y agregados en los impuestos de Sucesiones y Donaciones y en el **IRPF (*)**; pueden recomendar en cada momento las posibles deducciones de gastos en la tributación de los autónomos, tan distinta a la de los asalariados, etc.

No confundamos el trabajo cualificado de un asesor fiscal, que interviene en prácticamente todas las transacciones de naturaleza jurídico-económica (pues llevarlas a cabo de una u otra forma puede tener unas consecuencias en la factura fiscal muy relevantes), con el ejercicio de la confección de los impresos de la declaración de renta un día en el mes de mayo. Esto último es lo menos relevante, es un trabajo administrativo y mecánico, cada vez más sencillo, y en el que los ordenadores y la telemática cobran cada día mayor protagonismo.

La verdadera labor del fiscalista se realiza a lo largo de los 365 días del año anterior. El día 366, en mayo del año siguiente, ya no hay margen de maniobra; simplemente hay que plasmar "lo que se hizo". La verdadera gestión fiscal se hace mucho antes.

La declaración propiamente dicha ya se la hace Hacienda o el programa **PADRE (*)**. La gestión debe haberla hecho anteriormente usted.

Pero ¿cuándo?
Pues, por ejemplo, cuando decide abrir una **cuenta de ahorro vivienda (*)**, cuando decide la aportación anual a un plan de pensiones, cuando vende un **fondo de inversión (*)** con plusvalías (que quizás, analizándolo bien, podría haberse evitado o demorado), cuando determinada operación la adelanta o la retrasa al mes de enero del próximo año para, no sólo demorar, sino reducir su impacto fiscal, cuando amortiza parcial y anticipadamente su **hipoteca (*)** sin estudiar a fondo el costo fiscal de su decisión, en fin, un sinnúmero de casuísticas

que se presentan de forma cotidiana y que tienen unas secuelas fiscales a veces muy importantes.

Resumen

● La problemática fiscal es, teóricamente, cada vez más complicada. Todas las Administraciones Públicas, Estados, Comunidades Autónomas, Diputaciones, Ayuntamientos, regulan más y más las diferentes actividades empresariales, profesionales y personales, y legislan excepciones, discriminaciones, desgravaciones específicas, que hacen que el grado de complejidad sea cada vez mayor. Cada autonomía además añade su grano de arena al lío del IRPF: Los asesores fiscales tienen su trabajo asegurado de por vida.

● No obstante lo anterior, el proceso estrictamente administrativo de la confección de la declaración con el programa PADRE y/o de la aceptación o modificación del borrador recibido de Hacienda es cada vez más simple.

● Muchos ciudadanos sin demasiada complejidad fiscal, han visto cómo recientemente se les ha simplificado el proceso de una forma espectacular.

● En algunos casos, la verdadera dificultad es la carencia de los necesarios conocimientos informáticos, no fiscales.

● Si precisa ayuda acuda a Hacienda o a un profesional. Desconfíe del amigo "enterado": puede ser que ignore precisamente aquella desgravación aplicable en su caso.

● No deje su problemática fiscal para el día de la declaración. Ese día ya no hay nada que hacer. Plantéese sus dudas a lo largo del año anterior.

10

La información continua:
me gustaría poder llegar a calibrar de qué manera me
afectan a mí personalmente todas esas noticias que,
diariamente y a todas horas, insisten en ponerme al día
sobre de las cotizaciones del dólar, la evolución de las
bolsas mundiales, del precio del barril de petróleo, de los
tipos de interés y de la inflación, y que, en general, tanto
me cuesta entender

El hombre está dispuesto siempre a negar todo aquello que no comprende
BLAISE PASCAL

Es verdad, nos agobian, a diario, y con noticias sobre determinados temas
que, a veces, nos cuesta entender.

¿A veces, dice? ¡Casi nunca entiendo lo que me dicen! Pero, lo peor no es
eso; lo que me crea inseguridad es no entender el "por qué me lo están
diciendo". Si me dicen algo a diario, intuyo que debe ser importante, y
que me afecta. Y si no lo entiendo, me crea inseguridad. Me preocupa no
entender algo importante. ¿O no lo es?
Porque, claro, también me machacan, a diario y a todas horas, con in-
terminables declaraciones de un sinfín de futbolistas, entrenadores y comentaristas deportivos, acerca de unas supuestas jugadas conflictivas y
errores arbitrales, que le supusieron el partido a no sé qué equipo, en no
sé qué vital competición. A mí, estas declaraciones me dejan indiferente.
Las otras, me crean inseguridad, porque no sé porque me las explican.
Por ejemplo, ayer iniciaron el telediario con una, aparentemente, gran
noticia acerca de una supuestamente importante caída del euro frente al
dólar, que a la hora de la verdad, según pude ver, eran únicamente unos
pocos céntimos por dólar, aunque parece que ya llevaba varios días así.
¿Es esto tan importante? ¿Es lógico que me lo pongan de titular destaca-
do en la prensa diaria y en la televisión? ¿Es lógico que desayune diariamente sabiendo que la bolsa de Tokio cerró la noche anterior con un des-

censo de 0.8 puntos (por cierto, no sé qué es un punto), y que Wall Street tuvo un cierre "indefinido"?

Antes de nada: un "punto", es una unidad del índice. Si, por ejemplo, el índice **IBEX 35 (*)**, pasa de 11.450 a 11.479, sube 29 puntos, 11.479– 11.450 = 29, lo que equivale a un 0,25%, ya que 29 *100 / 11.450= 0,25%. A veces, explican los cambios en puntos y a veces en porcentajes. Cosas de la jerga. No tiene más complicación.

¿Por qué lo hacen?

Pues porque, a veces, y depende del índice al que nos referimos, una subida de 29 puntos puede ser mucho, y a veces, poco. Depende. Por ejemplo, si estamos hablando del **Eurostoxx 50 (*)**, que estaba en 3.360 puntos, una caída de 29 puntos supone una pérdida del 0,86%, pero si esa misma caída de 29 puntos es en el **Nasdaq (*)**, que estaba a 1.872 puntos, supone un retroceso del 1,55%, casi el doble.

Por último, en el caso real que me comenta del índice **Nikkei (*)** de Tokio, pongamos que estaba a 12.834 puntos. Un descenso de 0,8 puntos representó tan sólo un descenso del 0,01%, es decir, prácticamente nada: Tokio cerró plano. Sin una tendencia clara: "indefinido", como **Wall Street (*)**.

Por ello, a veces, además de explicarnos la variación en puntos, nos aclaran lo que suponen, esos puntos, en porcentaje. Me parece muy necesario para entender la dimensión relativa de la variación, como ha podido ver.

Y con respecto a su pregunta: pues no lo sé. Quizás la noticia de que ayer la bolsa de Tokio cerrara sin cambios, es decir, plana, suponía una muy buena noticia después de varios días de bajada, o bien, por el contrario, un cambio de tendencia después de varios días de continuas subidas.

Entendido

Con respecto a lo demás, excepto en lo que hace referencia a la problemática diaria de los futbolistas, pienso que tienen razón los redactores de los informativos. Son generalmente temas importantes y que nos afectan, y es lógico que nos informen a diario de ellos. Lo que hace falta aquí es una labor de pedagogía por parte de la prensa. Quien prodiga las noticias debería estar seguro de que su audiencia las entiende.

En mi modesta opinión, debería ser labor de los medios periodísticos acercarse a su audiencia y hacer sus mensajes entendibles y, si es el caso, mediante los ejercicios de pedagogía que fueran necesarios para lograrlo. Se trataría de una función "extra" del periodismo: conseguir que la audiencia entienda lo que se le quiere decir.

Ahora bien, quede claro que hablo del periodista como eslabón final y último recurso subsidiario, porque pienso que debería ser el sistema educativo básico el que debería preparar a los jóvenes escolares para poder entender un telediario en su integridad, de la misma forma que, en mi modesta opinión, debería dotarlos, a su vez, de los conocimientos más elementales acerca de, por ejemplo, cómo instalar un enchufe, cómo coser un botón, los principios mínimos de bricolaje casero, las normas elementales del tráfico y la conducción de automóviles, el manejo de una lavadora y, finalmente, cómo cocinar los platos más elementales de nuestro entorno cultural. A la vista de lo que contemplo, a veces pienso que, definitivamente, espero demasiado de un sistema educativo.

Estoy bastante de acuerdo en lo que dice, siempre que no se soslaye la responsabilidad última de los padres en el proceso. Coincidirá conmigo en que hay cinco temas recurrentes en los informativos:

- **la cotización del dólar.**
- **la evolución de las bolsas.**
- **el precio del barril de petróleo.**
- **la evolución de los tipos de interés.**
- **la evolución de la inflación.**

A mí, de todos ellos, lo que realmente me interesa es llegar a comprender en qué medida me afectan ¿me puede ayudar en el empeño?
Espero que sí. A ver, intentémoslo. Usted pregunte.

Las consecuencias de la cotización dólar/euro

Dígame: ¿Por qué fue tan importante el hecho de que el dólar cotizara unos céntimos más alto frente al euro, que anteayer? De hecho, hoy acabo de oír que ha vuelto a subir frente al euro, otras pocas décimas.
Pues, realmente, no lo sé pero, por lo que me dice, puede ser una noticia importante. Si lleva varios días así, quizás se está marcando un

cambio de tendencia. Tal vez puede ser un síntoma de un cambio de ciclo. Piense que llevábamos años de caída del dólar frente al euro y, quizás, por lo que me dice, parece que se podría consolidar un cambio en la tendencia. O no. Habría que ver qué comentaron los periodistas, y si añadieron la opinión de algún experto. Pero, en cualquier caso, es una noticia relevante.

¿Por qué?

Pues porque el dólar había estado en caída libre frente a todas las divisas durante bastantes años. Ello ha supuesto, entre otras cosas, que los grandes países exportadores de la zona euro, Alemania, Holanda y Francia primordialmente, hayan tenido dificultades en colocar sus productos en los mercados mundiales del dólar. Estoy hablando, entre otros muchos, del Airbus, de los Mercedes, Siemens, Philips, Unilever, Volkswagen, Bayer, Schneider, Alstom, Alcatel, Basf, Bosch, BMW, etc. Si se confirmara que termina la fase del dólar débil y sube, por un lado, sería una buena noticia para ellos (y para nosotros, pues sus trabajadores nos compran coches, fruta, etc. y vienen a pasar el verano entre nosotros).

Por otro lado, dado que la mayoría de las mercancías estratégicas, como el petróleo, la energía y el gas, se denominan en dólares, y nosotros somos importadores de todos ellas, eso supone una mala noticia para todos los europeos: petróleo caro, gas caro, incremento de precios, pérdida de competitividad, descenso de exportaciones, incremento de importaciones y, si nada lo remedia, descenso del crecimiento económico y más paro.

Pero, ¿por qué es tan importante el dólar? ¿Por qué la divisa de un simple país domina tanto en los mercados internacionales, incluso en las transacciones entre países ajenos y lejanos a los propios Estados Unidos? ¿Por qué el dólar influye en el precio que, por ejemplo, pagamos los españoles a Argelia al comprar su gas? ¿Qué tiene que ver la moneda de los Estados Unidos de América en una transacción comercial entre dos países mediterráneos vecinos?

Con esta pregunta que me hace, creo que tocaremos fondo. Para ello nos hemos de retrotraer al final de la segunda guerra mundial. Se considera que la dominación de los EE.UU. sobre el mundo se basaba en dos pilares: su hegemonía militar y el hecho de que el dólar fuera una moneda de reserva.

Al acabar la segunda guerra mundial, los EE.UU. adquirieron el privilegio de que su moneda, el dólar, fuera moneda de pago mundial y moneda de reserva. Ello fue así porque se eliminó el "patrón oro" como respaldo del dólar por una sencilla razón: no había en el mundo suficiente oro como para respaldar las enormes emisiones de **billetes verdes** (*) que se llevaron a cabo para financiar la guerra. El resto de monedas del mundo siguieron su ejemplo y también se desvincularon del oro.

Mediante el **Banco Mundial** (*) y el **Fondo Monetario Internacional** (*) los EE.UU. impusieron el dólar como moneda para las reservas de todos los países del mundo. Debido a que los países, de hecho, sus **bancos centrales** (*), guardaban grandes cantidades de dólares para materializar sus reservas, y las mercancías más estratégicas (petróleo, gas y minerales) se compraban en dólares, se podían utilizar para comprarlas sin tener que cambiar de divisa. De esta forma, no se incurría en ningún riesgo de cambio. Y, de paso, se estaba a buenas con el "Boss".

Todo iba bien. Los EE.UU. emitían todos los dólares que precisaban para sus intervenciones económicas y militares en el globo, sin tener que guardar ninguna proporción ni con el oro ni con ninguna magnitud macroeconómica americana, porque todo el mundo aceptaba los **billetes verdes** (*) sin rechistar, y así se convirtieron en el más importante medio de pago mundial.

Intuía algo así.
Fue el fin del sistema monetario del patrón oro, según el cual, cada billete emitido representaba una parte de las reservas de oro que el **banco central** (*) emisor correspondiente mantenía en sus bodegas. La diferencia está en que, mientras que el dólar tenía total libertad de emisión y nada limitaba sus emisiones, las del resto de **divisas** (*) del mundo estaban, y están, limitadas por las reservas que su **banco central** (*) tiene, no ya de oro, sino de dólares. Así el dólar sustituyó al oro. Sin límite alguno, mientras su poderío económico, político y militar lo sigan permitiendo.

Pero esto ¿es sostenible?
Me temo que, como mínimo, es dudoso a largo plazo. Pero mi opinión, créame, no vale absolutamente nada en este escenario. Por el contrario, la opinión de Ronald Ernest Paul, congresista republicano por Texas en la Cámara de Representantes del Congreso de los Estados Unidos,

es otra cosa. Habrá notado los matices: republicano y de Texas. Afirma: *"los imperios se han sostenido por la continua expansión y explotación, y cuando ya no pueden seguir haciéndolo, entonces se colapsan"*. Y sigue: *"los Estados Unidos hacen lo mismo a través de la emisión de dólares que no están referenciados a una mercancía, como podría ser el oro"*. Según Ron Paul, *"las guerras y los conflictos en los países que producen petróleo suceden para mantener la hegemonía del dólar"*.

¿Las guerras para mantener el dólar y, por tanto, la hegemonía americana?
No sé. Es conocido que los EE.UU. lograron en 1975 que la **OPEP (*)**, mediante un acuerdo nada secreto, aceptara comercializar el petróleo sólo en dólares, a cambio de armar a las monarquías medievales del Golfo hasta los dientes.

¿Qué fuerte, no?
Cualquier hemeroteca lo explica. De hecho, y de alguna manera, se podría decir que el dólar dejó de estar vinculado al oro, para pasar a vincularse, en la práctica, al petróleo de Oriente Medio.

El dólar y el eje del mal

Pero ahora tienen problemas, me parece, ¿no?
Sí claro. Irak, en el año 2000 convirtió sus transacciones petroleras al euro. (No sé si hace falta aclararlo, pero un minuto después de la invasión americana, volvieron a cotizarse en dólares). Las cosas están cambiando con la creación del euro. En 2002, Irán cambió todas sus reservas de dólares a euros. Corea del Norte hizo lo propio también a finales de 2002.

¡El eje del mal!
¡En pleno! El podium del eje del mal al completo. El alter "trío de las azores". Existía el peligro (y se dice que el miedo) de que los países de la **OPEP (*)** llegasen un día a proponer seriamente la adopción del euro (o, más probablemente, un índice sintético, compuesto de un mix de euro + yen + dólar, en determinadas proporciones, a negociar) como unidad de medida del precio del petróleo. De hecho, es un tema recurrente en las reuniones de la **OPEP (*)**. En todas ellas, existen dos bloques: los quieren desvincular el precio del petróleo del dólar (países del eje del mal, en general, Venezuela, Irán, Ecuador) y Arabia Saudita con todo el bloque de países aliados de los EE.UU. que, por el momento, imponen sus tesis.

El tema sigue planteándose en todas las reuniones, aunque, de momento, no se ven, en mi modesta opinión, probabilidades de cambios a corto o medio plazo en la escena política internacional que puedan permitir semejante cambio.

Hay quien opina que la guerra preventiva en Irak pretendía, más que el control de la tercera reserva mundial de petróleo, advertir al mundo en general, y a algunos aliados de los EE.UU. en particular, que estaban dispuestos a mantener, por cualquier medio, los privilegios del dólar, amenazado por el gigantesco déficit comercial de EE.UU. y por la creación del euro.

¡Caray! ¿Tan importante es nuestro euro?
Parece que sí. Hoy, los euros suponen el 37% de las transacciones internacionales y el 20% de las reservas de divisas mundiales. Al dólar le ha salido una competencia sólida. Y peligra, claro, aunque el euro no parece ser, a mi modo de ver y por el momento, una alternativa real.

Así, el dólar, contrariamente a lo que parece, ¿puede llegar a ser una moneda débil?
El verdadero motivo del riesgo del dólar de dejar de ser moneda universal es que el sistema económico mundial se encuentra fundamentado en una pirámide invertida de deudas: los EE.UU. deben más del 160% de su **PIB (*)**, lo que constituye nada menos que el 50% de la deuda mundial.

¿Los americanos morosos?
No. Y no porque paguen, porque renuevan una y otra vez la deuda, igual que todos los estados, sino porque todos aceptamos los dólares como buenos e indiscutibles, a pesar de los datos macroeconómicos en los que se asientan. Piense que los EE.UU. deben al exterior tanto como todo el resto de países del mundo juntos. Es inimaginable lo que diría el **FMI (*)** si analizara a los EE.UU. con el mismo rasero que aplica con respecto al resto de países del mundo.

Pero ¿a quién deben tanto dinero?
Al resto del mundo. A usted y a mí, entre otros. Todos los financiamos. Todos los países tenemos dólares en nuestras reservas. Más de la mitad de la **deuda pública (*)** americana está suscrita en el exterior. A su vez, el 50% está en manos asiáticas. China es su principal acreedor, por ejemplo. Son el principal cliente de los **bonos del tesoro (*)** america-

nos y auténtico sustento del dólar y de los bajos tipos de interés en los EE.UU.

¿China el principal soporte del dólar y financiadora de la deuda pública americana?

Sin ninguna duda. Está explicado en la prensa diaria. Las reservas de divisas de China son enormes, equivalentes al **PIB (*)** de Brasil. Mientras las reservas asiáticas sigan en dólares, los EE.UU. pueden seguir importando tranquilamente sus productos y servicios sin problemas, aumentando su deuda externa, y sin preocuparse por sus déficits comerciales y fiscales internos, debidos, entre otros factores, a los enormes gastos militares.

Lo explica como si los americanos lo pagaran todo con cromos, en lugar de con dinero.

Pues no es la primera ni la segunda persona en tener esa percepción. De hecho, la consecuencia de todo esto es que la magnitud de las pérdidas potenciales de los acreedores, es decir, el resto del mundo, especialmente asiáticos, aumenta con el paso del tiempo.

Por ello se lo están replanteando: China ha anunciado su intención de ir cambiando, progresivamente, sus reservas en dólares por el euro y el yen. También en Oriente Medio se lo plantean, según puede leerse periódicamente en la prensa económica. Los Emiratos Árabes Unidos, Arabia Saudita y otros coquetean con la idea de romper su vinculación con el dólar. El primer ministro chino, Wen Jiabao, también expresó su preocupación acerca de cómo conservar el valor de sus reservas ante la debilidad del dólar. En la reunión del G-20 de abril 2009, China volvió sobre el tema, afirmando el gobernador de su Banco Central que *"la divisa de referencia debería estar desconectada de las condiciones económicas y los intereses soberanos de un solo país"*. Como alternativa propuso los "Derechos Especiales de Giro" del **FMI (*),** un sistema de tipos de cambio formado por una cesta de divisas (euro, yen, libra y dólar). Antes del euro, el dólar no tenía alternativa mínimamente seria.

Pero el gran perjudicado en un cambio serían los propios EEUU, que tendrían graves problemas con sus desequilibrios financieros y comerciales, a la vez que se les crearían serias dificultades para colocar su **deuda pública (*).** Pienso que un cambio en la divisa de referencia no es realista: EE.UU. no cederá sus enormes privilegios.

No es nada fácil, claro. Piense que si China y Oriente Medio pusieran sus dólares en venta, su cotización se hundiría, y sus propias reservas, básicamente en dólares, se verían gravemente menguadas.

Ahora empiezo a entender la importancia de cualquier movimiento en la paridad dólar-euro.

¡Es el tema! Pocas noticias tienen internacionalmente más trascendencia práctica que éstas. Es una batalla en la que todos nosotros no somos más que sujetos pasivos, en el sentido más literal de la palabra. Pero los movimientos afectan a nuestro bolsillo de forma directa. Importamos toda la energía que necesitamos en dólares. Nuestra inflación, competitividad, crecimiento, tasa de empleo y, finalmente, bienestar depende de la estabilidad del dólar. Cuidado, pues, con las altas cotizaciones del dólar.

Por otra parte, el potencial exportador de Alemania y Francia, nuestros principales clientes, no lo olvidemos nunca, depende de la cotización competitiva del euro. Y si los franceses y alemanes dejan de comprarnos y de venir a visitarnos en verano porque tienen problemas, nosotros iremos detrás.

Estamos profundamente afectados por los resultados de esta guerra de poder.

Ya va estando más claro, aunque me asusta un poco todo esto que comentamos.

Desconocerlo no tiene ninguna ventaja. Al contrario, el conocimiento imprime seguridad. Sólo el conocimiento nos hace libres, como alguna vez dijo algún **gurú** (*) a quien no he podido identificar. ¿No cree?

La Bolsa como barómetro de expectativas

Supongamos que es así. Ya voy entendiendo al auténtico papel del dólar en el mundo. Sigamos entonces incrementando los conocimientos. Al inicio habíamos dejado de lado las bolsas, a sus índices y sus fluctuaciones diarias. ¿Por qué me informan cada día del cierre del Dow Jones (*), del Nasdaq (*), del Nikkei (*) y del IBEX 35 (*)?

Porque la bolsa es, en cierto sentido, un barómetro. Millones de personas en todo el mundo toman simultáneamente decisiones de compra y venta, y ello nos puede dar una idea de lo que ocurre en el mundo económico. En todas sus facetas, sectores económicos, regiones mundiales, empresas, países. Todo cotiza. A través de la bolsa sabemos qué piensan y qué deciden hacer los que saben. Porque, claro, no se limitan a opinar en tertulias de café, o en diálogos platónicos como este, suyo y mío, sino que se juegan su dinero en las transacciones. Lo han de ver muy claro.

La bolsa descuenta y anticipa expectativas, aunque puede equivocarse, naturalmente, a pesar de tener, en teoría, toda la información disponible: infinita información. Se equivocan porque los operadores, inversores y asesores internacionales son humanos, con sus limitaciones, conocimientos, prejuicios, avaricias, miedos, vértigos, codicias, amnesias, etc. Y, también, patologías.

Además, los comportamientos "colectivos" son, en algunas circunstancias, sorprendentes. La crisis financiera global del 2008 nos lo dejó bien claro: un determinado viernes la bolsa española sufrió el mayor descenso de su historia; al día hábil siguiente, el lunes, batió, a su vez, el record de la mayor subida. El peor y el mejor comportamiento de la historia en dos sesiones consecutivas. De ahí no se puede sacar otra consecuencia que la de que los operadores estaban actuando por estrés, inmersos en una fuerte crisis mental. Ninguna enseñanza práctica puede extraerse de ello.

No obstante, las teóricas probabilidades de error son mínimas: los intervinientes en la bolsa son casi infinitos y con casi infinita información. Siempre hay algo que aprender de los movimientos de la bolsa... aunque sea en el campo de la psicopatología de los comportamientos colectivos.

¡A toro pasado!

Sí, efectivamente. Es muy difícil de prever. Por el contrario, a posteriori, es relativamente fácil encontrar los motivos de un comportamiento bursátil: que si la publicación del **IPC (*)** de algún país, que si las declaraciones de un político o **CEO (*)** de alguna gran empresa, de una encuesta de confianza, que si la publicación de un índice de producción, de la evolución del precio del petróleo, etc.

¡Otra! El precio del barril de petróleo. Esa noticia es casi diaria .

¿Qué le voy a explicar a usted que no sepa, de las consecuencias que tienen en nuestra vida cotidiana las alzas del petróleo? Aún en el caso de que no tenga coche, no cabe duda que todo lo que usted consume "ha viajado" hasta el comercio donde lo ha adquirido consumiendo algún derivado del petróleo. Por tanto, prácticamente todo es susceptible de encarecerse si sube el barril de petróleo.

El barril de petróleo. De momento, lo seguimos pagando en dólares. Y va para largo

Pero ¿qué es un barril de petróleo?

"El barril" se utiliza como unidad de medida en el universo petrolero. Como todo el mundo sabe un barril es un recipiente cilíndrico para almacenar líquidos o áridos. Pero el barril más famoso es el de petróleo, cuyo precio sirve de referencia en muchas transacciones internacionales. Mide 55 galones ó 216,5 litros.

Entre los barriles de petróleo hay dos muy famosos: el Brent y el Texas:

- **Brent.** Nombre con el que se conoce al petróleo del mar del Norte, el precio de cuyo barril sirve de referencia para el precio del petróleo en general en Europa. En el mercado de Londres cotizan opciones y **futuros (*)** sobre el barril Brent.
- **W.T.I. (Texas)** Por su parte, el barril de crudo que sirve de referencia para el precio en Estados Unidos es el "barril WTI" (West Texas Intermediate), que cotiza en el New York Mercantile Exchange.

Tanto el barril Brent, como el Texas, cotizan, entre otras muchas **commodities (*)**, en el Intercontinental Exchange Market, un "mercado global basado en Internet", gestionado por una empresa privada norteamericana.

Obsérvese el espectacular crecimiento del precio del petróleo desde 1861. Atención al precio de 25 dólares en el año 2003; quintuplicó su precio en poco más de 5 años.

Estas variaciones tan marcadas en los últimos años ¿a qué se deben?

Personalmente pienso que podrían deberse a un estado de nerviosismo general debido a la percepción generalizada de que el recurso se acaba. Son muchos los factores que coinciden:

- La demanda de petróleo crece de forma constante y muy

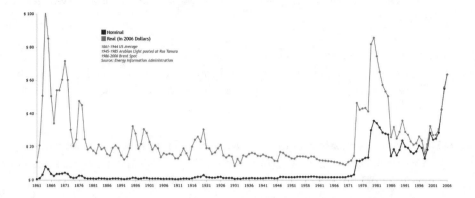

especialmente en los países emergentes, con India y China a la cabeza. Piense que mientras un ciudadano chino gasta 1,9 barriles al año, los europeos gastamos 12, y los norteamericanos 24. Y atención a este dato: el 70 % del crecimiento de la demanda mundial de petróleo de los últimos 5 años se ha generado en Asia.

● La Agencia Internacional de la Energía (AIE) ha advertido que el incremento de la demanda del petróleo amenaza con la llegada a un punto de equilibrio. Es lo que se conoce como el "peak oil". La AIE lo sitúa en el año 2020: ese año la producción ya sería inferior a la demanda de forma irreversible.

● Hoy, según la misma AIE, se extraen alrededor de 1.000 barriles por segundo, unos 86 millones diarios.

Se me hace difícil imaginar tanto barril. ¡86 millones al día!
Según la propia AIE, la demanda mundial agregada puede llegar a 90 millones de barriles diarios en 2010, y a 121 millones en el año 2030, ¡un 42% más que hoy!

Y además de estos alarmantes presagios, no podemos olvidar que las reservas mundiales de petróleo están muy concentradas en países con una elevada inestabilidad sociopolítica, como queda de manifiesto repasando las páginas internacionales de cualquier periódico.

Sí, es verdad.
Pero ¿es casualidad que el petróleo se concentre en los países con con-

flictos, o es que los conflictos se desplazan a los países con reservas de petróleo o gas?

Me temo que la respuesta es clara.
Le desmentiría si fuera capaz de identificar un conflicto bélico internacional ajeno a una fuente energética o minerales estratégicos, sea en su subsuelo o en su entorno logístico (puertos, gaseoductos, vías marítimas).

Está claro, no es necesario extendernos más. Todo el mundo está mentalizado.
A partir de aquí deben hablar los especialistas. Unos dicen que estamos lejísimos del fin de la era del petróleo, que a lo sumo se irá progresivamente hacia otros combustibles sintéticos, basados en el gas natural, el GTL (Gas to Liquids). En ese supuesto, el precio del gas natural, pasaría a ocupar el protagonismo del precio del barril de petróleo.

Otros afirman que ahora se están extrayendo hidrocarburos pesados y extrapesados que hasta ahora no eran rentables, pero que a los precios actuales ya lo han pasado a ser.

También hay quien recomienda no exagerar sobre el tema, y cuantifica el coste energético entre el 1% y el 30% de los costos totales de los productos, horquilla ciertamente amplia, y que depende de los específicos procesos de producción de cada sector económico. A la vez, nos recuerda que más de la mitad del precio final de la gasolina son realmente impuestos.

Bastantes vuelven la mirada a la energía nuclear, sin duda la más viable económicamente de entre las energías alternativas, limpias y sostenibles; aunque no lo es en sus residuos, cuya problemática no parece estar en absoluto resuelta.

¿Vuelve la energía nuclear?
No es exactamente volver lo que hace, de momento. Va allí donde no estaba: los países asiáticos se han lanzado a la producción de centrales nucleares. Según un informe de la Agencia Internacional de la Energía Atómica (AIEA): *es previsible que esta tendencia continúe, ya que 18 de las 27 centrales que se encuentran en construcción en la actualidad están en Asia, mientras en Europa Occidental y en Norteamérica, con proyectos más a largo plazo, se ha producido un parón en los últimos años.* China tiene programado construir 33 reactores, seguida de Japón con 12 y Rusia con 9. A grandes rasgos, entre China e India tienen previsto construir 60

nuevos reactores en los próximos 15 años y Rusia construirá unos 15 en el mismo periodo de tiempo.

No obstante, la AIEA piensa que, en términos relativos, la energía nuclear no crecerá: *Según estas estimaciones, la cantidad de energía nuclear generada en kilowatios por hora continuará creciendo hasta 2020, pero más despacio que otros tipos de energía. Como resultado de este comportamiento, en 2030 la energía nuclear supondrá el 12 por ciento de toda la energía generada, frente al 16 por ciento actual.*

Estados Unidos tiene el mayor número de plantas, con 104. Sin embargo, el país que saca más partido de esta energía es Lituania, ya que el 80 por ciento de su electricidad procede de esta fuente, mientras que en Francia, situada en segundo lugar, este porcentaje es del 78 por ciento.

¿Y en España?

Según el Foro Nuclear, las centrales nucleares españolas suponen el 12,3% de la potencia total instalada y producen únicamente una cuarta parte de la electricidad consumida. Muy lejos de nuestros vecinos franceses, a quienes les compramos de forma regular la electricidad nuclear debido a nuestros déficits.

¿Tiene muchas centrales nucleares Francia?

56 centrales en marcha y vendiendo, cada vez más, tecnología nuclear a todos los países del mundo. En Gran Bretaña hay 37 centrales y en Alemania 26. En España tenemos 7.

Los biocarburantes como problema moral

Pero parece que tanto Europa como los EE.UU. están apostando por los biocombustibles, ¿no es cierto?

El país donde el bioetanol es ya hoy una alternativa seria al petróleo es Brasil. Europa y EE.UU. lo están fomentando seriamente pero ello, a su vez, levanta muchas voces críticas.

¿Por qué?

Porque no está en absoluto claro. Hasta donde yo sé, está muy confuso. Verá, está en trámite una Directiva Europea, que como sabrá es la forma de gobernar de **Bruselas (*)**, que en caso de aprobarse obligaría a los países comunitarios a utilizar en el año 2020 un 10% de energía biocombustible en los transportes. Los principales países, Alemania, Francia, Gran Bretaña y Holanda, se oponen porque ponen en tela de juicio que estos combustibles reduzcan realmente las emisiones de CO_2. Por el contrario, hay quien opina que su producción (excepto en el caso del etanol) comporta la destrucción masiva de bosques y humedales, con efectos nefastos en el cambio climático. Se duda de que los biocombustibles sean ecológicos.

¡Vaya!

Pues parece que es así. Pero es que, además, crea otros muchos graves problemas, en especial un efecto fatal sobre el precio de los alimentos: un incremento del 83% en los últimos tres años. Piense en el efecto en el Tercer Mundo.

Según el **Banco Mundial (*)**, el precio del arroz se ha triplicado en tres años, el del trigo se ha incrementado un 191%, y el conjunto de productos agrícolas ha subido un 83%. Mientras tanto, en los EE.UU., los autobuses escolares, aquellos preciosos buses amarillos de Snoopy y Charly Brown, deben consumir obligatoriamente bioetanol.

Ha habido un incremento de demanda sin precedentes, según afirma Gordon Davis, **CEO (*)** de AWD Ltd, el mayor exportador de trigo del mundo.

¿Y todo ese incremento es debido a su uso como biocarburantes?

Se dice que las sequías y el aumento de la demanda internacional pueden explicar una parte del fenómeno, pero hay un serio consenso en la opinión especializada internacional de que el origen es, básicamente, el destino energético de los productos alimenticios.

A ver si lo entiendo. ¿Se destinan productos alimenticios, no a la alimentación sino a sustituir a la gasolina, y por ello sube su precio?

Es exactamente así. Y no únicamente eso, sino que, adicionalmente, se les subvenciona con fondos públicos. Y, como acabamos de ver, se pretende obligar a ello en Europa, mediante una Directiva.

Esto está creando hambrunas en algunas áreas del tercer mundo, como no se habían visto. En estos momentos hay un importantísimo debate global sobre este tema y la tesis dominante es que debería pedirse a las autoridades americanas y europeas que rectifiquen su política, porque no es ecológicamente positivo, y socialmente es fatal.

Según Intermón Oxfam, debe anularse el proyecto de exigir el consumo del 10% de biocombustibles en 2020. Según la ONG, "*las emisiones de carbono debidas al cambio de uso de la tierra para producir aceite de palma podrían superar 70 veces el ahorro energético que la Unión Europea confía en alcanzar con el uso de los biocarburantes*".

¿Piden acabar con los biocombustibles?

No. Limitarlo a biocombustibles de "segunda generación", es decir, aquellos provenientes, no de alimentos, sino de las basuras domésticas, de residuos agrícolas y de otras fuentes que no distorsionen el precio de los alimentos básicos en los países del Tercer Mundo y no agredan el ecosistema.

Pues sí que estamos bien. ¡Y eso que se trata de una energía alternativa!

¡El revuelo que han montado, básicamente los americanos, es de aupa! Es impresionante. El Director del Fondo Monetario Internacional, **FMI (*)**, el francés Dominique Strauss-Khan, ha dicho, ni más ni menos: "*Si los precios siguen creciendo, las consecuencias pueden ser terribles*", "*este tipo de situaciones acaba a veces en guerra*".

¡Santo Dios! ¿La guerra por los biocarburantes, como continuación de las guerras por el petróleo en Oriente Medio y las del gas en el Caspio?

Esto no lo dice...

Pero parece un tema de máxima relevancia global.

Sí. Por ejemplo, en la cumbre del **G-8 (*)** celebrada en Japón en julio de 2008, la oleada de disturbios a raíz del descontrol en el precio de los productos alimenticios acaecidos en países tradicionalmente aliados estratégicos de los EEUU (Egipto, Indonesia, por ejemplo) inquietaron a sus miembros y protagonizaron la reunión.

El potentísimo Consejo de Relaciones Extranjeras de Washington, en boca de su representante Stewart Patrick, afirmaba: "*vamos a tener que garantizar necesidades materiales en países aliados en lugar de cambiar ideologías e instituciones políticas*" y añadía "*el próximo presidente de los EEUU tendrá que hacer frente a la seguridad energética y a la inseguridad alimentaria con el mismo entusiasmo que Bush puso en la agenda de la libertad*".

Un poco cínico este señor, ¿no?

Ciertamente, sí, pero digamos que cumple con su trabajo. Según informaba Andy Robinson, periodista corresponsal de *La Vanguardia* en

EE.UU., con fecha 07.07.2008, un informe clasificado del Consejo Nacional de Inteligencia de los EE.UU. advierte por primera vez del riesgo para la seguridad nacional (de ellos, claro) del cambio climático, citando *el peligro de hambrunas y guerras de recursos*. James Ludes, del Consejo Americano de Seguridad, le confesaba: *"se teme que podamos ver hambrunas de una dimensión sin precedentes en países inestables; esto crea oportunidades para el extremismo"*.

¿Y qué países son los principales productores de los biocarburantes?
Según cifras correspondientes al año 2006, EE.UU. y Brasil copaban el 70% de la producción mundial de bioetanol. Por su parte, Alemania y Francia producían el 80% del biodiesel mundial.

Pero, ¿por qué suben tanto los precios de los productos alimenticios? ¿Es realmente culpa de los biocombustibles? ¡El otro día, en el súper de la esquina, me esgrimieron este argumento para justificarme un increíble incremento del precio de mi paquete de cereales para el desayuno!
Las cosas difícilmente son debidas a una única causa. De todas formas, no iba desencaminado el encargado de su súper. Los elementos utilizados son, básicamente, azúcar, maíz, trigo, soja, colza, girasol, palma, cebada, mandioca, melaza, etc, es decir, los mismos elementos que comemos nosotros directamente, o los animales con los que posteriormente nos alimentamos.

A la crisis alimentaria, con dos sólidos y trágicos fundamentos en el incremento de la demanda mundial y en el cambio climático, le ha llegado un nuevo y potente elemento distorsionador: la utilización de productos, en principio destinados a cubrir el déficit en la alimentación planetaria, para sustituir al petróleo. El **FMI (*)** sostiene que el 20% de la producción mundial de maíz y el 50% de la de colza se han destinado al biodiesel. Es más, parece que "TODO el incremento en la producción de maíz del mundo, desde el año 2004 hasta la actualidad, se ha destinado a la producción de biocarburantes en los EE.UU."

¡Esto es muy fuerte!
De verdad que sí. Durante los años de guerra fría, EE.UU. consideraba la *"seguridad alimentaria"* como una barrera de contención del comunismo en regiones del tercer mundo (con ese argumento enviaba allí los excedentes de granos híper-subvencionados en EE.UU. y Europa, excedentes que ahora van a cubrir, cobrando, la demanda alimenticia de China e India).

Pues bien, el coordinador subregional de la FAO en Etiopía, Mafa Chipeta, ironizaba recientemente: *"nos vendría muy bien que la amenaza comunista volviera"*.

Le entiendo.

Hay un par de casos bien representativos porque atañen a dos productos muy populares y, en cierto modo, simbólicos: en México, el precio de la popular "tortilla de maíz" llegó a ver su precio casi triplicado durante el año 2007; en el mismo año, en Italia se llegó a organizar una jornada de boicot a la compra de "pasta" en protesta por su incremento en el precio.

Le voy a explicar otro caso, también muy próximo a nosotros: Argentina.

En Argentina tienen de todo, ¿no?

Efectivamente, vacunos y cereales por doquier. Se hicieron de oro alimentando a Europa y a Estados Unidos durante ambas guerras mundiales.

¿Y qué ha pasado ahora con ellos?

Pues que al famoso vacuno argentino le ha llegado el efecto de los biocarburantes. Verá, las plantaciones para finalidades energéticas con biocarburantes recogen beneficios cada seis meses, mientras que los pastos para vacunos, cada varios años. Resultado inmediato: los gauchos redujeron los pastos para vacunos e incrementaron las plantaciones de biocarburantes. Consecuencia final: incremento del costo de la carne del vacuno hasta triplicar el precio habitual en Argentina. Fenómenos similares se han producido con el maíz en México.

Además, dicen algunos expertos energéticos que todo esto no es una solución rentable, por cuanto durante su proceso de producción se consume más energía de la que se produce. Y además, el propio Strauss-Khan ha afirmado que los biocarburantes *"plantean un problema moral, al acaparar productos agrícolas básicos"*.

La fiebre del oro verde

No hace falta decir que, en estos casos de crisis estructurales básicas, siempre caen, planeando del cielo, los especuladores. Nuestro mundo está montado así. La marea especuladora en la Bolsa de Chicago (la bolsa mundial de los productos agrícolas) fue terrible. Sólo en tres meses, el volumen de transacciones, la gran mayoría especulativas, sobre los 25 productos agrícolas básicos que allí cotizan, creció un 20%, lo mismo que durante todo el año anterior. ¡El caos está montado!

El senador demócrata Byron Dorgan calificó a todo este proceso como *"una orgía de especulación"*, que ha causado disturbios en África, Asia y Latinoamérica, y que ha limitado las exportaciones de arroz de potencias mundiales en su producción como Vietnam, Kazajstán, India y Tailandia.

Finalmente, y para ser optimistas, hablemos de los biocombustibles a los que llaman *"de tercera generación"*: son los que utilizan celulosa y jartofa, una planta silvestre que no precisa agua y que se produce en zonas desérticas. ¡Un chollo, vaya!

Y hay otro argumento para ser optimista, y dada su escasez, no me resisto a exponerlo aquí.

¡Un argumento para ser optimista! ¡Dígalo urgentemente!
Que el mundo es, a pesar de todo, muy pequeño. Y, aunque parece difícil de imaginar, a veces es verdad aquello de que *"todos vamos en el mismo barco"*.

¿Qué me quiere decir ahora? ¿Quién más va con nosotros en el barco?
Los Fondos Soberanos nos acompañan.

¿Fondos Soberanos? A estos no tengo el gusto...
Pues ahora se los presento y verá cómo a final les dará las gracias por su existencia. Los fondos soberanos son unos instrumentos de inversión de los Estados de los países con importantes superávits, en especial debido al petróleo. Por ello a su dinero se lo conoce como "petrodólares".

De los petrodólares había oído hablar.
El fondo soberano más famoso por estos lares fue KIO (Kuwait Investment Office), hoy conocido como KIA. Pero otros países tienen otros importantes fondos de inversión estatales, conocidos como Fondos Soberanos: Arabia Saudita, Rusia, Qatar, Singapur, Emiratos Árabes Unidos, Noruega, Dubai, Libia, Brunei, Kazajistán, etc. Todos estos

¿Apretar y no ahogar? ¿Se refiere al precio del petróleo?

Efectivamente, y es muy claro: la **OPEP (*)** sube y subirá el precio del petróleo, apretará, pero no ahogará, porque una recesión o una crisis profunda en Occidente les afectaría en su condición de accionistas de referencia de los bancos y las empresas más significativas del mundo occidental. Y, si hay problemas, como ocurrió durante la crisis financiera global del 2008, bajan espectacularmente el precio: no les interesa que Occidente entre en una fuerte recesión.

¿Esto es realmente así?

Parece que sí. Y ésta era la buena noticia, seamos prácticos. De la misma manera que China y los países de la **OPEP (*)** no pondrán fácilmente a la venta sus reservas en dólares, creando el pánico en los mercados y una crisis sin precedentes sobre el **billete verde (*),** porque los primeros perjudicados serían ellos mismos debido a la enorme cantidad de dólares que almacenan, tampoco subirán el precio del petróleo más allá del punto a partir del cual una crisis en Occidente pudiera afectar a sus propios intereses como socios capitalistas en las principales empresas multinacionales del globo.

Sí, es un alivio.

Efectivamente. Observe ahora lo ocurrido en el precio del petróleo en una serie estadística mucho más corta y actual que la anterior. Fíjese que entre julio a diciembre de 2008 el precio del petróleo bajó desde 150 hasta 30 dólares/barril, ¡un 80%!

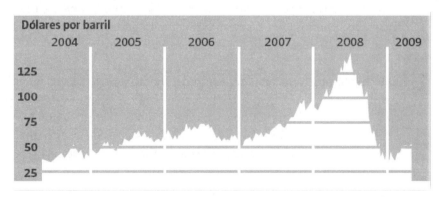

Fuente: *La Vanguardia* 15.05.2009.

¡Una barbaridad!

No se había visto algo así (según el anterior gráfico de los últimos 150 años) desde el siglo XIX, con la excepción de la crisis de los ochenta. Y

227

es una demostración de que el precio del petróleo (o lo que es lo mismo, los acuerdos de producción de los países de la OPEP) está muy condicionado por el clima económico mundial. Una fuerte reducción de la demanda mundial de petróleo con ocasión de la fuerte recesión mundial, llevó a esas caídas tan espectaculares en su precio.

Y todo esto venía a raíz de las noticias cotidianas en la prensa acerca del precio del barril de petróleo.

Ya ve el rato que llevamos hablando de ello. Por tanto, parece que era importante. Y no me negará que todo esto afecta a nuestros bolsillos.

Otra noticia que me dan de forma recurrente es la evolución de los tipos de interés, que si un cuarto de punto para arriba y para abajo. Aparte de subirme la cuota de mi hipoteca ¿por qué es tan importante variar el tipo del interés?

El tipo de interés. Un cuarto de punto, arriba o abajo

Explicar los fundamentos de la política monetaria de un país, en nuestro caso la Unión Europea, y de las actuaciones del **Banco Central Europeo (*)** es una tarea ardua y nada sencilla. Simplifiquemos diciendo que las autoridades monetarias, en nuestro caso el **Banco Central Europeo (*)**, en EE.UU. sería la **FED (*)**, tienen la responsabilidad de llevar a término, de forma autónoma, todas aquellas políticas que crean necesarias para lograr y mantener la estabilidad de las economías que supervisa, en especial todo aquello que afecta a la inflación. Es su objetivo número uno: la estabilidad de los precios.

El **BCE (*)** interviene en el mercado del dinero a corto plazo, creando o retirando liquidez, según convenga en cada momento, y según su criterio. Y lo hace a través de las modificaciones del tipo de interés de intervención. Manejando al alza o a la baja los tipos de interés pretende influir en el comportamiento de todos los agentes económicos, bancos, empresas, prestatarios, etc.

Pero, cuando suben los tipos de interés y, consecuentemente, tanto se habla de los efectos inmediatos en las hipotecas que pagamos todos, ¿por qué lo hacen? Seguro que no es para fastidiarnos, pero no alcanzo a entender el porqué.

Es complejo pero, en resumen, es porque está en peligro la inflación.

Unos tipos de interés altos desincentivan la inversión de las empresas y el endeudamiento de los particulares. Y desincentivar a la "demanda agregada" general del país puede ser, en determinados momentos, un comportamiento correcto y responsable para contener los precios. Pero no es tan sencillo, porque ello, a su vez, puede afectar (al alza) a la cotización de la divisa, en nuestro caso al euro, con efectos quizás no deseados.

Algunos comentaristas internacionales especializados afirman que si España no hubiera formado parte de la **UEM (*)** y, por consiguiente, hubiera mantenido la peseta durante estos últimos años, su tipo de interés se hubiera movido alrededor del 8% ó 9%, el doble de los intereses del euro en ese período: un tipo de interés más acorde con la inflación española. Unos tipos de interés así hubieran evitado los excesivos endeudamientos basados en el dinero barato y la sobrefinanciación de activos, especialmente de viviendas y suelo. Y, sin duda, hubiera evitado la espiral inflacionista del mercado inmobiliario y su posterior derrumbe. Cómo ha dicho usted antes, las cosas siempre se ven más claras "a toro pasado", pero muchos analistas ya llevaban años razonando que tener unos tipos de interés (los del euro) que corresponden a las realidades económicas estructurales de "otros países" nos conduciría a este descalabro.

Le pongo el ejemplo de Gran Bretaña, un país que no se adhirió al euro. Daniel Hannan, eurodiputado británico, se mostraba feliz de que Gran Bretaña no hubiera entrado en la moneda única y conserve la libra, cuando en plena crisis, en mayo de 2009, afirmó: *"La moneda ha cumplido su papel y está amortiguando los efectos de la crisis; somos el país más afectado y el que menos está sufriendo, gracias a la libra"*.

A veces, cuando la inflación no es por exceso de demanda o recalentamiento de la economía, sino por otras razones, tenemos lo que se conoce como **estanflación (*)** y, en ese caso, la política de los tipos de interés es menos eficiente. En esos casos, otras áreas del gobierno, distintas al **banco central (*),** han de actuar. En fin, no le quiero atormentar, pero la labor del **BCE (*)** es muy importante, créame.

Y si sube los tipos de interés es porque no tiene más remedio, no lo hace para fastidiar a nadie, sino para favorecer a la mayoría con una mayor estabilidad de precios.

¿Si suben los tipos de interés es que quieren que consumamos e invirtamos menos, y cuando los bajan, al revés?

Si, efectivamente es así, mediante lo que se conoce como los mecanismos de transmisión de la política monetaria. Como es natural, en un entorno de una economía estancada con bajas tasas de consumo e inversión, puede ser bueno bajar los tipos de interés para intentar reactivarla. Los técnicos lo explicarían diciendo que *"dada una tasa de inflación deseada, si el potencial de crecimiento es inferior al crecimiento real, habría que estimular la economía"*. La dificultad está, naturalmente, en conocer cuál es el potencial de crecimiento máximo para cada tasa de inflación.

Sin embargo, esta universalmente aceptado que, en el largo plazo, un incremento de la cantidad de dinero en circulación por una política de intereses bajos, manteniéndose constantes todas las demás variables, lleva inexorablemente a un incremento en el nivel de precios, pero no en el del empleo. Esto se conoce como la *"neutralidad del dinero a largo plazo"*: la renta y el empleo vienen determinados a largo plazo por los factores *"reales"* como la tecnología, la demografía, la productividad, la formación, la fiscalidad, entre otros. Por lo tanto, a largo plazo, el **BCE (*)** con sus políticas monetarias de tipos de interés no puede influir en el empleo y renta disponible; lo que equivaldría a decir, que la inflación es un fenómeno exclusivamente monetario.

No sé, si lo entiendo. ¡Qué lio! Y todo para controlar el IPC (*) ¿no es así? Observo, no obstante, que aquí todo está interrelacionado: la bolsa, los tipos de interés, la cotización del euro, el petróleo, el IPC (*)...

Sí, para bien o para mal, así es.

El IPC y la inflación subyacente. ¡Vaya palabreja!

¡A todas horas! Que si la inflación sube unas décimas más que en el mes anterior pero, sin embargo, desciende en términos interanuales, pero que, afortunadamente, la inflación subyacente es baja. ¡Oiga! ¡Un lío!

No se preocupe ni trate de entenderlo siempre todo. Especialmente cuando le hablen de comparativas interanuales o intertrimestrales.

¡Es que un titular que contenga la expresión "intertrimestral", de entrada, ya asusta!

No hay para tanto, se refiere a una comparación de un trimestre con el siguiente, de igual forma la interanual compara un período de un año con otro. No es tan complicado.

¿Y la inflación subyacente? ¿Qué pretenden decirme con esta expresión tan exótica? ¡Vaya palabreja!

Pues es un concepto muy importante y poco explicado. Como sabe, el **IPC (*)** es un índice que se genera en base a los precios de una teórica "cesta de productos" que se consideran los de consumo habitual más estandarizado. Para entendernos, nuestro presupuesto familiar. El IPC refleja la evolución de los precios de esa cesta. Ahora bien, en ella hay unos productos que, por su naturaleza volátil, tienen tendencia a producir fuertes variaciones de un mes o un trimestre a otro: estoy hablando de los alimentos frescos no elaborados así como del sector de la energía.

Un índice que se basara en una cesta que no contuviera esos elementos de precios más erráticos, sería más estable y reflejaría mejor la auténtica inflación estructural de una economía, aislándola de los productos de precios más inestables.

Esa inflación calculada sobre esa cesta (que excluye alimentos frescos y energía) se llama "inflación subyacente" y, de alguna manera, refleja la tendencia del incremento de los precios a medio plazo, la inflación estructural; mientras que el popular **IPC (*)** lo refleja todo: la inflación estructural y la coyuntural.

Ahora sí que lo he entendido.

No es difícil.

Pues esto de la inflación es una constante en la prensa. Ahora, cuando me hablen de la inflación subyacente, ya lo entenderé.

No es de extrañar que lo hagan, ya que las noticias sobre la evolución de los precios son importantes, donde las haya. No por sí mismas, sino porque el **IPC (*)** es el resultado de muchísimos otros factores. Es el resultado final. Lo que finalmente cuenta. Y de él depende no únicamente el poder adquisitivo, la capacidad de compra de su monedero, como es natural, sino otras cosas más indirectas: el tipo de interés, la **balanza comercial (*)**, la pérdida de competitividad exterior y, a la larga, su nivel de empleo, crecimiento y bienestar. Es decir, el **IPC (*)** no es ajeno a nuestro bolsillo, ni directa ni indirectamente, ni a corto ni a largo plazo.

Está meridianamente claro.

Estemos pues atentos a las noticias de los medios. No les temamos. Son comprensibles e importantes. En otro caso, en lugar de ellas, nos hubieran puesto cualquier crónica de alguna tragedia sonsacada de *El Caso*, o nos hubieran explicado alguna compleja problemática del corazón entre alguna famosa profesional y algún torero o futbolista galáctico.

Resumen

● El dólar debe su poder a la fuerza militar norteamerica y al hecho de ser una reserva universalmente aceptada.

● Si China y Oriente Medio pusieran sus dólares en venta, su cotización se hundiría, y sus propias reservas, básicamente en dólares, se verían gravemente menguadas.

● China es el principal cliente de los bonos del tesoro americanos y el auténtico sustento del dólar y de los bajos tipos de interés en los EE.UU.

● La bolsa descuenta y anticipa expectativas, aunque puede equivocarse, naturalmente, a pesar de tener, en teoría, toda la información disponible: infinita información.

● Los países asiáticos se han lanzado a la producción de centrales nucleares. 18 de las 27 centrales nucleares que se encuentran en construcción en la actualidad están en Asia.

● Los biocarburantes plantean un problema moral, al acaparar productos agrícolas básicos.

● La buena noticia es que los países de la OPEP apretarán en el precio del petróleo, pero difícilmente ahogarán: son accionistas de referencia de la mayoría de las más selectas multinacionales occidentales. No subirán el precio del petróleo más allá del punto a partir del cual una crisis en Occidente pudiera afectar a sus intereses capitalistas en las principales empresas multinacionales de sus países clientes.

● Cuando el BCE (*) sube los tipos de interés, no lo hace para fastidiar, sino para controlar la inflación. Ése es su objetivo básico.

● La inflación subyacente refleja el incremento de precios estructural, mientras que el IPC añade también la inflación coyuntural.

11

La crisis internacional de las Hipotecas Subprime y los Créditos Ninja

"Debo mucho, nada tengo: el resto se lo dejo a los pobres."
FRANÇOIS RABELAIS

Las hipotecas "basura": revuelo en el sistema bancario internacional

Ya tenía yo ganas de llegar a este tema. Explíqueme, por favor, qué es una hipoteca "subprime", y por qué se organizó ese revuelo en el sistema bancario internacional.

Lo haré de una forma indirecta. Nos ayudará a verlo más claro. Sin duda, usted habrá observado en las secciones de anuncios clasificados de todos los grandes periódicos anuncios que más o menos rezan así:

- Dinero al Acto. Con sólo escrituras.
- Crédito al instante. Efectivo al momento.
- Casos difíciles: **Asnef (*),** embargos. Únicamente con la garantía de su casa.
- ¿Tiene urgencia de dinero? Lo tiene en una hora. Confidencialidad.
- El dinero que necesitas en 24 horas. No importa **RAI (*)** o **Asnef (*)**.

Sí, los he visto toda la vida.

Pues bien, ve claro que el cliente que acude a estos servicios normalmente no lo puede hacer al sistema bancario convencional por razones de peso: su historial moroso, situaciones financieras particulares adversas, la ausencia de ingresos suficientes, un nivel de endeudamiento desproporcionado, falta de información fiable sobre los ingresos y la solvencia del deudor o no poder aportar **avalistas (*)**. En cualquier caso, el resultado siempre es el mismo: el sistema bancario le niega el crédito en la forma en que se le ofrecen en estos anuncios.

Y acuden a circuitos extrabancarios, que sí conceden esa clase de préstamos, conscientes del alto riesgo de los mismos, a cambio, lógicamente, de un tipo de interés superior, que les cubra ampliamente, entre otras cosas, de la extraordinaria **prima de riesgo (*)** de las operaciones.

Pues éste es el perfil de los créditos subprime americanos. Son muy controvertidos. Hay quien afirma que, presuntamente, los prestamistas subprime se dedicaban a prácticas de préstamos depredatorias, como sería elegir deliberadamente a los prestatarios que no pueden entender lo que firman, o de otorgar los préstamos a personas que nunca podrán cumplir con los términos de sus préstamos. Muchos de estos préstamos, se afirma, incluyen honorarios exorbitantes por la tramitación o términos y condiciones ocultos. Todo ello, a menudo, conduce a la imposibilidad de reintegrarlos, con la consiguiente incautación de la garantía o la ejecución hipotecaria.

Lo entiendo, pero eso ha sido siempre así ¿no?

Efectivamente, excepto por su crecimiento desorbitado en EE.UU. He llegado a leer que, en términos estadísticos, aproximadamente el 25% de los titulares de hipotecas en los EE.UU. pertenecería a esta categoría de **prestatarios (*)**. Muchos de ellos, concretamente el 75% de las familias con hipotecas subprime, eran afroamericanas o hispanas en busca del sueño americano.

Situémonos por un momento allí: todos los analistas económicos coinciden en afirmar que el boom tecnológico proporcionó a la economía americana un período de varios lustros de crecimiento continuado, con unos incrementos en la **productividad (*)** como nunca los había tenido en su historia. El consumo y el endeudamiento de los particulares tuvieron unos crecimientos galácticos. De forma paralela, la **FED (*)** mantuvo el tipo de interés del dólar invariablemente barato, tanto a lo largo del estallido de la burbuja tecnológica (la crisis de las punto.com), como durante toda la larga fase de engorde de la burbuja inmobiliaria. Hablamos de un país todavía dominado ampliamente por la cultura neocon, híper liberal, con **reguladores (*)** inoperantes y la tradicional relajación de las leyes de usura.

En Estados Unidos existían entidades de financiación, no bancos, que se dedicaban a este tipo de clientela aunque, dado su auge, su extraordinaria rentabilidad y la escandalosa pasividad de los **reguladores (*)**, muchos bancos adquirieron estas empresas que, no obstante, operaban en paralelo a los bancos tradicionales.

¿De dónde viene el nombre "subprime"?

Es conocido allí un sistema de valoración de **prestatarios** (*) que se basa en el establecimiento de un escalado de evaluación del particular o la empresa que solicita el préstamo, algo similar a los **scorings** (*) y **ratings** (*), de tal forma que aquellos que superan los 850 puntos en dicha evaluación obtienen créditos *prime*: a un tipo de interés bajo, es el famoso **prime rate** (*). Los que tienen una evaluación entre 650 y 850 puntos se consideran solventes y los tipos de interés que se les aplican a las operaciones crediticias se encuentran dentro de la media nacional. Finalmente, aquellos que puntúan por debajo de 650 se consideran de *alto riesgo,* y son aquellos que reciben los *créditos subprime,* con tipos de interés más altos y más gastos en comisiones bancarias.

Con todo este estado de cosas, los consumidores encantados, porque tener una casa era fuente inagotable para conseguir más y más créditos sin ninguna proporción con sus ingresos y sueldos; y los bancos también encantados, porque cobraban montañas ingentes de intereses.

Sin duda, recordará también que durante más de una década (frenó en seco en 2007) un porcentaje muy importante del correo spam que, inevitablemente recibía en su correo electrónico personal hablaba, siempre en un inglés muy americano, no de viagra, cialis o sucedáneos, ni de soluciones definitivas para alargar el pene, sino de unas enormes facilidades para refinanciar de forma casi instantánea sus deudas mediante unas inmejorables hipotecas (en Estados Unidos, claro).

Sí, lo recuerdo, pero prosiga que el tema está interesante.

Pues el lío de verdad se organizó en el momento en que estas hipotecas se titularizaron. **Titularizar** (*) una hipoteca consiste en transformarla en un **título** (*) negociable.

Los bancos implicados en estas operaciones empezaron a vender a otros bancos los **títulos** (*) representativos de los derechos de cobro de las hipotecas subprime de altos tipos de interés a cambio de un interés menor. De esta manera aseguraban su cobro, desprendiéndose del riesgo de las mismas. Las entidades adquirientes, claro está, esperaban ver incrementada la rentabilidad de sus **carteras de valores** (*) con la adquisición de estos títulos tan súper rentables.

Los mercados financieros internacionales infectados por los Créditos Ninja

Los **títulos** (*) comenzaron a circular a una velocidad vertiginosa, de banco a banco, no únicamente en Estados Unidos, sino en todos los mercados financieros internacionales, y algunas instituciones los fueron incluyendo en las carteras de algunos de los Fondos de Inversión que gestionaban. Los **bancos de inversión** (*) los incluían en sus **depósitos estructurados** (*): unas joyas en una época de bajos tipos de interés. Y en **Wall Street** (*), encantados de la vida, porque tenían juguetes financieros nuevos y se hacían de oro.

En un Documento de Trabajo difundido a través de la web del Fondo Monetario Internacional (FMI) el 1 de julio de 2007 titulado Money for nothing and checks for free: recent developments in US subprime mortgage markets, se afirma que *"casi la mitad de los créditos para la compra de vivienda contratados en Estados Unidos durante 2006 eran hipotecas 'basura', concedidos sin estudiar en profundidad la solvencia de los solicitantes, que en ocasiones no pueden afrontar ni los intereses ni el importe de la casa que adquieren".*

Y, claro está, no pudo faltar la tradicional pincelada de humor anglosajón: la prensa comenzó a referirse a los créditos subprime como "Créditos Ninja": *No Income, No Job, No Assets* (Créditos sin ingresos, sin trabajo y sin solvencia).

En el tercer trimestre de 2007, las hipotecas subprime, que eran el 12,5 % de las hipotecas vigentes en los EE.UU, representaban, no obstante, el 43,0% de las hipotecas impagadas.

Pero, ¿es que no se analizaba la calidad de esos títulos?

He aquí la clave del escándalo junto a pasividad de los **reguladores** (*): las **Agencias de Calificación** (*). Las instituciones financieras internacionales siempre están dispuestas a asumir un leve riesgo suplementario a cambio de una mayor rentabilidad en sus carteras. Siempre. En los mercados, a cada **rating** (*) le corresponde un determinado **spread** (*), hasta aquí todo correcto. Pero en el caso de las subprime, las **Agencias de Calificación** (*) internacionales fracasaron estrepitosamente en la calificación de su riesgo, otorgándoles unos **ratings** (*) totalmente desproporcionados al elevado riesgo inherente a esos títulos. Y los mercados, que en general creían a pies puntillas a las **Agencias de Calificación (*)** antes de la crisis de este tipo de hipotecas (al igual que lo hacían con las empresas de auditoría antes de la crisis de Enron), compraron títulos representativos de hipotecas subprime confiados y con fluidez. Con especial fuerza lo hicieron los **Hedge Funds (*)**.

Algunas compañías se seguros se sumaron a los festejos incrementando el mercado de los denominados **seguros hipotecarios (*)**.

¡La ganga del siglo! ¡El chollo de las hipotecas americanas!

De esta manera, los bancos americanos y sus filiales especializadas se acostumbraron a conceder hipotecas cada vez más vacías de contenido y de realidad, que a su vez revertían en complicados artificios para los bancos internacionales, con los valiosos añadidos de unos **seguros hipotecarios (*)** emitidos por compañías de seguros de primera línea mundial y unas buenas calificaciones de acreditadas **Agencias de Calificación (*)**. ¡Estábamos ante la ganga del siglo! ¡El chollo de las hipotecas americanas!

Posteriormente, al saltar el escándalo en el verano de 2007, se originó una nueva crisis: la de la confianza. Bancos de todo el mundo reconocían tener entre sus activos cantidades variables de créditos subprime (en el caso de las empresas de seguros, riesgos relacionados con las mismas) procediendo inmediatamente a ajustes contables para su provisión con cargo a los beneficios corrientes o, en su caso, con pérdidas. La desconfianza entre bancos se generalizó durante los años 2007 y 2008: ¿cuántas subprimes ocultas puede tener este banco en su balance? ¿podría llegar a tener, por ese motivo, pérdidas y problemas? Y, a la larga, el mercado interbancario se paralizó. No fue, en su origen, una crisis de liquidez, sino de confianza. Pero ocasionó una crisis de liquidez. Finalmente, La **FED (*)** y el **Banco de Inglaterra (*)** tuvieron que gestionar el rescate de bancos quebrados "in extremis" en el último minuto. De igual forma, el **Banco Central Europeo (*)**, tuvo que salir decidido y con fuerza en ayuda de los bancos europeos afectados por la falta de transparencia en los mercados interbancarios.

¿Cómo los ayudaba?

Proporcionándoles masivamente los créditos que sustituyeron a los que tradicionalmente venían obteniendo en el mercado interbancario internacional, paralizado por la generalizada crisis de confianza. Durante unos días todos los **bancos centrales (*)** del mundo ponían a disposición del mercado cantidades ingentes de dinero.

Las crisis: el fin de los bancos de inversión americanos, la crisis de liquidez bancaria internacional, el pánico popular y el cambio de ciclo económico global: entramos en recesión.

Pero no parecía suficiente. La crisis no cesaba...

Efectivamente, las medidas parecían inútiles, pero no era verdad. Los fondos inyectados sí solucionaban de alguna manera los problemas de liquidez, pero no los otros tres: y es que en aquellos momentos no se vivía una única crisis sino cuatro:

> 1. Las crisis de las subprime y los problemas de solvencia de algunas entidades bancarias y de seguros involucradas en las mismas. El fin de los **bancos de inversión (*)** americanos como se los conocía hasta hoy.
> 2. La subsecuente crisis de confianza, que desembocó en una parálisis en los mercados interbancarios internacionales, creando graves problemas de liquidez a bancos tradicionalmente sobre-endeudados, que se nutrían en ese mercado. Es el caso de la banca española.
> 3. La crisis de pánico popular, con el miedo a perder los ahorros depositados en determinadas instituciones.
> 4. El cambio de ciclo económico internacional: inicio de un período de recesión internacional.

Y se solucionaba un tema pero salían a la superficie los otros, y todo ello con el ya tradicional entorno de alguna prensa irresponsable ansiosa de protagonismo.

Emilio Botín, Presidente del Banco Santander, uno de los primeros bancos del mundo, en una esperada conferencia sobre el papel del sistema financiero en la actual economía internacional, el día 16 de octubre de 2008, en plena crisis financiera internacional, entre otras cosas, afirmó:

Hay una serie de cosas que parecían olvidadas:

- *Los ciclos existen.*
- *El crédito no puede crecer indefinidamente.*
- *La liquidez no siempre es abundante y barata.*
- *La innovación financiera no puede hacerse a espaldas del riesgo que conlleva.*

Hubo quien realmente temió por sus ahorros.

Sí, claro, y se conocieron apariciones de personas fuera de sus cabales en programas de televisión prime time de cadenas de televisión públicas. Y declaraciones de irresponsables líderes de la oposición que parecían anhelar una gran hecatombe generalizada. La táctica del *"cuanto peor, mejor"*. Cuando en los medios de comunicación se da protagonismo al espectáculo en lugar de a los expertos, puede ocurrir cualquier cosa. No olvide que, en el negocio bancario, si una entidad sana, rentable, robusta y con excelente liquidez, es protagonista de un rumor, cae: no hay banco en el mundo que resista a un acoso mediático.

Estuvimos en el borde del precipicio. Afortunadamente, las autoridades mundiales, el **G-8 (*)**, el **G-20 (*)**, el **BCE (*)**, la Unión Europea y los gobiernos americanos e ingleses estuvieron a su altura y actuaron de forma muy responsable.

Ahora bien, el sistema bancario sin duda se racionalizará y se regulará; la liquidez volverá a los mercados internacionales; el pánico ya cesó; los tres primeros problemas se solucionarán. Pero el cuarto, la recesión internacional, está aquí. Las bolsas caían estrepitosamente anunciándolo. Y hoy en el mundo la mayoría de la población es joven y no lo conocen, porque no han vivido nunca una recesión. Debería explicarse. Y en nuestro país ha llegado con especial virulencia, como es natural.

¿Por qué es natural?

Porque aquí ha coincidido en el tiempo toda esta crisis internacional de la que hablamos con una crisis propia, independiente, ésta no coyuntural sino "estructural". La crisis de un país poco competitivo, que había basado su crecimiento económico en la construcción, las subvenciones y en el turismo barato. Y el modelo ya está agotado. Hay que inventar otro. Y el fin del modelo económico español coincidió en el tiempo con una gran crisis internacional. Pero son crisis diferentes.

La nuestra es mucho más grave. Hablaremos de ello posteriormente.

Se dijeron cosas realmente fuertes, ¿no? Que si era el fin del capitalismo...

Fuertes, inesperadas y, algunas, muy interesantes. Por ejemplo, en aquellos días se pudo oír a un analista político norteamericano afirmando que si en el crack de 1929, a raíz de la Gran Depresión, hubieran existido las actuales instituciones internacionales y los gobiernos mundiales contemporáneos, Hitler no hubiera subido jamás al poder.

Fue especialmente impagable ver a George Bush tratando reiteradamente de adoctrinar a sus seguidores en la América profunda acerca de la conveniencia de la nacionalización parcial de la banca americana: un espectáculo único, de gran nivel, absolutamente imposible de predecir tan sólo dos semanas antes. *"Estas medidas"*, afirmaba a modo de disculpa retórica frente a sus acólitos, *"no están destinadas a controlar el libre mercado, sino a preservarlo"*, lo que, sin embargo, era verdad.

Lluís Foix afirmaba desde *La Vanguardia* el día 25.10.2008, *"la sociedad norteamericana tiene una gran capacidad de corregir sus errores, sus abusos, incluso los crímenes que ha cometido"*. Mi opinión es que la sociedad americana, como tal, en este entorno, es un sujeto muy pasivo: los medios le han restado el sentido de la realidad, información y criterio. Quienes realmente están virando, son sus líderes. ¡Quién iba a decir que EE.UU. acabaría teniendo un tinte leninista!

Europa tuvo la suerte de estar ese semestre presidida por Francia, con un hiperactivo Sarkozy quien, con un liderazgo enérgico, asumió la inmensa responsabilidad con propuestas efectivas, prácticas y realistas. Al igual que el gobierno alemán, holandés y, especialmente, el británico, con un Gordon Brown estelar, que tenía la ventaja sobre sus colegas europeos de entender de los temas de los que hablaba. Sus tesis sobre la nacionalización parcial de la banca y sobre la nueva arquitectura financiera internacional, fruto de una inconmensurable sensatez, realismo y pragmatismo británico, se impusieron inmediatamente en todo el mundo.

No eran tiempos de agonizar con la ortodoxia. Estábamos en un momento único en la Historia: se estaba haciendo Historia y, en esos momentos, se precisan líderes decididos y pragmáticos.

Incluso otros gobiernos, más próximos a nosotros, esclavos de su cortedad de miras, víctimas de su cortoplacismo populista, y con una marcada tendencia a desarrollar políticas económicas contemplativas, estuvieron finalmente a la altura: adaptaron localmente las medidas necesarias para ofrecer, por una parte, la tranquilidad a los ahorradores y, por otra, la liquidez que los mercados internacionales negaban a los súper-endeudados bancos y cajas españoles.

"Lo único que es cíclico es la estupidez y la ceguera", "a veces tenemos cegueras voluntarias o voracidades excesivas"

Felipe González afirmó ante la Fundación Círculo de Montevideo, en Sevilla, el 20.10.2008: *"esto no es una crisis cíclica, lo único que es cíclico es la estupidez y la ceguera"*, *"lo lógico en la evolución económica son los dientes de sierra, pero no estas caídas tan brutales"*, *"antes de desencadenarse la actual situación ha habido algunas advertencias, la última la crisis del sudeste asiático en el 2000, pero a veces tenemos cegueras voluntarias o voracidades excesivas"*, *"se impone una respuesta urgente, global y coordinada"* y *"regular los mercados internacionales"*.

Nadie es inocente. El que no fue avaricioso fue inconsciente o descontrolado. Le voy a hacer una reflexión. Cada vez más voces claman en Estados Unidos por corregir la tendencia desreguladora iniciada ya con Ronald Reagan, e introducir en la economía mayores elementos de supervisión pública, no necesariamente a la soviética, pero sí a la europea. La gente se ha asustado de los efectos de esta anarquía.

En propio Lluís Foix, en un artículo también publicado en *La Vanguardia* de fecha 31.07.2008 y titulado "Sin reglas ni leyes", lo resumía excelentemente:

"la corriente para regular la desregulación se encuentra en Estados Unidos y en los países europeos, que vemos cómo la globalización nos puede globalizar sin que tengamos nada que decir ni objetar porque es el mercado el que manda. Este determinismo conduce inexorablemente a una merma de libertades que afecta a los más desfavorecidos. No es prudente dejar a sus anchas la voracidad del mercado".

"la confusión y el miedo que inquietan a tantos cientos de millones de ciuda-

danos del mundo es, básicamente, una desconfianza en el derecho y las reglas que permiten que el mercado sea más importante que el Estado".

El nuevo presidente americano tendrá mucho que aprender de su predecesor Roosevelt.

Decía usted, al inicio de esta larga conversación, que todos los temas de los que hablamos aquí nos afectan a todos de alguna forma. ¿Cómo me afecta a mí, pobre de mí, esta crisis de las hipotecas internacionales?

Pues esta crisis, en principio muy focalizada en un segmento muy específico de los Estados Unidos, por aquello de la globalización y del **efecto mariposa (*)**, se extendió a todo el planeta. Y en España, donde estábamos en pleno pinchazo de la burbuja, nos paralizó. A usted le pudo suponer inicialmente, y de forma directa, una subida en los intereses de su hipoteca y préstamos, aunque posteriormente a raíz de las históricas bajadas de intereses se recuperara ampliamente. Le deseo que su empresa no sufra problemas de ventas, solvencia y, finalmente de liquidez y quizás de continuidad. Muy probablemente su banco o caja se fusione con otros. Eso de forma directa.

Indirectamente, en nuestro país, coincidió con el fin del **boom del ladrillo (*)** y el consiguiente pinchazo de la burbuja inmobiliaria. Por ello, los efectos se vieron localmente amplificados y se entró, sin duda, en un duro cambio de ciclo económico. Parecen consecuencia uno del otro por su coincidencia en el tiempo, pero no lo son. Son dos problemas distintos. La crisis en nuestro país no la provocó la crisis financiera internacional: ya estaba aquí con toda su crudeza. Se hubiera desarrollado igual. Todos los expertos internacionales lo habían anunciado.

"La crisis más compleja de la historia"

Y, a pesar de que, en su momento, en 2007, el Presidente Zapatero reaccionara calificándola como una *"crisis extranjera"*, y añadiendo *"España va más que bien"*, lo cierto es que Pedro Solbes reconoció posteriormente que *"nos encontramos ante la crisis más compleja de la historia".*

¿No exageraba el ex-ministro, él·siempre tan ponderado?

Pues no lo sé realmente, pero creo que no. La crisis de confianza (que no de liquidez) del sistema financiero internacional, se tradujo en crisis "reales" de liquidez en determinadas entidades crediticias sobrein-vertidas. Todo ello en un momento en el que los precios energéticos batían récords históricos, con el precio del **barril de petróleo** (*) titular de prensa casi a diario, ya fuera por sus subidas especulativas o por sus espectaculares bajadas al cesar la especulación. El exceso de de-manda llevó a una crisis inédita e imprevisible a los mercados mun-diales de productos alimenticios; trajo incrementos en los tipos de in-terés, una ralentización, cuando no el desplome, del consumo, y la inestabilidad política en países estratégicos. La **estanflación** (*) se ins-taló en las principales economías occidentales. Toda la geopolítica in-ternacional quedó afectada por el hecho, inédito hasta entonces, de que los países deudores fueran esta vez los occidentales, y los acreedo-res las economías emergentes: hacía tiempo que China había dejado de ser un tigre de papel.

La *teoría del desacople*, según la cual los países emergentes podrían haber amortiguado, por primera vez, los efectos de una crisis en EEUU y Europa, no se cumplió: todos los países del tercer mundo en bloque vieron hundir simultáneamente a las potencias occidentales sus divisas, bolsas, y balanzas comerciales. Los capitales internaciona-les huyeron de sus países, cayeron las materias primas… en fin, una crisis absolutamente global.

Yo no recuerdo un escenario económico internacional tan completo de incógnitas simultáneas.

En el mismo artículo, Lluís Foix añadía: *"es una crisis sin fronteras en la que los gobiernos intentan con medidas parciales afrontar un problema que les supera. Es una crisis en la que el mercado ha tomado la iniciativa y el Estado ha pasado a un discreto segundo plano al ver cómo las grandes decisiones que afectan a muchos de los ciudadanos no tienen consecuencias fiscales ni pue-den ser controladas por los gobiernos nacionales"*.

Otra vez Keynes y Roosevelt para reinventar el capitalismo

Todo ello nos lleva a recordar el vital papel de los **reguladores** (*) en una economía moderna: instituciones independientes que reglamen-tan y fiscalizan diferentes actividades del país, y que tienen como finalidad última dar confianza a los mercados, a las empresas, a los contribuyentes y a los inversores. Son la base para un correcto funcionamiento de una economía de mercado. Su funcionamiento eficiente e independiente es requisito indispensable en una democracia moderna. En los híper liberales EE.UU. han fallado ya, demasiadas veces.

Se habló del fin del liberalismo (*)...

¡Claro! Pero piense que demasiadas veces se nos ha invitado al entierro del capitalismo sin que finalmente apareciera el cadáver por ningún lado. Lo que es de desear es que no volvamos a ver por una buena temporada el reaganismo y el thatcherismo, que han dominado la política económica occidental durante tres décadas, así como las doctrinas de los **Chicago Boys (*)** que hemos impuesto militarmente a buena parte del mundo.

Quizás la crisis del 2008 será, en lo económico, equivalente a lo que en lo político supuso la caída del muro de Berlín: el fin de un sistema de hacer las cosas, hoy en el orden económico, ayer en el político. En definitiva es el fin de dos sistemas finalmente fracasados: el socialismo soviético centralizado, de la escuela de Moscú, y el liberalismo friedmaniano de la escuela de Chicago. Descansen ambos en paz.

Sarkozy declaraba que, a su juicio, *"esta crisis financiera sin precedentes quizás quede en la historia como el momento en el que el mundo entró en el siglo XXI"*.

El neo **keynesianismo (*)**, esta vez global, ya está aquí. Y EE.UU. ya tiene a su neo Roosevelt. No debemos olvidar que el New Deal de 1931 se diseñó para proteger al ciudadano *"del capitalismo salvaje"*.

Ahora se trata de *"refundar el capitalismo"*, afirman. Sarkozy proclamó *"la muerte de la dictadura del mercado y de la impotencia de lo público"*. De Nuevo, un New Deal, otro Bretton Woods, Keynes, Roosevelt.

Personalmente no veo problema si hemos de retroceder 75 años si con ello cogemos un nuevo impulso hacia delante, pero con bases más sólidas.

No es únicamente que el sistema fracase (lo hace a diario, una y otra vez, obviamente) y muera. Fracasa estrepitosamente, sí, pero se regenera periódicamente como las células del cuerpo humano. Son renovaciones profundas para que, en la esencia, nada cambie.

Por ejemplo, si resulta que el aroma neofascista de determinados ambientes neocons italonorteamericanos no sirve, se cambia, sin problemas. Al sur de los Pirineos quizás costaría más renunciar al *neofalangismo* resurgido con fuerza, a izquierda y derecha, sobre las todavía sólidas bases de un pertinaz *"franquismo sociológico"*.

En definitiva, se trata de un mecanismo universal de supervivencia, que acepta, de improviso, a sus históricos detractores, hace suyas las tesis de sus antaño enemigos y críticos, y renace con la carga ideológica de su contrario. El Partido Comunista Chino es un ejemplo.

Por su lado, los grandes líderes políticos occidentales han asumido a raíz de la crisis global, súbitamente, las tesis de los críticos de la globalización (por denominarlos de alguna manera): la falta de *"gobernanza mundial"*, en beneficio de unos mercados ineficaces y desbordados.

El sistema en el que vivimos no responde a ningún "ismo". No es tiempo de agonizar con la ortodoxia. Unos y otros aplican de forma encubierta un feroz materialismo dialéctico y resurgen con innegable fuerza para afrontar nuevos objetivos.

Y nuestro mundo tiene por delante enormes retos: aplicar de forma racional los inconmensurables avances tecnológicos, presentes y futuros, a las estructuras humanas, políticas, económicas y sanitarias del globo, en un entorno de equilibrio globalmente sostenible. Nunca en la Historia los gobiernos han tenido tantos retos nuevos y con tantos medios.

Seamos optimistas.

Resumen

● El larguísimo período de crecimiento económico que Estados Unidos disfrutó durante casi dos décadas como consecuencia del boom tecnológico les llevó a unos muy elevados niveles de consumo y también a un gran crecimiento del nivel de endeudamiento de las familias americanas.

● El endeudamiento se produjo más allá de lo razonable, llegándose a la concesión de préstamos técnicamente irregulares, de acuerdo con los principios bancarios internacionales generalmente aceptados.

● Surgieron circuitos extrabancarios, que sí concedían esa clase de préstamos, conscientes del alto riesgo de los mismos, a cambio, lógicamente, de un tipo de interés superior.

● Posteriormente, estos préstamos hipotecarios, de muy dudoso cobro, se titularizaron y se vendieron a bancos de todo el mundo que acudieron atraídos por sus altas rentabilidades, infectando con ello a todo el sistema bancario internacional.

● Según el Fondo Monetario Internacional, casi la mitad de los créditos para la compra de vivienda contratados en Estados Unidos durante 2006 eran "hipotecas basura"

● El reconocimiento de la existencia de bancos afectados por doquier llevó al colapso del mercado interbancario internacional y obligó a los bancos centrales a intervenir, evitando así la quiebra de bancos en cadena.

● Esta crisis, al principio muy localizada, dio origen a una de las crisis presuntamente más "complejas" de la moderna historia económica.

● Ahora bien, el sistema bancario, sin duda, se racionalizará y se regulará, la liquidez volverá a los mercados internacionales, el pánico cesará, los tres primeros problemas se solucionarán, pero la recesión internacional está aquí. Y, hoy, en el mundo, la mayoría de la población es joven y no sabe, porque no la ha vivido nunca, qué es una recesión. Debería explicarse. Y, en nuestro país, ha llegado con mayor virulencia, como es natural.

● Quizás la enseñanza de todo ello sería que no debería permitirse que la fuerza de los mercados sea más importante que el Estado.

● Todo ello nos lleva a recordar el vital papel que desempeñan los reguladores (*) en una economía moderna: son la base para el correcto funcionamiento de una economía de mercado.

● El sistema se regenera permanentemente como las células del cuerpo. Acepta de improviso a sus históricos detractores, hace suyas las tesis de sus antaño enemigos y críticos, y renace con la carga ideológica de su contrario.

● El sistema en el que vivimos no responde a ningún "ismo". No es tiempo de agonizar con la ortodoxia.

● Nuestro mundo tiene por delante enormes retos: aplicar de forma racional los inconmensurables avances tecnológicos, presentes y futuros, a las estructuras humanas, políticas, económicas y sanitarias del globo, en un entorno de equilibrio globalmente sostenible.

● Nunca en la Historia los gobiernos han tenido tantos retos con tantos medios. Seamos optimistas.

12

Nuestra crisis particular: una economía en la Unidad de Cuidados Intensivos por la multitud de "excesos" cometidos

Emplearse en lo estéril, cuando se puede hacer lo útil;
ocuparse de lo fácil, cuando se tienen bríos para intentar lo difícil;
es despojar de dignidad al talento.
JOSÉ MARTÍ

No me digas lo mucho que trabajas. Háblame de lo mucho que haces.
JAMES LING

Para salir airosos, sólo hay un camino posible: el incremento en la productividad y el regreso a los equilibrios más elementales

¿Salir airosos de qué? ¿Quién? ¿De dónde?

Pienso que, tanto a nivel individual como a nivel colectivo, y aunque a veces sea de modo inconsciente, todos nos planteamos diariamente el reto de sobrevivir, un día y otro, un año tras otro, dentro del entorno cambiante que nos ha tocado vivir y que, generalmente, no hemos elegido.

Centrándonos en los aspectos puramente sociales, como colectividad (o territorio, o país, dígale usted como quiera) si queremos sobrevivir en un entorno cada día más abierto, global y competitivo, hemos de tener *"cualidades"* que nos hagan atractivos, que inviten al resto de la humanidad a comprar nuestros productos y servicios, que les provoque el interés de venir a visitarnos, o la conveniencia de invertir su dinero en nuestro territorio para generarnos empleo y riqueza local. Para ello, hemos de corregir los excesos cometidos y *"recuperar la competitividad"* de nuestra economía. Únicamente así podremos, de nuevo, beneficiarnos de un futuro cambio positivo en el ciclo económico mundial. En otro caso, el futuro sería, sin duda, más sombrío, inestable y con más interrogantes.

Houston, tenemos un problema: no creamos empleos

Pero esta crisis actual es mundial ¿no es así? Usted siempre separa la situación internacional de nuestros problemas.

Sin la recesión internacional España hubiera tenido igualmente su crisis. El mal lo llevábamos dentro. Un favorable entorno nos lo mantuvo oculto demasiado tiempo. Hubiera sido menos virulenta, pero la burbuja inmobiliaria hubiera reventado de igual manera. El milagro español era, en palabras del profesor Manuel Castells, *"de cartón piedra"*. *"Un crecimiento continuado por encima del 3% con un incremento de productividad por debajo del 1%"*, *"con una burbuja inmobiliaria alimentada por tipos de interés negativos en términos reales"*. *"Era un castillo de naipes"*.

¿Qué son tipos de interés negativos? ¡Todo el mundo se quejaba de lo alto que estaban los tipos de interés y usted ahora me dice que eran negativos!

Efectivamente. Los tipos de interés reales son negativos cuando son inferiores a la inflación. Por ejemplo, si los intereses nominales están al 2.5% y la inflación al 4,5% (caso muy real en España) los tipos de interés reales son los tipos de interés nominales menos la inflación, es decir, (2,5%) − (4,5%) = (− 2%): tipos de interés negativos. Esto ocurre cuando un país no tiene moneda propia y la que utiliza (el euro) fija sus tipos de interés en base a la realidad inflacionaria y productiva de espacios económicos más amplios, liderados por otras economías más potentes, con mayor peso específico en el conjunto y mucho menos inflacionistas, como es el caso de la alemana y la francesa. Aunque los pagadores de hipotecas no lo crean, España tuvo durante un muy largo período de años intereses reales negativos. Y eso es malo.

Tumbel-Gugerell, miembro del Consejo Ejecutivo del BCE (*) afirmaba con fecha 08.07.08 en *Expansión*: *"España tiene todavía tipos de interés negativos. Esto no es saludable"*. Y en la misma entrevista, refiriéndose a España, concluía: *"El crecimiento y el empleo solamente se pueden garantizar a largo plazo con unos sectores de producción y de servicios competitivos, lo que implica sistemas educativos y de fomento a la innovación eficientes"*.

En esta crisis, España fue un polo de atención y de preocupación en toda Europa.

Pero ¡todas las economías europeas entraron en recesión!

Sí, de acuerdo, pero mire lo que afirmaba con fecha 18.05.2009 al diario *El Mundo*, el Ministro de Trabajo Celestino Corbacho, nada sospechoso de tener intenciones alarmistas, más bien todo lo contrario: "*es verdad que la crisis es mundial, pero de cada 10 parados europeos, 8 son españoles*". Tenemos graves problemas para crear puestos de trabajo estables.

Está muy claro.

Pues bien, volvamos al origen del problema. En mi opinión, la productividad es el equivalente al "*grado de atractivo*" de un país: un amplio conjunto de elementos que permite a un país destacar frente a otros aparentemente próximos, y superarlos en el ejercicio de generar más renta y, por tanto, atraer más capitales productivos y, en consecuencia, crear puestos de trabajo. De alguna manera, la productividad de una economía es el factor clave para su crecimiento estable y sostenido. Su elemento seductor.

Y a todo esto... ¿qué significa *productividad*?

La capacidad de producir más bienes y servicios satisfactorios con menos recursos. Como es natural, ello conduce a unos menores costes que, a su vez, permiten unos precios más bajos para las empresas o unos presupuestos menores en el caso de las administraciones públicas.

En términos llanos, podría definirse como "*eficiencia*" o como la capacidad de generar bienes y servicios con unos recursos determinados. Otra posible definición sería la relación entre los bienes producidos o los servicios prestados y los factores de producción utilizados para ello a lo largo de un periodo de tiempo.

Todos hemos conocido a personas mucho más ágiles y espabiladas que otras. Unas llevan a cabo sus propósitos en un santiamén, mientras que otras se distraen, se eternizan entre dudas, interrupciones, falta de chispa, idas y venidas, y todo ello a ritmo pausado.

Ya lo creo que sí.

Pues en el mundo de las empresas y, muy especialmente en el sector público, ocurre lo mismo. Y, ya globalmente, en términos agregados, la productividad de un país es la resultante de todos los elementos que lo componen. Y en un mundo abierto y global, hay que ser competitivos. Y hay que desterrar la expresión "chapuza" de una vez por todas.

Pero en general, las chapuzas nacionales ya pasaron a la Historia, ¿no es así?

No lo crea. Piense en un tema tan moderno y actual como la dotación informática de los juzgados españoles. En contra de lo que parecería ser la percepción popular, los ordenadores en los juzgados sí existen, y hay muchos. Pero tienen un problema: fueron comprados por los respectivos gobiernos autonómicos, cada uno por su lado, con programas distintos: eran incompatibles y no podían conectarse entre sí. Una auténtica chapuza que nos hace añorar, una vez más, aquella excelente revista de humor satírico llamada *La Codorniz* o las tiras del "Celtiberia Show" del malogrado Luis Carandell.

La hoja de ruta

Pero la productividad depende de muchos factores, ¿no es así? Muchos de ellos ajenos a las empresas y a los individuos.

Efectivamente, pero pueden planificarse a medio plazo, y obtener mejoras espectaculares. Como ya se adivina son múltiples los factores que influyen en la productividad general de un país. A título enunciativo, pero no exhaustivo, podríamos indicar:

- el nivel de utilización de las nuevas tecnologías informáticas y de telecomunicaciones.
- la movilidad geográfica dentro del país.
- el número de patentes registradas.
- el nivel cultural general.
- políticas selectivas con apoyos fiscales y, en su caso, de **aranceles (*)**.
- el grado de compromiso de los trabajadores de todos los niveles con sus empresas.
- el nivel de la calidad de la gestión de las instituciones públicas.
- la poca planificación y calidad de la gestión operativa en las empresas y la escasa supervisión de los trabajos que se realizan.
- el grado de mecanización, fruto de una adecuada inversión en equipos competitivos.
- la existencia o no de sectores con protecciones gremiales y consecuentes acciones de restricción a la competencia: el nivel de competencia global.
- el exceso de contrataciones temporales.
- el nivel de absentismo laboral.
- el nivel de burocratización del país y de extensión de la subcultura

funcionarial.
- La velocidad de los cambios estructurales.
- La calidad del sistema educativo, en especial en la educación de ciencias y matemáticas.
- Los costes financieros, es decir, los tipos de interés.
- El grado de especialización sectorial y geográfica.
- El costo de los recursos energéticos.
- El nivel de inflación.
- La falta de independencia judicial.
- La existencia de redes de transportes y comunicaciones diseñadas para la eficacia, no para el populismo político.
- El favoritismo de los funcionarios.
- El grado de trabas y dificultades administrativas de las administraciones.
- Los canales de comercialización y los márgenes comerciales.
- El nivel de internacionalización general y el grado de apertura al exterior.
- La presión fiscal general y de cargas sociales a las empresas.
- El sistema de horarios del país.
- El nivel de eficiencia energética.
- El número de funcionarios.
- La productividad laboral.
- El corporativismo en las universidades.
- Una logística optimizada.
- La inseguridad jurídica.
- La ineficacia de la comunicación interna.
- El nivel de corporativismo.
- El grado de transparencia de los mercados internos.
- La calidad de la formación profesional,
- El grado de ligamen Universidad – Empresa.
- La capacitación de la mano de obra en niveles intermedios.
- La capacidad de innovación.
- Y, en términos más globales, el nivel de inversión en I+D.

I+D. La madre de todas las productividades

¿I+D?

Investigación y Desarrollo. Lo habrá visto escrito así en la prensa general. En inglés puede ser que lea: R&D. Research & Development. La investigación, sea *"Investigación Básica"* o bien *"Investigación Pura"* (encaminada a la ampliación del conocimiento científico en general), o *"Investigación Aplicada"* (enfocada a la utilización inmediata de los nuevos conocimientos en la práctica) es la madre de todas las productividades. Y, según datos ofrecidos por la Comisión Europea (CE), España está en la cola de la Unión Europea en innovación, y perdiendo terreno. **Bruselas (*)** cree que, *aunque los resultados económicos en España son buenos, el nivel de innovación está empeorando, algo que puede causar problemas en el futuro.* España se encuentra a la cola de Europa en innovación, y no sólo eso, sino que es uno de los cuatro países de la Unión Europea (UE) que *"perdieron terreno"* en 2005 en esta materia. El máximo encargado de la Dirección General de Empresas de la CE, David White, destacó que los resultados de España en la clasificación son *"pobres"* y *"preocupantes"*.

Refiriéndose a Europa, David White añadía: *"El rendimiento en innovación en la Unión Europea es bastante decepcionante"* ya que *"somos menos innovadores de lo que podemos ser"*. Suecia y Finlandia encabezan la clasificación. Junto a ellos, se sitúan Suiza, Dinamarca y Alemania como los líderes europeos en innovación. En el lado opuesto, en el grupo de los que pierden terreno, se encuentra España, acompañada por Polonia, Estonia, Bulgaria, Eslovaquia, Rumania y Turquía. *"Si la tendencia actual de los 25 Estados miembros se mantiene, el diferencial entre Europa y EEUU en materia de innovación no se acortará"*, previenen en **Bruselas (*)**.

Y todo ello, pese a que la financiación de I+D universitaria en España, está por encima de la media comunitaria, según el "marcador" de la CE. Sin embargo, el gasto empresarial en I+D es el 45% de la media de la Unión Europea, y también tenemos una muy baja tasa de patentes, *"no llega al 20% de la media de los 25 estados europeos"*. Recordemos que seguimos en la cola de Europa en desgravaciones y bonificaciones en el Impuesto de Sociedades para aquellas empresas que reinvierten en el propio negocio o invierten en investigación.

La balanza por cuenta corriente, como termómetro

La consecuencia más inmediata de una baja productividad de un país es el precio de sus bienes y servicios, menos competitivos que el de sus competidores. Y a partir de ahí, muchas otras consecuencias: nuestros productos son más caros: declive en las exportaciones; los productos del exterior son más baratos: incremento en las importaciones, menos turismo, etc.

Hay una partida de la **Balanza de Pagos** (*) del país que en mi opinión es importantísima como termómetro de la marcha de una economía, en términos estratégicos a medio y largo plazo: la *Balanza por cuenta corriente*, que engloba la *Balanza Comercial*, la *Balanza de Servicios* y la *Balanza de Transferencias*. Naturalmente, la más importante es la primera

¿Qué es la Balanza Comercial?

Es el registro de lo que se compra y se vende al exterior. Si vendemos al exterior (exportamos) más de lo que compramos (importamos), tenemos superávit comercial. En caso contrario, déficit. Pues bien, España es un país con permanente desequilibrio comercial, pero el déficit comercial en los últimos años ha adquirido valores estratosféricos, un 9,8% del **PIB** (*) a agosto de 2008, el mayor de Europa junto a Grecia, y el doble del tan internacionalmente criticado de los Estados Unidos, que asciende al 4,8%.

¿Y qué consecuencias tiene esto?

Depende de las compensaciones que se dan en otras partidas de la **Balanza de Pagos** (*). Puede darse perfectamente el caso, y se da, de países que no fabrican nada y todo lo importan, pero, a cambio, tienen unas balanzas de servicios (turismo, comunicaciones, transportes, royalties, u otros servicios) o de transferencias (básicamente **remesas de emigrantes** (*) y donaciones, ayudas unilaterales) con importantes superávits compensatorios.

En nuestro caso, el elemento básico compensador fueron las **remesas de emigrantes** (*) hasta los años sesenta, y posteriormente fueron sustituidas, con enorme éxito, por el turismo, convirtiéndose España en la tercera potencia turística mundial.

¿Entonces, no es tan grave, no?

En cierto modo, es una forma de entender el origen de la digamos, crisis o transición económica española. En estos momentos hay algunas novedades en estas balanzas compensatorias: el turismo se estanca, y la balanza de transferencias corrientes, que engloba los flujos de los emigrantes e inmigrantes, refleja con fuerza la llegada de los inmigrantes a España: las remesas a sus países de origen han estado creciendo a un ritmo del 23% anual. Ahora, con la crisis, estos flujos se han estabilizado.

Pero verá, le he comentado antes que hay otra balanza, que es la agrupación de las anteriores, es decir, que mide los intercambios con el exterior por transacciones de mercancías, servicios, rentas y transferencias: se denomina "balanza por cuenta corriente". El saldo de esta balanza nos refleja de verdad lo que ocurre en el país con respecto al exterior, y nos da enormes pistas para comprender lo que ocurre "intramuros".

Casualmente, el nombre va bien para entenderlo con facilidad: si gastamos más de lo que tenemos "en nuestra cuenta corriente" tenemos déficit, sino superávit. Y tiene un reflejo en nuestro endeudamiento o en nuestra tesorería. Un país es como una familia, no lo olvide.

Pero, en términos comparativos ¿cuál sería la balanza por cuenta corriente de mi familia?
La diferencia entre todo lo que gasta y todo lo que ingresa por cualquier concepto (excepto los créditos). Si alguien le financia el déficit mediante créditos, su familia puede ir manteniendo el ritmo de gasto, pero esa es una situación inestable e insostenible a largo plazo.

Los consumidores más rumbosos

Y los consumidores españoles, según afirma el profesor de IESE José Luis Nueno: *"éramos los más rumbosos de Europa"*. Las galerías de algunos centros comerciales de la periferia de nuestras grandes ciudades *"estaban llenas de mujeres que parecían casadas con toreros o con futbolistas galácticos"*. Y, añade, *"nos comportábamos como una especie de argentinos de Europa"*.

Efectivamente, viajando por el mundo, por lejano que fuera el país, se había notado una anormal presencia de, generalmente ruidosos, turistas españoles, hecho que no guardaba proporción alguna con la objetiva riqueza de nuestro país. Ocurría igual al principio de la década de los ochenta en los centros comerciales de Miami y Nueva York, llenos a rebosar de argentinos que aprovechaban fines de semana con puentes para ir de compras por el mundo.

¿Por qué ocurre esto? ¿Por qué siempre tengo que oír que los españoles gastamos demasiado?

Me es difícil responder a esto. Como afirma el profesor Nueno, al mínimo signo de recuperación económica *"los españoles nos tiramos a la calle a comprar"*. ¿Es debido a un déficit global histórico todavía no asumido? ¿Es debido a que fuimos los últimos en recibir los beneficios del Estado del Bienestar, que se inició aquí en nuestros lares cuando, tras muchas décadas, ya declinaba en el resto de Europa? ¿Es debido a que estamos desbocados por una demasiado rápida transición desde una estructura económica y social cuasi-medieval a la era digital, en algunas zonas geográficas simplemente en dos generaciones? ¿Tenemos tendencia a olvidar demasiado rápidamente dónde estamos y de dónde venimos? ¿Será también de aplicación aquí aquello que Santiago Carrillo decía incansablemente, una y otra vez, como si de una explicación multiusos se tratara, que la gran mayoría de nuestros grandes males se derivan de que aquí no tuvimos una Revolución Francesa? Probablemente, hay muchas razones simultáneas para este fenómeno.

Estirar más el brazo que la manga: los "excesos" macroeconómicos

Entiendo que las personas no podemos gastar más de lo que tenemos de forma permanente. Por mucho déficit histórico que acumulemos. Lo entiendo perfectamente.

Pues la macroeconomía de un país es igual. Durante años, España ha estado viviendo muy por encima de sus posibilidades, y ello se ha reflejado en un déficit en la "balanza por cuenta corriente" de un 10 % del **PIB (*)**, lo que puede entenderse como que el país necesitaba un 10% "más" de los ingresos que era capaz de generar por diversos canales. Cuando alguien gasta más de lo que ingresa, o reduce su liquidez o, si no la tiene, se endeuda. Y España se endeudó. Estuvo muchos años importando "ahorro extranjero" para invertirlo aquí. Los bancos hicieron ese trabajo.

La reiteración de déficits anuales nos han llevado, según cifras del **Banco de España (*)**, hasta una deuda acumulada con el exterior de 1,5 billones de euros. Le pondré todos los ceros: 1.500.000.000.000,00 euros. El 150% del **PIB (*)**.

En octubre de 2008, en plena crisis global, el gobierno español puso sobre la mesa 50.000 millones de euros, para que la banca española pudiera devolver los vencimientos inminentes de sus deudas a los mercados internacionales. La banca española había perdido el crédito internacional, y el Estado actuó en su lugar, dado que la deuda española es calificada como AAA por las **Agencias de calificación (*)**. Así, el Estado obtenía el dinero mediante emisiones internacionales de **Deuda Pública (*)** para, acto seguido, pasárselo después a los bancos en forma de préstamo. Ganando un diferencial.

Todo aquello había sido posible porque el sistema bancario financió todo el proceso mediante la contratación, en los mercados internacionales, de enormes cantidades de dinero a crédito, a bajo interés. Y, según el **Banco Central Europeo (*)** en su boletín de julio 2008, *el 80% de la financiación exterior obtenida por España desde 1998, se destinó al sector de la construcción.*

Para que se haga una idea, en 1992 el déficit por cuenta corriente era tan sólo del 3% y, en buena medida debido a dicho déficit, la peseta se devaluó un 30% con respecto al marco alemán.

Pero ¿qué tiene que ver la peseta con el déficit por cuenta corriente?
Muchísimo. Si devalúo un 30 por ciento mi **divisa (*),** los productos extranjeros son, automáticamente, un 30% más caros (produciendo un súbito empobrecimiento general y reduciendo el consumo). Nuestros productos son más baratos para los extranjeros en igual porcentaje. Con ello, las exportaciones pueden incrementarse muy significativamente, al igual que reducirse las importaciones. El resultado es una drástica mejora en "la balanza comercial". Además, el país es también un 30% más económico para los turistas, por lo que puede darse una avalancha de ellos, mejorando la "balanza de servicios". En definitiva, lo que mejora es la suma de todas estas balanzas, es decir, la "balanza por cuenta corriente". Pero esto, hoy, ya no es posible hacerlo.

¿Por qué?
Porque la peseta ya no existe. No tenemos moneda propia. Y las devaluaciones, que fueron la tradicional forma de compensar periódicamente nuestros déficits, ya no son posibles. Piense que, año tras año, nuestra inflación ha duplicado y a veces triplicado la de nuestros socios, vecinos y clientes Francia y Alemania. Y la inflación es únicamente uno de los muchos factores que afectan a la productivi-

dad y competitividad general del país.

¿Entonces, qué ocurre?

Pues que un día u otro, la ficción se acaba. Los bancos encontraron dificultades para seguir tomando dinero a préstamo para financiar nuestros excesos **macroeconómicos (*),** y dejaron de financiar la fiesta: las cosas deben volver a su equilibrio. No hay otra solución. La balanza por cuenta corriente ha de volver a equilibrarse o, como mínimo, alcanzar un déficit del 2%, considerado como asumible por los expertos. Nos queda un largo recorrido de transición. Habrá una época de menor consumo y nivel de vida para rato. Hasta el final del ajuste.

¿Qué debería ocurrir para decir que vamos por el buen camino y en la senda de reducir el déficit?

Contener el consumo, y por tanto, las importaciones; hacer nuestros productos más competitivos (otra vez, la productividad) para incrementar las exportaciones. Controlar la inflación. Seguir en la senda de reestructuración de nuestro turismo hacia un turismo de mayor calidad, dado que en este mundo globalizado ya no podemos competir exclusivamente con el precio: siempre hay una oferta turística más barata en el mundo. Se trata, como ve, de reducir nuestros déficits estratosféricos.

Nuestra economía se encuentra en una encrucijada complicada, que si bien es la primera vez que la afronta (por primera vez no podemos seguir adelante con una simple devaluación de la peseta), era previsible y, de hecho, ampliamente prevista.

¿Quiere un resumen?

Por supuesto.

Retroceda unas líneas sobre la larga lista de factores que influyen en la productividad (naturalmente muy incompleta). Es un compendio de temas sobre los que trabajar. El libro de ruta. Sólo así lograríamos, por una vez, un equilibrio estable.

Pero repasándola, da la impresión de que la mayoría de objetivos no son individuales, ni siquiera de las empresas, sino más bien responsabilidad de los gobiernos ¿no es así?

Efectivamente, es así, pero los gobiernos, recuerde, dicen y hacen lo que su gente quiere oír y le exige. Y la heroica labor de los ciudadanos sería no criticarlos cuando emprenden reformas estructurales con efectos positivos a largo plazo, pero con perjuicios en el corto plazo. Si los criticamos, no las llevarán a cabo, seguirán sin desarrollar "políticas de Estado" y continuarán con sus estrategias tacticistas y cortoplacistas; diciendo lo que crean más conveniente pero, en la práctica, buscando su voto fomentando los excesos **macroeconómicos (*)** que producen en la gente **ilusión monetaria (*)** y **efecto riqueza (*)** en el corto plazo. Cortoplacismo. Populismo.

Todos tenemos culpa aquí, por lo que veo.

Naturalmente. Pero cabría también pensar que aquí no hay realmente culpables: se trata de un modelo económico que está agotado.

Hemos de recuperar nuestra capacidad de seducción

Y ¿cómo saldremos de esta?

Sólo hay un camino, y es lento: incremento en la eficiencia y un mucho mejor aprovechamiento de los recursos. Pero las crisis de sobreendeudamiento son lentas y difíciles; han de depurarse los excesos y volver a la competitividad para que, cuando el resto del mundo salga de su ciclo recesivo, podamos engancharnos al nuevo ciclo expansivo y no quedarnos al margen.

Hemos de recuperar nuestra "capacidad de seducción" y nuestra competitividad para volver a ser atractivos al mundo, para volver a ser un país donde valga la pena invertir, crear empresas, centros logísticos, venir de vacaciones o comprar productos de calidad y a precios adecuados. Hemos de ser capaces de demostrar que, aún sin una débil peseta que devaluar regularmente, hemos de ser capaces de ser igualmente competitivos. No hay otro camino.

Y ya hemos dicho que nuestro país no ha sido nunca, digamos, un modelo de productividad. Fíjese, por ejemplo, en estas dos noticias:

- La prestigiosa escuela de negocios IESE y Adecco publicaron en 2007 un estudio en el que llegan a una conclusión nada novedosa para cualquier observador: *España es el país en el que más largas son las jornadas laborales y menor rendimiento se obtiene por hora trabajada.* Lamentablemente, el problema no son las muchas horas de la jornada sino la baja productividad. Y esto se refleja en uno de los datos críticos del informe, el tiempo que se tarda en producir bienes y servicios en España comparado con el resto de la UE: somos los terceros por la cola.

● Según un informe publicado por Addeco, *España* encabeza el muy curioso y penoso ranking europeo de *"trabajadores que no van a trabajar"*. No se ría. No sé si le sorprende la noticia, pero nuestro liderazgo en este ranking se incrementa y consolida: el número de horas perdidas en los últimos 5 años se ha duplicado del 3% al 6%. España va más que bien, vive Dios.

Estas cosas no las explican por televisión.

Parece que sería políticamente incorrecto hacerlo. Y hoy, más que nunca, nadie quiere serlo. Mirando el segundo informe con un poco de detalle se encontrará con unas cifras estadísticas que, sin duda, no le van a sorprender: el nivel más bajo de absentismo se da en Bilbao (4%), y el más alto, en Andalucía y Levante (12%). Las medallas de oro y plata absentista se la llevan respectivamente Valencia y Málaga: las ayudas puntuales en los huertos y tierras de las familias de los trabajadores algo tienen que ver con esto... como, sin duda, usted ya sabe perfectamente. Y lo conocen también con todo lujo de detalle en las casas matrices de las empresas multinacionales instaladas en las zonas absentistas.

Según un informe del Observatorio de la Economía Mundial (2009) de la Fundación de Estudios Financieros (FEF), el 40% del endeudamiento español, que se acerca peligrosamente al 125% del **PIB (*)**, se debe a la baja productividad del país.

Somos líderes absolutos de la **OCDE (*)** en el índice de dificultades de contratación laboral y rigidez de empleo. José Manuel González Páramo, miembro español en el Comité Ejecutivo del **BCE (*),** afirmaba en junio 2008: *"algunas características del muy especial mercado laboral español, como las claúsulas de indiciación salarial, tienen unos efectos muy per-*

*versos: durante 10 años, la economía española ha estado perdiendo producti-
vidad. Los costes laborales unitarios han aumentado en ese tiempo un 25%
más que en Alemania, lo que muestra la necesidad de que esas clausulas desa-
parezcan o cambien de naturaleza".*

Nos situamos en el puesto 95, de los 149 países estudiados, por las dificultades existentes para crear una empresa: el número de días necesarios para iniciar una actividad de una empresa es de 47: el máximo de
toda la **OCDE (*).**

Una asignatura pendiente: avanzar simultáneamente en empleo y en productividad

Pero, el crecimiento de estas últimas décadas ¿no mejoró la productividad?
No. Al contrario, en términos comparativos globales, la bajó. Porque
no fue un crecimiento motivado por avances tecnológicos o de mejora del entorno organizativo, sino estrictamente por incremento del
empleo.

Realmente, la productividad de España retrocedió respecto a Europa a
niveles de hace 30 años. Los datos no pueden ser más explícitos: en
1975, año de la muerte del general Franco, la productividad del trabajo de la economía española representaba el 95,1% de la media de los
países que forman hoy parte de la zona del euro. En 2006, según los
datos del **Banco de España (*),** ese porcentaje cayó hasta el 91,1%. Se
trata del nivel más bajo desde los primeros años 70 cuando, en pleno
entusiasmo desarrollista, la economía española rompió por primera
vez la barrera del 90%.

Las cifras no ofrecen dudas y están representadas en términos de paridad de poder de compra, lo que permite hacer las comparaciones de
forma más homogénea con los países de la eurozona. Pese a que la
productividad por ocupado en unidades de poder de compra de 2005
se ha duplicado desde 1970 hasta nuestros días, lo cierto es que los países de la unión monetaria han corrido mucho más.

**Pero si en ese período realmente crecimos mucho e incrementamos la pro-
ducción ¿no?**
Sí, pero durante el periodo analizado, la economía española debió
su expansión económica a la explosión del empleo más que a un

avance real del uso de nuevas tecnologías, como fue el caso norte-americano.

En algunas ocasiones, el ex-vicepresidente Pedro Solbes mostró su preocupación por el hecho de que el 80% del crecimiento del **PIB (*)** fuera consecuencia del factor trabajo, y apenas el 20% restante de avances tecnológicos. El crecimiento en España durante el último decenio se debió al incremento en el número de horas trabajadas. Es decir, durante los años del **boom del ladrillo (*),** con un crecimiento basado fundamentalmente en la construcción y el consumo interno, se creó mucho empleo, pero menos productivo, lo que frenó la convergencia en la productividad, en términos reales, con Europa.

El uso intensivo del trabajo como motor del aumento del **PIB (*)** determina la sostenibilidad del crecimiento y su aproximación a los estándares de vida existentes en los países más avanzados. Pero las últimas cifras muestran un frenazo en seco de la convergencia económica real con la Unión Europea.

Según datos de la **OCDE (*)**, entre 1985 y 1993 la productividad, medida como PIB por hora, creció un 2 % anual, pero durante el decenio siguiente la velocidad de avance se dividió por siete. Posteriormente, entre 1997 y 2006, según la Comisión Europea, *"estuvo estancada con leves avances, pero seguía creciendo menos de la mitad de crecimiento de la de nuestros socios y cuatro veces inferior al de los estadounidenses".*

Concluiría afirmando, como muchos autores, que la productividad es el equivalente al "grado de atractivo" de un país: un amplio conjunto de elementos que permite a un país destacar frente a otros aparentemente próximos, y superarlos en el ejercicio de generar más renta y, por tanto, atraer más capitales productivos. De alguna manera, la competitividad de una economía es el factor clave para su crecimiento estable y sostenido.

Y, en España, el modelo económico anterior (especulación inmobiliaria + construcción + inversión extranjera + subvenciones europeas + subvenciones interregionales + consumo desaforado) ha caducado. Y sigue estando en el aire cuál será "el modelo de recuperación económica" que sacará al país de la recesión.

Y ¿no podríamos ser un poco más proteccionistas? Los americanos lo pre-

tenden: "buy America", dice Obama.

Sin duda alguna. La propensión a comprar "extranjero" es muy alta entre nosotros. Hay mucho papanatismo, con perdón. No soy en absoluto partidario de volver a los aranceles y de poner trabas a las importaciones. Pero, por ejemplo, me parece del género inconsciente, rozando lo irresponsable, no fomentar, al menos desde las administraciones públicas, la compra de coches (excelentes y a precios competitivos) quizás fabricados por la empresa donde trabajan los ciudadanos que les pagan el sueldo a esos funcionarios que deciden la compra. Y esa fábrica de coches, a su vez, quizás tiene acuerdos de colaboración para la investigación con la Universidad de sus hijos. Y probablemente ese fabricante de coches será uno de los principales "pagadores de impuestos" del país...

En fin... pongamos un poco de sentido común a las cosas importantes. Un poco de proteccionismo a nivel local y europeo nos iría muy bien, ayudaría a potenciar la recuperación del empleo y la moral colectiva frente al **dumping social (*)** de otros países.

¿Y cómo afecta la crisis a la productividad?

Teniendo en cuenta que los salarios están ahora creciendo a un ritmo europeo y nuestro diferencial de inflación puede llegar a ser negativo, cabe esperar que la economía española recuperará una buena parte de la "competitividad-precios" perdida. De hecho, según estadísticas del Banco de España, ya en marzo 2009 las importaciones habían disminuido un 31,5% en términos interanuales. En opinión del servicio de estudios de "la Caixa", *el déficit corriente de España ya se reducirá a la mitad, el 5%, tanto durante los años 2009 como 2010.* Son buenas noticias.

Resumen

● La productividad es la capacidad de producir más bienes y servicios satisfactorios con menos recursos.

● Es la base de la competitividad, tan necesaria en un mundo global.

● Los proyectos en I + D, Investigación y Desarrollo, son básicos a largo plazo para mejorar la productividad.

● Pero hay otro larguísimo listado de factores que afectan a la productividad: es la hoja de ruta a seguir.

● Nuestro país no es un modelo de productividad.

● Hemos vivido una larga fase de crecimiento, pero con graves desequilibrios.

● El saldo de la balanza por cuenta corriente es insostenible.

● Hemos estirado más el brazo que la manga.

● Hemos de recuperar nuestra "capacidad de seducción" y volver a ser atractivos al mundo, para volver a ser un país donde valga la pena invertir, venir de vacaciones o comprar productos de calidad a precios adecuados.

● La competitividad de una economía es el factor indispensable para su crecimiento estable y prolongado.

● Sigue estando en el aire cuál será "el modelo de recuperación económica" que sacará al país de la recesión.

● Sólo hay un camino y es lento: incremento en la eficiencia y un mucho mejor aprovechamiento de los recursos. Las crisis de sobreendeudamiento son lentas y difíciles. Han de depurarse los excesos, volver a la competitividad para que, cuando el resto del mundo salga de su ciclo recesivo, podernos enganchar al ciclo expansivo y no quedarnos al margen.

● Un poco de proteccionismo a nivel local y europeo nos iría muy bien, ayudaría a potenciar la recuperación del empleo y la moral colectiva, frente al dumping social (*) de otros países.

13

Las balanzas fiscales

De vez en cuando di la verdad para que te crean cuando mientes
JULES RENARD

El nacionalismo es una enfermedad infantil, es el sarampión de la Humanidad.
ALBERT EINSTEIN

España no es que sea diferente; es que es inverosímil.
AMANDO DE MIGUEL

Hagan como yo, no se metan en política
FRANCISCO FRANCO BAHAMONDE

¿Por qué estamos hablando de las Balanzas Fiscales?

¡Cuántas frases célebres ha puesto en este capítulo!
Es que todas ellas me parecen muy en consonancia con el tema que
nos ocupa.

¿Y por qué estamos hablando de las balanzas fiscales?
Por la doble razón de que es un tema de permanente protagonismo
mediático, y porque, sin ningún género de dudas, nos afecta ciertamente a todos sin excepción. Aunque, bien es verdad, se trata de un tema con una problemática muy circunscrita a esta península nuestra.

Pero hay también una tercera razón: tengo la impresión de que los
políticos y periodistas afines han manipulado tanto el concepto, que
han logrado que los ciudadanos acaben finalmente desorientados y
con dificultades para comprender qué es una balanza fiscal, para qué
sirve y cuáles son los principios más sencillos y elementales de la contabilidad regional.

Los hechos son tozudos

Y ¿qué es lo que no se entiende?
Que las balanzas fiscales no son más que un indicador que refleja un

determinado estado de cosas, como el balance de su empresa, la tasa de desempleo, el **PIB (*)**, el **IPC (*)** o la **Balanza de Pagos (*)**. Que ocultar un indicador es ocultar la realidad subyacente que analiza. Ocultar las balanzas fiscales fue algo equivalente a prohibir a la Agencia Estatal de Meteorología la publicación de las temperaturas del día anterior cuando éstas no fueran del agrado de los partidos políticos alternantes.

Y que, finalmente, las balanzas fiscales no vienen a decir nada que no salte a la vista y sea evidente para cualquier ciudadano mínimamente observador. Que, por lo tanto, todo ese esfuerzo político y mediático de ocultación fue inútil. Porque aunque se prohibiera la publicación de las balanzas, con sus déficits y superávits, éstos seguían estando ahí: *"Los hechos son tozudos"*.

¿Qué reflejan realmente las balanzas fiscales?

La diferencia entre los impuestos pagados en un territorio y el flujo de gastos e inversiones que recibe del Estado. Hay flujos fiscales entre territorios en la medida en que los impuestos y gastos públicos se distribuyen territorialmente. Las balanzas fiscales recogen estos flujos. Cuando, en un territorio, los impuestos pagados superan los gastos públicos recibidos, existe un déficit fiscal igual a la diferencia. De la misma manera, en un territorio con superávit fiscal, los gastos e inversiones recibidos superan los impuestos pagados.

Eso es todo. Déjeme únicamente añadir que la suma de déficits y superávits es siempre cero. Lo que cobran unos de más, lo reciben otros de menos. Es un ejercicio de suma cero. El dinero no se multiplica al territorializarlo.

¿Pero este fenómeno debe existir por igual en todos los países, no?

Naturalmente. La "política regional" es una parte importante de la política económica y de la función pública. Y, en países como el nuestro, con territorios con historias y estructuras económicas tan dispares, "la gestión del territorio" es una tarea muy relevante dentro de la gestión global del gobierno. A estos efectos, las balanzas fiscales son un indicador más, tampoco hay que darle un desproporcionado protagonismo.

¿Y por qué se han mantenido tantos años en secreto?

Pues eso no lo sé. De todas formas no es exactamente así: se publicaban regularmente por el Instituto de Estudios Fiscales, dependiente del Ministerio de Economía y Hacienda, hasta el año 1996. A partir de las cifras de ese año, los sucesivos gobiernos decidieron interrumpir su publicación, declarando las balanzas fiscales poco menos que material clasificado y *"secreto de Estado"*.

Se me ocurre pensar que quizás prohibieron al "hombre del tiempo" decir que las temperaturas en una determinada comarca eran realmente frescas y agradables porque tal vez, durante demasiado tiempo, algunos partidos habían estado obteniendo importantes réditos políticos en amplios territorios, a base de hacer creer a sus gentes que las temperaturas en aquél lugar eran tórridas y sofocantes. Si no lograban amordazar al bueno del hombre del tiempo, tratarían de negarle el pan y la sal, quizás promoverían intensas campañas de desprestigio sobre la fiabilidad de los instrumentos metereológicos de medición que el buen hombre utilizaba, o incluso sobre la propia necesidad o la inutilidad de hacer públicas las temperaturas y las bajas presiones del día anterior.

Este tipo de datos estadísticos se publican con normalidad en la Unión Europea y en países con estructura federal, como Estados Unidos, Alemania, Canadá, Australia, Suiza, etc. No hay problemas, ni técnicos ni metodológicos.

Por ejemplo, ahora mismo, mientras estoy escribiendo estas líneas, estoy viendo una tabla resumen de las balanzas fiscales de los Estados Unidos desde el ejercicio 1981, en la dirección www.taxfoundation. org. Allí se puede observar, por ejemplo, cómo, invariablemente desde el año 1981, el estado de New Jersey encabeza el ranking de estados deficitarios, mientras que el de New México es líder permanente de los estados sobrefinanciados. Sus razones tendrán. Pero fíjese: todo el mundo lo sabe, o lo puede saber, incluidos usted y yo. Allí nadie podría explicar los hechos al revés. Los hechos son siempre así: tozudos.

Pero los impuestos los pagan las personas, no lo territorios.
Naturalmente. Pero los gastos se territorializan: se invierte y gasta más en determinados territorios que en otros. Son las denominadas políticas de cohesión y desarrollo regional. En el escenario europeo, nosotros hemos sido los máximos receptores de fondos europeos, sin contrapartida, durante décadas, con unos superávits fiscales exuberantes.

¿Tan importantes fueron los fondos europeos que recibimos en España?

Importantísimos. *La Gaceta de los Negocios*, de fecha 24.11.2006, en un documentado reportaje, afirmaba: *"España ha recibido de la Unión Europea, desde su ingreso en esta organización, más dinero que todos los países que fueron ayudados por Estados Unidos tras la Segunda Guerra Mundial mediante el Plan Marshall"*.

¡Caray! ¡Esto sí que me sorprende! ¡No me lo imaginaba!

En el libro titulado "La mayor operación de solidaridad de la historia" de J.L. González y M.A. Benedicto, (Plaza y Valdés Editores. 2006) se explica con todo lujo de detalles. Y concluye: *"España se ha convertido en el país del mundo que históricamente más se ha beneficiado de una corriente de solidaridad procedente de otros países"*. Quizás ahora le vengan a la memoria aquellas tan famosas palabras de amable agradecimiento de José María Aznar al Presidente Felipe González, cuando en ocasión de la negociación de los Fondos de Cohesión con **Bruselas (*)**, le acusó de *"pedigüeño"* y de *"ir por Europa mendigando"*.

Lamentablemente, hay un calendario en marcha para, primero reducir, y posteriormente eliminar, el superávit fiscal español. Porque la Unión Europea elabora "balanzas fiscales" desde el primer día, no lo olvide.

¡Estarán contentos en Alemania!

Relativamente, porque ellos continuarán, en mayor o menor cuantía, con su déficit fiscal con Europa. Lo que cambia son los receptores de esos fondos de solidaridad: ahora son los nuevos países integrados del Este.

Hay voces críticas en Alemania que acusan las permanentes exacciones para financiar los fondos de cohesión como causantes de un sistemático menor crecimiento de su economía. Alemania invierte el 1,24 % de su **PIB (*)** en fondos europeos sin contrapartidas. ¡Fíjese qué casualidad!: se ha cuantificado el efecto de las ayudas comunitarias en el **PIB (*)** español en un 1% anual acumulativo.

No obstante, en el caso de Alemania, los países europeos pobres somos, permítame la expresión, una sobrecarga de segundo nivel. Desde la unificación alemana, los länders occidentales, como es natural, han realizado un sobreesfuerzo fiscal ímprobo para ayudar al desarrollo a los länders con origen en la antigua Alemania del Este. Algunos länders occidentales han soportado costosísimos déficits año tras año. A la economía alemana globalmente, y a algunos länders en particular, les ha costado Dios y ayuda llevar a buen puerto ese necesario cometido, que han tenido que llevar a término solos, sin ayudas exteriores, más bien al contrario, cediendo adicionalmente el 1,24% de su **PIB (*)** global a países más festivos como el nuestro.

Supongo que esto es así porque es un país rico, ¿no?

Por supuesto. Pero no infinitamente rico. ¿Cuál es el nivel de déficit fiscal que puede soportar razonablemente un territorio en relación con el Estado?

Observemos el propio modelo alemán. El Tribunal Constitucional de Alemania sentenció en 2001 que un déficit fiscal de un länder superior al 4% del PIB era inaceptable. Por encima del mismo, ya no podría hablarse de solidaridad con los länders más pobres, sino de un perjuicio injustificable, una grave pérdida de competitividad exterior y un daño irreparable para el länder contribuyente neto. Y el 4% de déficit es lo que aporta, por ejemplo, Baviera, a la solidaridad alemana.

¿Y cuales son los déficits en España?

Según los datos correspondientes al ejercicio 2005, finalmente publicados en julio de 2008, Baleares es líder absoluto del ranking, con un déficit del 13,96%, más del triple del límite establecido en Alemania. La medalla de plata se la lleva Catalunya, con un déficit del 8,69%, más del doble de dicho límite, y Valencia se adjudica el bronce, con un déficit del 6,40%.

¿Y los superávits?

Extremadura con una sobrefinanciación del 18,08%, Asturias, del 14,28%, Galicia, del 8,23% y Castilla León del 7,68% (dejando al margen a Ceuta y Melilla por su carácter extraordinario).

Pero todo esto es un ejemplo de la política regional que antes mencionaba ¿no? El sector público estatal redistribuyendo la renta personal y territorial de forma equitativa.

Sin duda, pero, ¿qué se entiende por equitativa? Piense que del caso alemán hay algo que todavía no hemos comentado: en Alemania, a diferencia de España, la nivelación por solidaridad *no puede alterar el orden inicial de los territorios en* **renta per cápita (*)**.

Es el denominado *"principio de ordinalidad"* que figura recogido en estados de estructura federal como Alemania, donde una sentencia de 1999 de su Tribunal Constitucional estableció que un territorio receptor de solidaridad no puede superar en **renta disponible per cápita (*)** a un länder donante tras aplicar los mecanismos de nivelación. O lo que es lo mismo: *"quien más tiene, más debe pagar, pero no puede ser que el que paga acabe siendo más pobre que el que ha recibido"*.

¿Y esto ocurre en España?

El orden inicial de los territorios en términos de **renta per cápita (*)** aquí no sólo se altera, sino que una vez contabilizados todos los fondos de solidaridad, es decir, los fondos de suficiencia, los fondos de compensación interterritorial y los diversos fondos europeos, queda literalmente *"irreconocible"*. Y se oculta.

Toda una paradoja

¿Esto pasa?

Es simple estadística. Tal y como funcionan los muy complejos mecanismos de nivelación y solidaridad, penalizan desproporcionalmente a las Comunidades Autónomas que realizan una mayor contribución fiscal. Por poner un ejemplo, los índices de recursos disponibles per cápita en Catalunya pasan de 123 antes de la nivelación (es decir 23 puntos por encima de la media) a 96 (por debajo de la media) tras la nivelación, mientras que hay Comunidades Autónomas en las que pasan de 70 a 123 tras la nivelación.

A partir de aquí, se entienden las críticas a un sistema que permite que unos territorios estén financiando sistemáticamente a otros que, en realidad, tienen una **renta disponible per cápita (*)** muy superior.

Y, al final, resulta que, en algunos territorios deficitarios, los ciudadanos han de pagarse servicios complementarios privados por la insuficiencia de los servicios públicos, mientras que en otros territorios se ofrecen servicios a sus ciudadanos muy superiores a los que pueden ofrecer a los suyos los territorios que realmente los pagan, mediante los mecanismos de solidaridad. Toda una paradoja. Mientras unos tienen la suerte de poder tener en las escuelas públicas un ordenador por cada dos alumnos, en otros cada vez hay más escuelas con barracones.

A este respecto el líder sindical de CCOO en Catalunya, Joan

Coscubiela afirmó: *con este déficit fiscal no hay política social posible.*

Algunas Comunidades Autónomas sobrefinanciadas incluso se permiten reducir espectacularmente e incluso suprimir totalmente algunos importantes impuestos de su competencia. Pero esto es engañoso. A largo plazo, incluso los territorios más beneficiados por este estado de cosas, se pueden ver también negativamente afectados por los estrangulamientos económicos causados a los territorios vecinos más dinámicos y solidarios.

Este es un fenómeno muy conocido en el seno de muchas familias que tienen miembros residentes en distintos territorios de la península. Mientras unos, residentes en territorios sobrefinanciados, tienen a su disposición, obviamente gratuitas, determinadas prestaciones sociales y equipamientos públicos, los cuñados, primos y sobrinos residentes en territorios solidarios, si quieren acceder al mismo nivel de servicios, los han de contratar a empresas privadas.

Termino con unas frases extractadas de la intervención del senador balear Pere Sampol a raíz de una sesión plenaria del Senado en ocasión de una moción sobre las balanzas fiscales del Estado: *"ocupamos sistemáticamente el último lugar en las inversiones del Estado"; "somos la Comunidad con los servicios públicos peor dotados de todo el Estado, y todo eso a pesar que somos la Comunidad que más ingresos aporta relativamente a las arcas estatales"; "lo de las Illes Balears no se puede tildar de solidaridad, sino de auténtico expolio"; "es duro ver cómo alguna comunidad ofrece asistencia buco dental gratuita con cargo al déficit de nuestra sanidad"; "mas del 17% de las personas viven por debajo del umbral de pobreza mientras aportamos recursos netos a comunidades que tienen una renta superior a la nuestra".*

Otros métodos de cálculo

Pero yo he oído que hay varios métodos de calcular las balanzas fiscales. Sólo hay un método internacionalmente reconocido y aplicado para esta finalidad: el del "flujo monetario". Aquí se intenta promocionar otro método con el objetivo de cambiar el sesgo de Madrid en el panel financiero global. Pero el "método del beneficio" no sirve para estos propósitos y, a los efectos de las balanzas fiscales, es útil únicamente para confundir al personal.

¿Confundir al personal? ¿Por qué?

Porque en sus cálculos presupone, por ejemplo, que el gasto de la nómina de los funcionarios de los ministerios de Madrid, y en consecuencia, los gastos personales de sus familias en colegios, supermercados, taxis, alquileres, restaurantes, no se llevan a cabo realmente en Madrid sino que se desparraman por el resto de España, toda vez que los funcionarios madrileños están trabajando *"para el bien de todos los españoles"*. Por ello, los gastos de las nóminas de los funcionarios capitalinos no se imputan a Madrid. De la misma forma, los fondos para la construcciones de las varias autopistas de circunvalación de Madrid, según este método, tampoco se invierten realmente en Madrid, sino que son repartidos por el resto de España porque, claro está, las puede utilizar un ciudadano de Valencia que se dirija a La Coruña para evitar su entrada en el núcleo urbano de Madrid. Ya ve por dónde van los tiros. No es serio. No le dé más vueltas.

Las balanzas comerciales compensatorias

Y eso de que con las balanzas comerciales, estos desequilibrios se compensaban, ¿tampoco es cierto?

Tampoco. Piense que las balanzas fiscales no tienen contrapartida. Son unidireccionales. El dinero viaja a cambio de nada. Café caído del cielo.

En cambio, las balanzas comerciales sí tienen una contrapartida: mercancía por dinero. Compradores y vendedores, realizan las transacciones (normalmente dinero a cambio de productos) que consideran beneficiosas para sus intereses. Únicamente toman decisiones de comprar y vender si les parece un intercambio interesante, y no por razón de solidaridad ni nada por el estilo. Así que, como ve, esto no tiene nada que ver con el tema que tratamos en este capítulo. Otra cosa sería que el supuesto vendedor se quedara el producto y recibiera el dinero a cambio de nada. Entonces sí tendríamos una transacción unidireccional, sin contrapartida, comparable o asimilable, en ese hipotético caso sí, a las balanzas fiscales: eso si que compensaría el déficit fiscal.

Y esto es más verdad que nunca desde que no existen aduanas ni proteccionismos arancelarios de ninguna clase. Es decir, cada uno compra lo que quiere y donde quiere. Antes, en las épocas de **autarquía (*)**, de su pregunta podrían surgir algunos matices. Hoy ya no ha lugar. Además, por poner el ejemplo catalán, Catalunya destina al mercado español bastante menos del 30% de sus ventas exteriores: sólo la Unión Europea absorbe más del 66% de las mismas.

El profesor Sala Martín, Premio Rey Juan Carlos I de Economía, Premio del Banco de España al mejor economista en España y Latinoamérica y, según algunos indicadores americanos, el cuarto economista "vivo" más citado del mundo, lo explica así:

El déficit fiscal de una comunidad en relación con el gobierno central es la diferencia entre los recursos que aporta (los impuestos pagados por los ciudadanos) y los que recibe (incluyendo la parte de los gastos que solidariamente debe pagar por los bienes públicos que a todos benefician). El déficit fiscal es, pues, una transferencia unilateral: dinero que se va A CAMBIO DE NADA (a menudo, a cambio ni de las gracias).

La balanza comercial, por su parte, es la diferencia entre lo que Catalunya vende a España y lo que España vende a Catalunya. Como Catalunya vende a España más de lo que le compra, se dice que Catalunya tiene un superávit comercial. Aquí hay que señalar que cuando un consumidor español compra productos catalanes, lo hace de manera voluntaria y que intercambia su dinero por bienes o servicios que desea. El superávit comercial, pues, se financia con un movimiento de capitales de igual magnitud (déficit de balanza de capitales).

La existencia de un superávit comercial no cambia ni la dirección ni la magnitud de las pérdidas provocadas por el déficit fiscal, por lo que se debe ignorar.

Que no se le intente engañar con: "entréguenos 600.000 Ptas. anuales, y no se queje porque este dinero sirve para comprarle sus productos, por lo que aún sale ganando". Este último es un razonamiento falaz que debería desaparecer de una vez por todas del debate sobre la balanza fiscal.

Resumen

● La "política regional" es una parte importante de la política económica y de la función pública en general. Y en países como el nuestro, con territorios con historias y estructuras económicas tan dispares, "la gestión del territorio" es una tarea muy relevante dentro de la gestión global del gobierno.

● En la medida en que los impuestos y los gastos públicos se distribuyen territorialmente, hay flujos fiscales entre territorios y se generan superávits y déficits. Las balanzas fiscales simplemente lo reflejan.

● En las balanzas fiscales, como en toda contabilidad, existen unos principios básicos y reglas técnicas, generalmente aceptados internacionalmente. No hay demasiado espacio para la creatividad local.

● Aunque afectan a todos los ciudadanos, las balanzas fiscales han tenido un innecesario protagonismo mediático, al haberse prohibido su publicación por motivos políticos partidistas.

● Para limitar los perjuicios económicos a los länders solidarios, en Alemania se han puesto límites constitucionales a sus déficits fiscales.

● Las balanzas comerciales no tienen nada que ver con las balanzas fiscales; ni mucho menos, las compensan.

14

La Globalización

Es mejor ser una vaca en Europa que un pobre en un país en desarrollo.

JOSEPH F. STIGLITZ

Los europeos, americanos y japoneses gastamos 1.000 millones de dólares al día en subsidios a los agricultores. Con ese dinero podría enviarse a cada una de las vacas europeas durante un trimestre entero al año a las Bahamas, volando en primera clase, alojarlas en hoteles de cinco estrellas, con todos los gastos pagados, incluidos una cerveza y un masaje diarios. ¿Pero en qué tipo de planeta estamos viviendo? ¡Es inconcebible!

Converses amb Xavier Sala Martín. Edicions Dau. Pág 77.

¿En qué se basan para afirmar todo esto?

La amarga afirmación de Stiglitz, que data del año 2006, surgió de la constatación de que «la vaca europea media recibe una subvención de 2 dólares al día (el umbral de la pobreza, según el Banco Mundial). *Más de la mitad de los habitantes de los países en desarrollo viven con menos.* Por lo tanto, parece que es mejor ser una vaca en Europa que un pobre en un país en desarrollo».

Y el profesor premio Nobel añadía:

El cultivador de algodón de Burkina Faso vive en un país cuya renta media anual apenas supera los 250 dólares. Se gana la vida penosamente cultivando pequeñas superficies semiáridas. No dispone de ningún tipo de riego y es demasiado pobre para adquirir abonos, un tractor o semillas de buena calidad. En cambio, el cultivador de algodón californiano labra una inmensa explotación de varios cientos de hectáreas con ayuda de toda la tecnología agrícola moderna: tractores, semillas de alta calidad, abonos, herbicidas, insecticidas... La diferencia más impresionante es el riego; el agua que utiliza para este fin está fuertemente subvencionada, por lo que le cuesta mucho más barata de lo que le costaría en un mercado competitivo. Pero a pesar del agua subvencionada y todas las demás ventajas, el agricultor californiano no podría ser competitivo en un mercado mundial justo; además tiene que recibir ayudas directas del Estado que garantizan la mitad de su renta, o más. Sin dichas ayudas,

275

producir algodón en Estados Unidos no sería rentable; gracias a ellas, Estados Unidos es el primer exportador mundial.

Veinticinco mil cultivadores de algodón estadounidenses muy ricos se reparten 3.000 ó 4.000 millones de dólares de subvenciones que les incitan a producir todavía más. Naturalmente, la subida de la oferta provoca una bajada de los precios mundiales que repercute en 10 millones de agricultores en Burkina Faso y otros países de África. En los mercados, integrados a escala mundial, los precios internacionales influyen en los precios internos de los países. Cuando los precios agrícolas mundiales caen debido a las enormes intervenciones estadounidenses y europeas, los precios agrícolas interiores también bajan y esto afecta a todos los agricultores, incluso a los que no exportan y sólo venden en su propio mercado. Y la reducción de los ingresos de los agricultores implica una reducción de los ingresos de todos los que abastecen a los agricultores: sastres, carniceros, tenderos, peluqueros... Todo el mundo sufre las consecuencias en el país. Esas subvenciones seguramente no tenían por objeto hacer tanto daño a tanta gente, pero esta situación era una de sus consecuencias.

¿Cómo se relaciona lo anterior con la globalización? Sin globalización, ¿las vacas etíopes y europeas serían más iguales?

No. Serían más iguales con más globalización, no con una marcha atrás a la situación anterior. La globalización económica es irreversible, no hay vuelta atrás, pero lo que ocurre es que no es verdad que el mundo avance en un proceso de TOTAL globalización económica. Lo es sólo parcialmente: en una única dirección y sentido.

En este tema, el nivel de hipocresía y cinismo del que hacen gala los países desarrollados es digno de consideración. Exigen fronteras abiertas a sus productos y capitales en un gran mundo globalizado y liberal, pero cuando ellos han de aplicar la misma receta para permitir la llegada a sus mercados de la producción agrícola de otros países, silban y miran hacia otro lado.

No han desmantelado el nivel de sus **aranceles (*)**, como exigen hacer a los países del tercer mundo, privando de esta manera a los países menos desarrollados de los ingresos de sus exportaciones al primer mundo. La globalización es sólo semiglobalización; funciona en una única dirección.

Desde hace décadas, a través del **Fondo Monetario Internacional (*)**

y del **Banco Mundial (*)**, Occidente, representado por EE.UU., ha presionado a los países más pobres para que, a cambio de sus préstamos, aceptaran unas reglas nuevas del juego: este conjunto de normas se conocen como el *"Consenso de Washington"*, que, entre otras cosas, reza que los países deben abrirse totalmente al exterior, a las exportaciones y capitales internacionales, deben optar por la desregulación de la economía (liberalización) y, por supuesto, por el desmantelamiento de sectores económicos estatales no competitivos para focalizar los recursos existentes en actividades de mayor rentabilidad a corto y medio plazo. Es decir, y resumiendo mucho, un manual de economía liberal, redactado por los **Chicago Boys (*)**.

Pero esto en principio no suena mal, ¿no?

No, no, claro que no, lo que ocurre es que no es verdad. Esas políticas que exigimos a los demás no nos las aplicamos a nosotros mismos, y el esquema queda cojo: no funciona en absoluto. El modelo sólo es bueno si es total. O todos, o nadie. Los países desarrollados seguimos protegiendo nuestra agricultura con subvenciones y aranceles y, en general, no hemos ni siquiera iniciado los deberes que hemos impuesto a los demás, muchas veces con las armas, para que nuestros productos y capitales puedan campar por las economías emergentes a placer. Aquí no estamos por esa labor. Allí donde menos se aplica el consenso de Washington es en Washington y territorios aliados.

Fíjese, el 43% (bajando, eso sí) del presupuesto de la Comunidad Europea se lo lleva la "Política Agraria Común", es decir, subvenciones a agricultores europeos (que no representan más del 1% de la población) totalmente contrarias al "Consenso de Washington" que tan interesadamente vendemos, y en muchos casos imponemos a los demás. De ahí lo de la vaca europea.

Entonces, los que están por la *"antiglobalización"* ¿realmente qué proponen?

No hay una postura común: hay un mosaico de gentes muy diversas que protestan, pero yo a veces pienso que, en general, la terminología les juega una mala pasada: pienso que, en el fondo, no son antiglobales y no están en contra de la globalización sino justamente a favor. El error es que parten de la base de que la globalización existe, y eso no es verdad. En mi opinión los males que critican no vienen de la globalización en el tercer mundo, sino de la "no globalización" del primer mundo.

Mire lo que dice el profesor Sala Martín:

Si la globalización económica se caracteriza por el libre movimiento de capital, trabajo, mercancías y tecnología y si ninguno de esos factores ha llegado todavía a África, la solución al mayor problema económico del mundo no es menos sino más globalización. Más globalización... y menos ONU y Banco Mundial. (Xavier Sala Martín. *La Vanguardia* 17.07.2003).

Por su parte, Federico Mayor Zaragoza, entrevistado con fecha 10 de Septiembre de 2001 por el diario *El Mundo*, afirmaba:

¿Qué es para usted la globalización?

Una palabra inventada por los globalizadores que ha cautivado a algunos países globalizados. En cambio, la globalidad sí que es una premisa fundamental para cambiar las actuales tendencias: ver al mundo en su conjunto (6.000 millones de habitantes y 250.000 personas que llegan cada día) y compartir mejor es indispensable. Salvo en el tren, es muy peligroso hoy no asomarse al exterior. La UE debe tomar buena nota.

Y Kofi Annan, ex- Secretario General de las Naciones Unidas, también lo tiene claro:

Para que la globalización sea positiva, ha de serlo para pobres y ricos por igual. Tiene que aportar el mismo grado de derechos que de riquezas. Tiene que suministrar el mismo grado de justicia y equidad social que de prosperidad económica y buenas comunicaciones."

La Globalización es una utopía

Entonces ¿usted valora positivamente la globalización?

Por supuesto que sí, pero no la veremos ni usted ni yo. La globalización es una utopía. La teórica globalización total que, repito, no existe, sería equivalente a la idílica situación dibujada por los economistas liberales clásicos utópicos de los siglos XVIII y XIX. Un sistema que crearía y transmitiría universalmente la riqueza mediante el comercio internacional, en un entorno de libre circulación de ideas, bienes, personas y capitales.

Pronto se cumplirán 300 años desde que Adam Smith promoviera en vano el comercio internacional sin trabas, en el que cada producto debía fabricarse en el país que tuviera un menor coste de producción, lo que él llamaba una "ventaja comparativa" (hoy lo llamaríamos especialización competitiva), así como el libre movimiento internacional de factores productivos, único camino para generar crecimiento económico sostenido y universal.

Ese sistema liberal clásico, lo más parecido al concepto actual de globalización, no ha existido nunca jamás y estamos, 300 años después de Adam Smith, muy lejos de él, a pesar de lo que nos quieren hacer creer. Los proteccionismos políticos no lo han permitido.

Las evoluciones tecnológicas y militares han roto muchos moldes, entre ellos los económicos, culturales, de comunicación y comerciales. Los moldes políticos van sustancialmente más despacio y, como es evidente, no siempre van hacia adelante en la dirección del progreso. A veces, salta a vista, nos adentramos en retrocesos históricos muy profundos.

Ello es así, entre otras razones, porque en occidente hay permanentemente elecciones, y una parte muy relevante de los electores y partidos políticos, mediatizados por **lobbies (*)** agrícolas tradicionalmente muy poderosos, están radicalmente en contra de la globalización y de la liberalización de los mercados y fronteras. Aspiran, no únicamente a mantener, sino a ampliar, las protecciones y subvenciones. Los políticos, como es sabido, acostumbran siempre a tratar de decir "lo que sus electores quieren oír", para posteriormente, una vez en el poder, hacer lo que creen más oportuno.

No olvidemos que no existe un gobierno mundial, y cada gobierno mira estrictamente para el bien material de su país. Así se lo exigen sus respectivos votantes. No carguemos las culpas exclusivamente a los políticos. Los han puesto ahí los votantes.

Parece, no obstante, que lentamente van cayendo barreras, pero el proceso es muy lento, como queda de manifiesto cada vez que se reúne la Organización Mundial de Comercio. La OMC es un foro donde los Estados miembros (todos los del mundo) buscan acuerdos para la reducción de los aranceles y la liberalización del comercio.

La escasa liberalización del comercio agrícola

Como resumen, me permito reproducir aquí un excelente artículo sobre este tema leído en la Wikipedia que, como sin duda sabe, es fruto de millones de editores anónimos. No conocemos, por tanto, a su autor, al que felicito desde aquí por el excelente resumen que ha realizado estrictamente del tema comercial:

La no liberalización del comercio agrícola ha sido una de las principales críticas por parte de amplios sectores de la sociedad civil. En ocasiones estas críticas se han dirigido a la **OMC (*)***, a pesar de que ésta como tal no controle el resultado de los compromisos: son los Estados miembros, no la* **OMC (*)***, quienes deciden si permitir que los productos agrícolas extranjeros puedan tener un mayor acceso a sus respectivos mercados.*

Lo cierto es que el sector agrícola es uno de los menos liberalizados, es decir, uno de los sectores donde los principales mercados (EEUU, Japón y la UE) aplican tarifas más elevadas a las importaciones provenientes del extranjero. En la UE, la Política Agrícola Común (PAC) impide el acceso de muchas exportaciones de productos agrícolas para proteger a los agricultores europeos de la competencia de otros países. En EEUU, un complejo sistema de subsidios protege de igual forma a sus respectivos agricultores. No solamente no permiten el acceso a sus mercados sino que, además, en algunos casos determinados, debido a unos precios nacionales superiores a los mundiales causados por dicha protección (por ejemplo en la UE), se incentiva el incremento de la producción en estos países.

Se han dado casos en los que países industrializados han producido un excedente de productos agrícolas, por los precios nacionales superiores a los mundiales (que incentivan al agricultor a producir más para ganar más). Como el país industrializado no tiene la suficiente demanda para satisfacer toda la producción, ni formas de almacenar los productos agrícolas (entre otras cosas porque muchos son perecederos), se decide exportar dicho excedente.

El problema es que, al exportar estos productos, se incrementa su oferta en el mercado mundial y a mayor oferta, se reduce su precio a nivel mundial o incluso llegan tales productos a países en desarrollo que no pueden competir con ellos, no porque sean menos competitivos, sino porque el país industrializado de turno, al ofrecer un subsidio a sus agricultores facilita el que éstos puedan venderlos más baratos. El problema se agrava aún más si se tiene en cuenta que en los países desarrollados tan sólo alrededor de un 5% de la población activa trabaja en la agricultura, mientras que en los países en desarrollo el porcentaje puede alcanzar hasta el 80% de la población.

Es así como la protección garantizada a unos pocos agricultores (pagada con el dinero del contribuyente que tiene que pagar precios más altos o sufragar el gasto de los subsidios a los agricultores de su país), acaba impidiendo el acceso al mercado de los países ricos a los agricultores que más lo necesitan o incluso acaban reduciendo el precio de las exportaciones de éstos, con las evidentes consecuencias en su renta.

La no apertura de los mercados de los países ricos a los productos agrícolas ha sido motivo de duras luchas por parte de los países en desarrollo. El problema es que, debido a la forma en que se ha configurado el sistema propio de la OMC, no existe por parte de los países ricos un interés especial en permitir dicho acceso. En la OMC cada acuerdo se negocia: el país X rebaja sus tarifas en tal producto que exporta el país Y si a su vez el país Y rebaja sus tarifas en tal otro producto que exporta X. Con este sistema se liberaliza el comercio sin que un país pierda toda su protección a cambio de nada y por lo tanto ambos países puedan ganar con dicha liberalización.

El problema es que los países pobres tienen poca cosa que ofrecer a los ricos: como son pobres y tienen una demanda poco importante, no pueden ofrecer a los países ricos la apertura de sus mercados en otros productos a cambio de que los ricos abran sus mercados agrícolas, porque los mercados de los países pobres no son importantes para las exportaciones de los países ricos. Es así como el sistema lesiona el poder de negociación de los países pobres.

Sin duda alguna se trata de un problema complejo de difícil solución. En primer lugar, están los agricultores de los países ricos que presionan al gobierno para que no deje de protegerlos. Además, a pesar de que en conjunto, la población ocupada en el sector agrario en los países industrializados es muy reducida, también es cierto que ésta no se reparte homogéneamente por todo el territorio, y existen zonas de estos países donde la agricultura es todavía hoy importante. Así pues, si se decidiera desproteger a estos agricultores sin una ayuda alternativa, muchas zonas rurales podrían perder parte de su actividad económica, incentivando así la despoblación de zonas rurales y el incremento de la población en zonas urbanas. En segundo lugar, existen también argumentos de seguridad alimentaria. Quienes defienden este argumento consideran que es mejor que el propio país produzca sus alimentos para no verse afectado por una posible disminución de las importaciones que provocaran la escasez de alimentos. Este argumento ha recibido duras críticas por parte de quienes consideran que la liberalización del comercio en el sector agrícola reduciría este problema más que acrecentarlo: si un país puede exportar y otro importar libremente, es difícil pensar en una situación donde no existiera a escala mundial un excedente de producción alimentaria que supliera la escasez en otro lugar del mundo, especialmente si hablamos de países ricos que pueden permitirse pagar los alimentos a precios más elevados (como de hecho ya lo están haciendo los ciudadanos europeos o estadounidenses, entre otros).

http://es.wikipedia.org/wiki/Organizaci%C3%B3n_Mundial_de_Comercio

Seamos optimistas: La pobreza en el mundo disminuye

Si la liberalización del comercio agrícola internacional, que debería ir asociada al desarrollo económico, no prospera en amplias zonas del mundo subdesarrollado; si se ha demostrado que el "Consenso de Washington" no ha sido la solución universal que se esperaba ¿qué futuro económico les espera a los países más pobres del tercer mundo?

Seamos optimistas. Aunque, a la hora de la verdad, únicamente 5 países del mundo (Suecia, Luxemburgo, Noruega, Holanda y Dinamarca) dedican el 0,7% de su **PIB (*)** a la ayuda al tercer mundo, los países en desarrollo han ido cobrando importancia desde todos los puntos de vista. El porcentaje de pobres (según lo define la ONU) respecto de la población mundial total está disminuyendo.

El profesor Sala Martín, en un famoso artículo publicado en la prestigiosa revista *Quarterly Journal of Economics*, demostraba que *"la pobreza mundial en el año 2000 era aproximadamente la mitad de la existente tan sólo una década atrás". El problema es que se está concentrando en África de forma alarmante: "Hace 30 años, el tema de la pobreza era un problema primordialmente asiático: más del 70% de los pobres eran asiáticos. Por el contrario, hoy, más del 75% de los pobres son africanos, mientras que únicamente el 19% viven en Asia".* (*Converses amb Xavier Sala Martín*. Edicions Dau. Pág. 133.)

¿De los tigres asiáticos a los leones africanos?

Pero África también avanza. Dejando al margen a los países exportadores de petróleo, como Angola y Guinea Ecuatorial, que crecen espectacularmente, otros países tienen un ritmo de crecimiento esperanzador: Sudáfrica, Botswana, Zambia, Ghana y Mozambique.

Un caso singular es Botswana, que ha conseguido una senda continuada de crecimiento acumulado del 7%, y una **renta per cápita (*)** de 5.700 dólares. Según los analistas, ello ha sido posible por una rigurosa política de "buenas prácticas": por ejemplo, una política feroz contra la corrupción, con tolerancia cero. Así, según los índices de corrupción de "Transparency International" del año 2008, véalo en www.transparency.org, Botswana es el país africano menos corrupto y ocupa el puesto número 36 (España es el 28), y está mejor calificado que Chequia (45), Italia (55), Polonia (58), China (72) y México (72), por citar a países bien conocidos. La independencia del poder judicial en Botswana, famosa por infrecuente en África, ha permitido llevar a cabo toda una serie de importantes políticas sociales e inversiones en infraestructuras con cargo a los importantes beneficios de sus minas de diamantes.

Y, curiosamente, China está siendo un país muy relevante en el desarrollo africano. Lejos de los principios teóricos, de los congresos, de los consensos y las conferencias en foros internacionales, China, en silencio, invierte masivamente en África, financia proyectos africanos con menos condicionantes que el **Banco Mundial (*)** o el **Fondo Monetario Internacional (*)**. Y compra.

Lo cierto es que, o bien por la vía de las "buenas prácticas" de algunos países, o bien por el impacto dinamizador de China, a pesar de todo, África se mueve. ¿Hablaremos un día de los leones africanos?

La tasa Tobin

Además de una intensa globalización en el comercio, en el flujo de capitales y en las comunicaciones, la generosidad y la visión a largo plazo, también se requieren cantidades ingentes de imaginación y creatividad. Un ejemplo de esto último es la famosa tasa Tobin.

Me suena la tasa Tobin. ¿Qué es?

Es un teórico impuesto mundial sobre los flujos financieros internacionales, sugerido en 1971 por James Tobin, a quien diez años más tarde, en 1981, se le concedió el premio Nobel de Economía. Las cantidades recaudadas se aplicarían a la ayuda al desarrollo de los países más pobres del mundo. Grupos alternativos antiglobalización han defendido tradicionalmente este impuesto o tasa.

Pero este impuesto ¿qué gravaría exactamente?

La tasa Tobin consistiría en pagar un impuesto cada vez que se produce una operación en el **mercado de divisas (*)**. Según Tobin, la tasa debería ser muy baja, no superior al 0,1% para no gravar las operaciones comerciales y las inversiones, pero sí los movimientos *puramente especulativos* de ida y vuelta en los mercados de divisas internacionales, que se estima ascienden al 80% del volumen total del **FOREX (*)**.

En expresión del propio Tobin, se trataría de *"echar arena en los engranajes demasiado bien engrasados de los mercados monetarios y financieros internacionales".*

La Conferencia de Naciones Unidas para el Comercio y el Desarrollo (UNCTAD) concluyó lo siguiente: *"la tasa Tobin permitiría recaudar 720.000 millones de dólares anuales, distribuibles a partes iguales entre los gobiernos recaudadores y los países más pobres".* No hace falta que vaya a por la calculadora, lo he hecho yo: son casi 2.000 millones de dólares al día, 83 millones cada hora, casi un millón y medio de dólares por segundo.

El Programa de la Naciones Unidas para el Desarrollo, el PNUD, afirma que *"con el 10% de la suma recaudada sería posible proporcionar atención sanitaria a todos los habitantes del planeta, suprimir las formas graves de malnutrición y proporcionar agua potable a todo el mundo, y que con un 3%, se conseguiría reducir a la mitad la tasa de analfabetismo presente en la población adulta, universalizando asimismo la enseñanza primaria".*

¿Y qué pasó finalmente con la tasa Tobin?

Nada. Durante 20 años fue objeto de discusiones teóricas hasta que se dejó de hablar de ella. Más o menos coincidiendo con el cambio de milenio, el tema volvió a ser de rabiosa actualidad en los foros internacionales, primordialmente impulsado por la ATTAC, la **A**sociación por la **T**asación de las **T**ransacciones y por la **A**yuda a los **C**iudadanos, que es un movimiento que procede de la izquierda política francesa, pero hoy extendido a todo el planeta. La ATTAC promueve el control de los mercados financieros y, a su vez, de las instituciones encargadas del mismo.

La ATTAC tampoco se declara antiglobalizador, sino favorable a la globalización universal, con el objeto de permitir a los países más pobres del planeta participar en los procesos reguladores de los intercambios financieros, al igual que lo hacen las grandes potencias. Así que, una vez más, vayamos con cuidado con las terminologías.

Incluso en 2001, y a raíz de una cumbre Franco-Germana, la prensa informaba de lo siguiente:

El Gobierno alemán ha decidido secundar a París en el llamamiento a un mayor control de los mercados financieros internacionales, según manifestó el canciller socialdemócrata Gerhard Schröder al finalizar una cumbre informal con el presidente galo, Jacques Chirac, y el primer ministro francés, Lionel Jospin, celebrada la noche del miércoles en Berlín. Ambos países crearán una comisión de trabajo de 'alto rango' en la que conjuntamente analizarán 'los instrumentos para garantizar tanto la eficiencia económica de la globalización, como su control social', explicó Schröder. 'La discusión incluirá también la tasa Tobin, aunque no girará sólo en torno a ella', agregó el canciller, en referencia a la propuesta de crear un impuesto sobre los flujos internacionales de capital, relanzada recientemente por Jospin.

¿Y esa comisión de trabajo "de alto rango" llegó a alguna conclusión?
Tampoco. Ya en 2008, se volvió a la carga. Un grupo de organizaciones internacionales dedicadas a la cooperación internacional, reconocidas por el Consejo Económico y Social de las Naciones Unidas, reabren la polémica. Por cierto, una de ellas, Ubuntu, es española. Le recomiendo encarecidamente visitar su web: www.ubuntu.upc.edu.

Estos grupos insisten en este impuesto sobre las transacciones en divisas que, contrariamente a otros muchos impuestos, no tiene ninguna intención regulatoria, y trata únicamente de ser un tributo de carácter recaudatorio y redistributivo a nivel mundial. No era así en el proyecto inicial de Tobin, toda vez que el objetivo de la tasa del profesor de la Universidad de Yale sí era efectivamente regular el **FOREX (*)**, tratando de poner coto a su desmesura. No obstante, se manifestó a favor del destino propuesto (por otros) a las cantidades recaudadas.

En la página web del Global Policy Forum de las Naciones Unidas puede leerse:

El mercado de intercambio de divisas es el mercado más grande del mundo, con un volumen diario de operaciones de 1,9 trillones de dólares (2004). Esto significa que en menos de un año se maneja divisas por valor 10 veces superior al del PIB global. De esta enorme cantidad, el comercio internacional de bienes y servicios, que requiere moneda extranjera, es responsable sólo de un pequeño porcentaje (9 trillones de dólares anuales) de las operaciones comerciales totales. En cambio, la especulación con los tipos de cambio equivale como mínimo al 80 por ciento del mercado monetario mundial. Estos movimientos especulativos, que pueden darse de manera rápida e impredecible, amenazan con vaciar las reservas monetarias de los bancos centrales y provocar crisis financieras como las de México (1994), Asia Oriental (1997-98), Rusia (1998), Brasil (1999), Turquía (2000) y Argentina (2001). Estas crisis han tenido consecuencias socioeconómicas de largo alcance, arrojando a millones de personas a la pobreza y al desempleo. James Tobin, David Felix, Rodney Schmidt, Paul Bernard Spahn y otras personas han examinado la posibilidad de imponer tasas sobre las transacciones monetarias internacionales con el fin de reducir la volatilidad de los tipos de cambio y promover la estabilidad económica internacional. Además, los ingresos potencialmente generados por tal impuesto son enormes. Una tasa impositiva que oscile entre el 0,005 y el 0,25 por ciento generaría entre 15 y 300.000 millones de dólares anuales, de los cuales una cantidad considerable se podría destinar a promover la paz y el desarrollo internacional. Un estudio de las Naciones Unidas ha estimado que se necesitan aproximadamente 150.000 millones de dólares anuales para cumplir los Objetivos de Desarrollo del Milenio, entre ellos reducir a la mitad la proporción de gente que sufre hambre y pobreza extrema para el año 2015, lograr la enseñanza primaria para todos los niños y disminuir la propagación del VIH/SIDA, el paludismo y otras enfermedades graves.

El Consenso de Monterrey versus el Consenso de Washington

También podríamos referirnos a la evolución del Consenso de Monterrey, surgido en la Conferencia Internacional sobre Financiamiento al Desarrollo celebrada en 2002 en la ciudad mexicana del mismo nombre y organizada bajo el liderazgo de las Naciones Unidas. Esta conferencia (en la que participaron 50 jefes de Estado y de Gobierno, más de 200 ministros, líderes del sector privado y la sociedad civil, así como directivos de las principales organizaciones internacionales) pretendía marcar un nuevo rumbo en la cooperación internacional para el desarrollo al fijar compromisos específicos para todos los actores involucrados.

El Consenso de Monterrey nació como una alternativa al reiterado fracaso del **Consenso de Washington (*)** como camino universalmente válido para el desarrollo económico del tercer mundo.

Los gobiernos de los países en desarrollo se comprometieron a llevar a cabo reformas que permitieran movilizar recursos domésticos: combatir la corrupción, poner en marcha políticas macroeconómicas coherentes y recaudar impuestos más eficientemente, entre otras. Sin embargo, no se fijaron objetivos concretos, ni se definieron grupos de seguimiento.

Por su parte, los representantes del sector privado adquirieron el compromiso de aumentar la magnitud y alcance, así como disminuir la vulnerabilidad de los flujos financieros privados (inversión extranjera directa, inversiones en carteras y préstamos bancarios). Finalmente, tanto las instituciones financieras internacionales como los representantes de los países desarrollados se comprometieron a tomar las medidas necesarias para que los beneficios del comercio internacional llegaran hasta los países pobres, aumentar la ayuda oficial al desarrollo y aliviar la carga de la deuda externa. Además, adquirieron el compromiso de reformar el sistema monetario, financiero y de comercio a escala global para tener una mayor coherencia, aumentar la participación del mundo en desarrollo en la toma de decisiones y dar un mayor papel a las Naciones Unidas.

¿Y tampoco tuvo éxito?
Tampoco. Un inventario de buenas intenciones y mejores palabras. Eso es todo.

Aunque fue recibida con escepticismo por los sectores más críticos de la globalización, la Conferencia de Monterrey marcó un hito histórico ya que fue la primera vez que representantes de gobiernos, instituciones internacionales, sociedad civil y sector privado se reunieron en un mismo foro para discutir asuntos de la economía global. Además, se superó la visión de los países pobres como receptores pasivos de la caridad de los países ricos al reconocerlos como socios iguales en el proceso de desarrollo. De esta manera, el Consenso de Monterrey abría una ventana de esperanza al marcar una agenda exhaustiva con los pasos a seguir para asignar los recursos económicos orientados a superar la pobreza y mejorar las condiciones de vida de millones de seres humanos. A ver.

Quiero hacerle una pregunta que me estoy reservando desde el inicio.

¿Cuál sería, en su opinión, una definición rigurosa de la Globalización?

No me siento capaz de semejante tarea. No obstante, le invito, a ver cómo lo abordan desde la página web del Global Policy Forum de las Naciones Unidas:

A través de la historia, los aventureros, los generales, los comerciantes y los financieros han construido una economía cada vez más interrelacionada. Hoy, los cambios sin precedentes en comunicaciones, el transporte, y la informática han dado un nuevo ímpetu al proceso. Mientras, "el capital global" reorganiza las corporaciones multinacionales, barre las regulaciones y mina las políticas locales y nacionales. La globalización crea nuevos mercados y riqueza, a pesar de que colateralmente ha causado sufrimiento, desorden y malestares extensos. Ha sido a la vez una fuente de represión y un catalizador para los movimientos globales para la justicia social y la emancipación.

Pretendemos analizar las características principales de la globalización, identificar los cambios, prever a dónde nos conduce el proceso, cómo cambian las políticas y cómo afecta a las instituciones globales como la ONU.

Las sociedades humanas han establecido contactos unas con otras de forma permanente y progresiva durante toda la Historia. Estos contactos han sido más intensos en los últimos siglos, pero recientemente el proceso se ha acelerado de forma espectacular. Aviones, servicio telefónico barato, email, ordenadores, navíos transatlánticos de enorme capacidad, enormes flujos de capitales que se mueven con inmediatez; todo ello ha hecho el mundo más interdependiente que nunca. Las corporaciones multinacionales fabrican productos en muchos países y los venden a los consumidores en todo el mundo. El dinero, la tecnología y las materias primas se mueven por el globo con enorme fluidez. Junto con los productos y los capitales, las ideas y las culturas también circulan más libremente.

Consecuentemente, las leyes, las economías y los movimientos sociales están evolucionando y divulgándose a nivel planetario. Muchos políticos, académicos y periodistas tratan estas tendencias como inevitables.

Pero para miles de millones de seres humanos, la "globalización-negocio" significa también una ruptura con las tradicionales formas de vida y una amenaza para sus culturas.

Los movimientos globales de justicia social son, en sí mismos, un subproducto de la propia globalización y proponen un tratamiento de las necesidades públicas alternativo y más responsable. Los conflictos políticos alrededor de la globalización y su significado continuarán en un futuro próximo. (Me hago responsable de los errores en la traducción al español)

La Globalización no es la Bruja Pirula

Me parece muy interesante lo que ha explicado acerca de la Globalización, pero muchas a veces, en casa y en la calle, se comenta una y otra vez que dicha Globalización es la responsable de muchos de los problemas que nos acechan aquí: cierre de empresas, fuga de multinacionales, desempleo, paro, inmigración, de la crisis en general, vamos.

No confundamos términos y conceptos. La Globalización es un hecho irreversible, deseado de buena fe por muchos, demonizado por otros, pero no es la Bruja Pirula, responsable de todos nuestros males. Muchos de los elementos básicos de la crisis nos vienen de fuera, pero nosotros somos los responsables de bastantes de los males que nos acechan, cuyas bases ya existían mucho tiempo atrás.

La inmigración

Pero, por ejemplo, la llegada masiva de inmigrantes a España, ¿no tuvo que ver con el proceso de Globalización mundial?

No. Si ello fuera verdad, la Globalización ya debería haber existido en las décadas de los cuarenta hasta los sesenta del siglo XX, en ocasión de la salida masiva de emigrantes españoles a Europa, o a principios del mismo siglo coincidiendo con la gran emigración de irlandeses a los Estados Unidos en ocasión de la crisis de la patata. Seamos rigurosos. Ha habido grandes migraciones en toda la historia de la humanidad; de otra forma, todos nosotros seguiríamos todavía deambulando por la sabana africana. Lo que ha cambiado en este mundo globalizado de hoy es *la velocidad* a la que se someten estos procesos y su *visibilidad*, eso sí.

La respuesta a su pregunta es que la fuerte inmigración se ha debido a dos factores, uno externo y otro local. El externo, la necesidad apremiante de emigrar de residentes africanos, sudamericanos y ciudadanos del este europeo por la existencia de problemas graves en las estructuras económicas de sus países de origen. El interno, la perentoria necesidad de mano de obra en la economía española durante la última década en ocasión del **boom del ladrillo (*)**.

En pocos años, España se colocó en el grupo de cabeza de países receptores de inmigración. El país europeo líder en recepción de inmigrantes (el país más multiétnico, como se dice ahora en lenguaje políticamente correcto) sigue siendo Suecia, con un 12% de la población; le sigue ahora España con el 10%, Francia con el 9,6%, Alemania con el 8,9% y el Reino Unido con el 8,1%.

Si miramos la evolución de los otros cuatro países con los que encabezamos la clasificación, llama mucho la atención que en ellos los incrementos de los últimos años no han sido demasiado significativos. Todos sabemos que estos cuatro países han sido tradicionalmente receptores de inmigración, y ello lo ha podido advertir cualquiera que se paseara en los últimos 40 años por las calles de Londres, Frankfurt, París o Estocolmo.

La novedad en el ranking es España, país con una bajísima tasa de natalidad en las últimas décadas, y en la que pocos años atrás, en el año 1998, el porcentaje de extranjeros era sólo del 1,6%, prácticamente en la cola europea.

Nuestra peculiar estructura educativa, (a la que, en un ejercicio de prudencia, me resisto a poner adjetivos en estos momentos), provocó, entre otras muchas cosas, un importante déficit de profesionales en sectores tecnológicos e informáticos, electricistas, soldadores, personal sanitario e ingenieros. La Secretaria de Estado de Inmigración y Emigración, Consuelo Rumí, declaraba en octubre 2008 que España *"necesitará, a pesar de la crisis, 100.000 inmigrantes cualificados cada año, hasta el 2012". "Hasta el año 2020, harán falta en España un total de 1,3 millones de profesionales cualificados"*.

Y añadía algo que salta a la vista: *"el nivel de formación de la población extranjera es superior al de los nativos, por lo que la inmigración está contribuyendo a mejorar los recursos humanos en España, tanto por su edad como por su preparación"*.

Y si nos retrotraemos a unas décadas más atrás, España era un tradicional país exportador de mano de obra. En los años 60, las **remesas de emigrantes (*)** eran todavía unas de las más importantes fuentes de divisas del país. Una situación similar a la italiana, también tierra tradicional de emigrantes hasta los años 70, y hoy colapsados por las migraciones que les llegan del sur y del este. Italia no aparece en los puestos de cabeza del ranking: parece ser que la inmigración ilegal es bastante superior a la legal.

El cierre de empresas. Deslocalizaciones

¿Y tampoco culpa a la Globalización del cierre de empresas y de la marcha de multinacionales?

Tampoco. Pero aclaremos que estamos hablando de España. Aquí sí hay multinacionales que cierran y se marchan. Pero esto no es así, por ejemplo, dos mil kms más al norte, en Irlanda, país, al igual que España, tradicionalmente "pobre" en términos europeos, y también receptor de amplísimas ayudas comunitarias. España e Irlanda son los dos países que más ayudas europeas han recibido en las últimas décadas, a bastante distancia de los demás. Irlanda puso las ayudas comunitarias a trabajar, y hoy es el principal receptor europeo de empresas y capitales internacionales, mayoritariamente ligados a los negocios de software, alta tecnología y telecomunicaciones. En España, los jóvenes más cualificados y ambiciosos, empiezan a emigrar. Un perfil de emigrante muy distinto a los anteriores, en algunos casos sus abuelos o bisabuelos, pero emigrantes al fin y al cabo.

Las empresas cierran y se van simplemente porque no les resulta rentable continuar. Esto ha sido siempre así. En unos casos, cesan en sus actividades, y en otros, trasladan sus operaciones a un país que les resulte más conveniente desde su perspectiva. Contemplan a la vez muchos factores: costos, productividad, estabilidad, cualificación profesional, perspectivas de crecimiento, etc. Piense que, año tras año, nuestra inflación duplica, y a veces ha triplicado, la de nuestros socios y clientes Francia y Alemania. Por otra parte, seguimos en la cola de Europa en desgravaciones y bonificaciones en el Impuesto de Sociedades para aquellas empresas que reinvierten en el propio negocio o invierten en investigación. En este orden de cosas, la productividad de un país es vital.

Pero, seamos de nuevo rigurosos, este trasiego de capitales y de empresas arriba y abajo también ha ocurrido siempre. Lo que ocurre es que ahora somos nosotros los perjudicados, mientras que en las pasadas décadas fuimos los grandes beneficiados de las deslocalizaciones.

¿Deslocalizaciones?

Sí, es el eufemismo que ahora se utiliza por no usar otras expresiones de toda la vida como la de "cierre patronal". Décadas atrás, España fue la gran beneficiaria de las "deslocalizaciones" de las empresas multinacionales europeas; aquí se instalaron fábricas de las industrias del automóvil, química, electrónica, farmacéutica, de electrodomésticos, etc. (que naturalmente restaron puestos de trabajo a sus países de origen, no lo olvidemos). Hoy, parece que hay dudas sobre si seremos capaces de retenerlas en su totalidad. En algunos casos, poco a poco van congelando su inversión local, y a veces marchándose, al menos en lo que se refiere a sus actividades manufactureras y administrativas, quedándose únicamente con sus operaciones comerciales.

Las deslocalizaciones, en la medida que ocurren como consecuencia de decisiones racionales, no son en sí negativas en términos globales. Sí lo son para los territorios perjudicados, pero la eficiencia global del sistema puede salir reforzada de un proceso así. Puede ser suicida intentar competir con otros países en terrenos en los que nos llevan una ventaja muy relevante: hay que potenciar aquello en lo que tenemos nosotros la ventaja comparativa.

Hoy en día, en poco más de una década, un país o un territorio pueden dar un salto hacia adelante espectacular, como Finlandia e Irlanda, o sufrir una caída libre, como la región inglesa de Lincolnshire o el estado alemán Schleswig Holstein.

Todo esto hoy ocurre con más rapidez y transparencia. Hoy todo es mucho más rápido. Pero, créame, nada nuevo bajo el sol.

Resumen

● El innegable proceso de globalización mundial es un permanente foco de malentendidos y de problemas. Entre otros muchísimo más importantes, también semánticos.

● En realidad, la Globalización es únicamente parcial y de dirección única: el tercer mundo. El primer mundo no se globaliza.

● Las sociedades occidentales han demostrado una y otra vez que realmente no quieren globalizarse. El proceso de globalización, para ser positivo, ha de ser global.

● La Globalización ha devenido en una utopía.

● Organizaciones internacionales de toda índole tratan el tema del desarrollo económico internacional y la globalización en sus foros periódicos, con muy escaso éxito.

● El Consenso de Washington, el de Monterrey, la tasa Tobin, no han pasado de ser un inventario de buenas palabras e intenciones.

● No obstante, hay que ser optimista: la verdad es que el porcentaje de pobres respecto de la población mundial total está disminuyendo.

● Lamentablemente, este proceso afecta en menor cuantía a África, donde se está concentrando la pobreza mundial. No obstante, África también prospera y, curiosamente, China esta siendo su principal valedor.

● A la Globalización (fenómeno moderno) se la considera responsable de otro tipo de hechos económicos y sociales que, en realidad, son muy antiguos y no están relacionados. Lo que realmente ocurre es que hoy todo acontece muy deprisa y es muy visible. Eso sí que es una consecuencia directa de la nueva globalización.

FIN

Barcelona, 2009

Glosario

El verdadero significado de las cosas se encuentra al decir
las mismas cosa con otras palabras

CHARLES CHAPLIN

A la orden

Término aplicado a ciertos documentos y valores comerciales que indica que pueden ser transmitidos mediante *endoso*. El caso más frecuente es el endoso de **cheques (*)** personales (comúnmente conocidos como talones) **o pagarés (*)** "a la orden" mediante el endoso de los mismos, simplemente firmando en su dorso, y tributando el Impuesto de Actos Jurídicos Documentados (popularmente conocido con el curioso nombre de *"timbre a metálico"*, expresión que sin duda será familiar a los más viejos del lugar).

No mucho tiempo atrás, en los casos de endoso debían conseguirse físicamente "los timbres" (como una especie de sellos de correo engomados) en un estanco y cuyo coste estaba (y está) relacionado con el valor del cheque según un escalado conocido como "La Escala de timbres" y finalmente pegarlos al dorso del mismo. Hoy los bancos realizan la doble gestión de gestionar el cobro del impuesto al último endosatario (el último de la cadena de firmas o endosos) que le ingresa el cheque para su gestión de cobro, y posteriormente, también se encarga de liquidar el importe del "timbre a metálico" a la Hacienda correspondiente, en este caso la autonómica, por ser un impuesto transferido.

¿Pueden endosarse, pues, los cheques? Rotundamente sí, a menos que expresamente se expidan con la elocuente expresión "no a la orden" (raro). Pero pagando timbres, eso sí. Una simple firma en su dorso, sin texto alguno (endoso en blanco) es suficiente. Ahora bien, asegúrese de que el librador (finalmente quien lo ha de pagar) es persona fiable y solvente y no se lo devolverán por falta de saldo, no fuera el caso de que además de no cobrar su importe ¡encima tuviera que pagar timbres! Pasan estas cosas... Pero de hecho cada vez circulan muchos menos cheques...

AAA

Máxima calificación del grado de solvencia otorgada por una **agencia de calificación (*)**. Puede ir acompañada de un signo + o – para indicar la posición relativa dentro de esa calificación.

Abrazo del oso

Hablando de las OPAS, se trata de una táctica de acoso realizada por la sociedad adquiriente *en un proceso de una OPA hostil (*)*, tras hacerse con un número suficiente de acciones que le permite el control de la sociedad opada, y que normalmente consiste en ofrecer al Consejo de Administración de esta última unas condiciones que la primera, el oso, considera dignas y asumibles (mantenimiento del equipo directivo, **despidos hacia arriba (*)**, nombramientos de cargos honoríficos con buena retribución, buen precio por las acciones, etc.) para que sean aceptadas y les cedan las sillas del Consejo de Administración.

Acción

Título que representa una parte del capital de una sociedad anónima. Tiene un *valor nominal* (el capital de la empresa dividido por el número de acciones), otro *contable* (el valor neto de la empresa según el último balance dividido por el número de acciones) y otro *de mercado*, que es el valor que, si cotiza en la Bolsa, equivale a la última cotización de la acción. Ser accionista de una empresa da derecho al cobro de dividendos y a suscribir, de forma preferente, acciones nuevas en caso de ampliación de capital (derechos económicos) y también a votar en la Junta General de Accionistas (derechos políticos).

Acción de oro
En el contexto de la privatización de una sociedad pública por parte del Estado (algo que ha ocurrido en todo Occidente en las ultimas décadas, por ejemplo en España tenemos los casos de Argentaria, Iberia, Endesa, Telefónica, Repsol, y otros) acción que retiene el Estado y que le concede ciertos derechos para poder controlar, durante unos años, algunas de las decisiones de la sociedad recientemente privatizada, si no se cumplieran las condiciones con las que se hizo la privatización. A esta reserva que se hace el Estado es a la que en términos coloquiales y en la prensa se conoce con el nombre de "acción de oro" o internacionalmente como "golden share".

Acción liberada o acción gratuita
Cuando una sociedad lleva a cabo una ampliación de capital con cargo a reservas, y por tanto se entregan gratuitamente a los accionistas, a las nuevas acciones emitidas se las conoce como acciones liberadas, es decir, que no hay que pagar por ellas.
A veces, lo son solo parcialmente, y se exige el desembolso de una porción de su valor, cargando el resto a reservas: es lo que se llama: acción parcialmente liberada.

Acción preferente
Acción que goza de ciertos derechos con respecto a las acciones ordinarias. Éstos pueden ser la prioridad de cobro en el caso de liquidación de la sociedad, o bien en el cobro de los dividendos.

Acción sindicada
Acción incluida en un convenio entre accionistas, mediante el cual se comprometen a no vender sus acciones a terceros extraños, con el objetivo de crear una mayoría estable que permita seguir una estrategia de gestión determinada, evitando la entrada de nuevos accionistas con ambición de tomar el control de la sociedad. La sindicación de acciones es una alternativa a la creación de "núcleos duros" de accionistas "amigos" para dar estabilidad a la gestión de la empresa.

Acreditado
Ver: Préstamo versus Crédito: diferencias.

Acreedor preferente
Persona física o jurídica que tiene derecho a reclamar con carácter prioritario con respecto a los otros acreedores, el cumplimiento de una obligación, normalmente de pago, en caso de quiebra o de insolvencia: un ejemplo habitual son los trabajadores o Hacienda.

Activos subyacentes
En los mercados organizados de **futuros** (*) y opciones se conoce así a los activos que son objeto de un contrato. Puede tratarse de algún bien físico tradicional o **commodity** (*) o bien de un subyacente financiero, o sea, una pura abstracción (tipo de interés, índice bursátil o la cotización de una divisa).

AEB. Asociación Española de Banca
Asociación, creada en 1977, con funciones de Organización Patronal, que reúne a los bancos españoles y extranjeros que operan en España. Su objetivo es defender y representar los intereses colectivos de sus miembros en los ámbitos que afectan a la actividad bancaria.

Afianzar, avalar
Fianza o aval a una persona física o jurídica en el cumplimiento de una obligación: garantía concedida por un tercero para responder del pago de una determinada deuda o compromiso.

Agencia de Calificación o Credit Rating Agency. (CRA)
Entidad que califica el nivel de calidad y solvencia de las emisiones de títulos. Esto es impor-

tante porque dependiendo de la calificación los mercados van exigir a los emisores un **spread** (*) o diferencial, en definitiva, un interés mayor, para cubrir un mayor riesgo. Así por ejemplo una emisión AAA con toda seguridad se colocará en los mercados institucionales internacionales a un mejor tipo de interés que una CBC. Moodys, AM Best, Standard & Poors, Fitch, son las de mayor prestigio mundial, aunque recientemente han sido todas ellas puestas muy en tela de juicio a raíz de las calificaciones efectuadas a determinadas titulizaciones hipotecarias americanas, conocidas como **subprimes (*)**, y que provenían de operaciones llamadas eufemísticamente **créditos Ninja (*)**.

Agente de cambio y bolsa
Figura ya desaparecida. Se trataba de fedatarios públicos que actuaban de intermediarios en las operaciones bursátiles o en la intervención de documentos mercantiles, pólizas de préstamo, de aval, etc. etc. Fueron sustituidos en su vertiente de intermediarios bursátiles por las Sociedades y Agencias de Bolsa, y en su vertiente de fedatarios públicos por los "corredores de comercio" y, desaparecidos estos, finalmente por los notarios.

Agentes sociales
Se consideran así a los protagonistas de nuestra vida política, económica y social. Se dice que hay el acuerdo de los agentes sociales cuando en un determinado asunto hay acuerdo y visto bueno de Gobierno, Parlamento, Organizaciones patronales y Sindicatos.

AIAF
Mercado bursátil secundario español en el que se negocian títulos de renta fija privada. AIAF es el acrónimo de la Asociación de Intermediarios de Activos Financieros.

AMEX. American Stock Exchange
Segundo mercado en importancia de renta variable (de acciones) de Nueva York, en el que cotizan mas de dos mil empresas, entre las que se encuentran las de **capitalización** (*) relativamente baja. Ver: Wall Street.

Amortización de acciones
Reducción del capital social de una empresa mediante el reintegro del importe de las acciones a los accionistas una vez añadido el superávit o restado el déficit correspondiente. En determinadas circunstancias financiero–fiscales, se ha utilizado este mecanismo como una forma de retribución al accionista con una tributación más favorable que la del tradicional pago de dividendos. Ver: autocartera.

Ampliación de capital
Aumento del capital social de una empresa que se realiza para financiar futuras actividades que requieren nuevos capitales. Puede realizarse de diferentes formas: mediante la emisión de acciones nuevas con o sin prima de emisión, mediante la emisión de acciones nuevas con cargo a reservas, canjeando obligaciones convertibles emitidas previamente, por acciones, mediante el canje de bonos u obligaciones por acciones, etc.

Ampliación a la par
Ampliación del capital social en la que las acciones nuevas se emiten a su valor nominal sin prima de emisión.

Ampliación con prima de emisión
Las nuevas acciones se emiten a su valor nominal más un importe que se denomina **prima de emisión (*)**.

Análisis fundamental
Tipo de análisis bursátil que se concentra *en la situación económico-financiera* de la empresa, su cuota de mercado, sus ventas, sus beneficios, los dividendos distribuidos, la estructura de

su capital social, su balance de situación, su cuenta de resultados, su entorno competitivo, etc. Cuando se comenta una acción es muy frecuente leer: desde el punto de vista del "análisis fundamental" bla, bla, bla y desde el punto de vista del **análisis técnico (*)** bla, bla, bla.

Análisis técnico

Tipología de análisis bursátil que se centra en las pautas marcadas por su comportamiento bursátil *histórico*, por lo que para hacer sus previsiones utiliza gráficos con la evolución de los índices, del volumen de contratación, etc.

Apalancamiento

Consiste en el endeudamiento de la empresa para financiar sus actividades más allá del capital desembolsado por sus accionistas y de sus reservas acumuladas por beneficios anteriores. Es evidente que en negocios rentables no parece que utilizar únicamente el dinero de los socios (capital) para financiar las actividades y activos de la empresa sea lo más razonable: en la medida en que esta pueda endeudarse (tener garantías para hacerlo, no siempre es posible, claro), y el tipo de interés que paga sea inferior al rendimiento que la empresa obtiene de sus inversiones, parecería lógico endeudarse para potenciar un mayor crecimiento de la empresa. Esto es el efecto apalancamiento. Multiplicar las fuentes de financiación a partir de un capital determinado.

Aranceles

Derecho de aduana que grava las mercancías importadas por un país y que constituye el instrumento por excelencia del proteccionismo, favoreciendo a los productores nacionales.

Arbitraje

Tenemos dos significados:
Con carácter general, compra-venta simultánea o casi simultánea de instrumentos o títulos financieros, aprovechando las ineficiencias de los mercados en el acercamiento de sus precios.

> 1. En un contexto bursátil, operación de compra de *valores* en uno de ellos donde es más barato y venta simultáneamente en el otro donde la cotización es más alta.
> 2. En el caso de una operación de *divisas*, transacción simultánea de compra y venta aprovechando las diferencias de precios en diversos países o mercados.

Hay que añadir que desde el punto de vista técnico de transparencia, liquidez, eficiencia y amplitud de los mercados el "arbitrajista" cumple una función muy positiva.
Tiene segundo significado: también es un método para la resolución de litigios al que se someten las partes en conflicto, con el objetivo de ahorrarse tiempo, trámites, costas y gastos inherentes a un procedimiento judicial, delegando la solución en un tercero, el árbitro, que cuenta con el beneplácito de todas las partes, y cuya resolución se comprometen a acatar.

Área de libre comercio

Zona geográfica donde se permite el comercio sin **aranceles (*)** entre los Estados miembros, respetando los aranceles que cada Estado quiera imponer a las importaciones procedentes de terceros países. Se diferencia de un **Mercado Común (*)** en que en éste los aranceles a las importaciones procedentes de terceros países son únicos en todos los países miembros.

Aristocracia laboral

Ver: Back Office.

Arrendamiento financiero

Ver: Leasing.

ASNEF

Es el registro de "morosos" más importante, y está gestionado por la empresa norteamericana Equifax, uno de los principales registros equivalente de los Estados Unidos. Este fichero se nutre de las operaciones morosas comunicadas por los bancos, cajas, financieras, empresas de telefonía, etc. etc. Están adheridas unas 200 entidades y contienen más de dos millones de anotaciones, de ellas más de un 75% corresponden a **personas físicas (*)**. Si usted deja de pagar un préstamo, una tarjeta, un teléfono móvil, etc., allí aparecerá. En abril de 2009, las deudas morosas registradas habían ascendido un 158% con respecto al mismo mes del año anterior.

Asociación Internacional de Fomento (AIF)
Ver: Banco Mundial.

ATTAC. Asociación por la Tasación de las Transacciones y por la Ayuda a los Ciudadanos
Ver capítulo "La Globalización".

Auditoría
Revisión detallada de la contabilidad de una empresa realizada por parte de un auditor externo, normalmente una empresa de prestigio internacional reconocido, para verificar si opera con arreglo a la legalidad y si se adapta a los principios contables generalmente aceptados. En otras palabras, revisa la credibilidad de las cifras.

Autarquía
Política de aislamiento y autosuficiencia económica, según la cual un Estado o territorio trata de autoabastecerse globalmente con sus propios recursos, fomentando (y protegiendo) la producción local de todo cuanto precisa y evitando tener que realizar transacciones comerciales con el exterior, creando un circuito económico cerrado.

Autocartera
Acciones de una sociedad que obran en poder de la propia sociedad, es decir, que una empresa (u otras empresas de su grupo con quien tiene el **balance consolidado (*)** ha comprado acciones de ella misma. La ley permite esta situación pero le pone un tope máximo del 5%, por encima del cual es obligatoria una reducción de capital, con amortización de las acciones en autocartera.

Autoridades de Certificación (o Entidades)
En criptografía una Autoridad de Certificación, certificadora o certificante (AC o CA por sus siglas en inglés Certification Authority) es una entidad de confianza, responsable de emitir y revocar los certificados digitales o certificados, utilizados en la firma electrónica, para lo cual se emplea la criptografía de clave pública. Jurídicamente es un caso particular de Prestador de Servicios de Certificación. (Wikipedia).

Autoseguro
Situación en la que el asegurado, normalmente una gran empresa con muchos riesgos a asegurar, decide no hacerlo con ninguna compañía aseguradora del mercado y, por el contrario, crea su propio fondo contable de cobertura, denominado autoseguro, con lo que provisiona las eventuales consecuencias económicas derivadas de sus riesgos. Si lo hace así es de suponer que le resulta más eficiente en términos económicos, y dado que siempre se trata de grandes empresas con importante liquidez y solidez financiera, pueden absorber el eventual costo de los siniestros sin traumas.

Avalista
Persona que se compromete al pago del acreedor principal en caso de que éste no lo haga. También es conocido como "fiador", por cuanto firma un contrato de **fianza (*)**.

B2B. Businnes to Business
Comercio electrónico de empresa a empresa.

B2C. Business to Customer
Comercio electrónico de empresa a consumidor final particular.

Back-Office
Personal de la empresa (primordialmente de servicios, de organismos públicos y de depar-tamentos comerciales de las demás) encargado de las tareas administrativas y que no trata directamente con los clientes, pero dan soporte a los que sí lo hacen. Son lo opuesto al **Front Office** (*) es decir, el personal que realiza gestiones comerciales o de atención al cliente, libe-rado de tareas administrativas. Hay todavía algunas empresas que contemplan una "perver-sa" tercera categoría, a la que podríamos denominar la de los "chicos para todo", que esta constituida por aquellos que únicamente deberían realizar labores comerciales (front office) pero a los que, en la práctica, no se les dota de back office.

Badexcug
Fichero de morosos que se nutre de las operaciones aportadas por más de 232 entidades adheridas al CCI (Centro de Cooperación Interbancaria), bancos, cajas, financieras, coopera-tivas de crédito). Si usted deja de pagar un préstamo, una tarjeta, etc., allí aparecerá.
Lo gestiona la multinacional inglesa Experian. Y su extraño nombre viene de "**Ba**se de **D**atos **E**xperian **C**losed **U**sers **G**roup".

Balance
Documento contable que refleja la situación de una empresa en un momento determinado, clasificando y valorando los activos, los pasivos y su patrimonio neto. Para dotar a las cifras de credibilidad frente a terceros se hace indispensable auditarlo por medio de una de las empresas de **auditoria** (*) de prestigio.

Balance consolidado
En los grupos de empresas se llama así al balance en el que se agrupan los balances de todas las pertenecientes al grupo consolidado junto con el de la sociedad dominante, eliminándo-se las operaciones realizadas entre empresas del grupo y realizando los ajustes correspon-dientes. En algunos casos es la única manera de plasmar la realidad contable ya que las ope-raciones cruzadas entre ellas desvirtúan cualquier estudio aislado.

Balanza de pagos
Balanza en la que se anotan todas las transacciones económicas efectuadas entre los residen-tes en el país que la elabora y el resto del mundo, tanto si se refieren a la balanza comercial (importaciones y exportaciones), como a la de servicios, transferencias y capitales a corto y largo plazo. El responsable de su elaboración es el **Banco de España (*).**

Banca corporativa
Ver: Banco de Inversiones.

Banca de Empresas
Generalmente parte de un banco que centra su actividad en la relación con las empresas con especial atención a sus necesidades específicas, sean comerciales, de financiación, de gestión de inversiones, de sus negocios internacionales, etc. Suelen incluirse en este renglón aque-llas empresas no consideradas ni micro-**pymes** (*) ni Grandes Empresas. Estas últimas, a su vez, suelen tener a su disposición departamentos especializados a los que cada banco les po-ne nombres distintos, aunque internacionacionalmente se les conoce como Corporate Departments o Corporate Business Departments.

Banca On Line
Banco que opera primordialmente por internet o teléfono. También conocida, entre otras expresiones, como: "home banking" "banca a domicilio", "banco en casa", "banca telefóni-ca" o "banca por Internet".

Banca Privada

La banca de los ricos. Viene de: Private Banking. Últimamente se ha impuesto la expresión Family Office con el significado de "gestión integral de patrimonios". Olvídese de estos bancos si no tiene un patrimonio en efectivo (lo que se llama patrimonio financiero) cercano al millón de euros. Estos bancos proveen servicios bancarios destinados a satisfacer las peculiares necesidades de inversión y planificación financiera y fiscal de personas con patrimonios globales muy elevados. Claro, quien tiene un millón de euros en cuentas bancarias normalmente tiene "otro" patrimonio "no financiero" (empresas, inmuebles, negocios, etc.) muy superior, y su gestión y sobre todo su planificación y optimización fiscal, es compleja y requiere de especialistas dedicados a ese fin.

Banco

Empresa de intermediación financiera, que por una parte mantiene depósitos en los que las personas físicas o jurídicas ingresan sus excedentes de tesorería para su custodia, a cambio de un interés y de servicios financieros varios, utilizando a su vez esos fondos para operaciones de crédito a personas o empresas (financiando las fases de su ciclo productivo) con necesidad de financiación.

Banco Central

Cada país tiene uno. Desde la existencia de la Unión Europea, del euro y del **Banco Central Europeo (*)**, muchas de sus funciones se han visto menguadas, cuando no se han extinguido. Han mantenido, no obstante, la responsabilidad de supervisar la solvencia y la estabilidad del sistema bancario local, asegurando el estricto cumplimiento de las normativas vigentes, la de asesorar a los gobiernos respectivos en los temas especializados para los que se les requiera y, finalmente, la de prestar los servicios de tesorería y de agente financiero de la **Deuda Pública (*)**, facilitando los procedimientos de emisión, amortización y, en general, de gestión de la deuda. Normalmente tiene una amplia autonomía de gestión con respecto a sus gobiernos.

Banco Central Europeo. BCE

Creado en 1998 en Frankfurt, constituye el núcleo del *Sistema Europeo de Bancos Centrales* (SEBC). Su responsabilidad principal es velar por la salud de, y el poder adquisitivo del, euro y la estabilidad de precios en Europa. Establece y aplica la política monetaria de la eurozona, gestiona los tipos de interés y, finalmente, coordina la emisión de los billetes de euro.

Banco corresponsal

Banco situado en un país del extranjero donde un determinado banco no tiene sucursales propias y con el cual se han establecido acuerdos de colaboración o corresponsalía, apertura de cuentas mutuas e intercambio de claves de identificación.

Banco de España

Es el Banco Central español. Tiene su origen en el Banco de San Carlos, fundado en 1782. Desde 1874 fue el único emisor de pesetas. Hoy, al igual que el resto de bancos centrales de los países europeos, tiene las facultades muy recortadas, ya que muchas de ellas se transfirieron al **Banco Central Europeo (*)**, con quien colabora estrechamente. Como el resto de bancos centrales, tiene reconocido un estatuto de autonomía de gestión con respecto al poder ejecutivo, aunque el Gobernador del Banco de España es nombrado por el gobierno, si bien tradicionalmente su elección suele ser "previamente consensuada" con la oposición.

Banco de Inglaterra

Banco Central del Reino Unido. Fundado en 1694, aunque en su origen fue un banco privado vinculado a la familia de banqueros Rothschild, posteriormente fue el primer **Banco Central (*)** del mundo. Se le conoce coloquialmente como "The Old Lady". Aunque pertenece al Sistema Europeo de Bancos Centrales no ha cedido sus competencias en materia de política monetaria al **Banco Central Europeo (*)** debido a que, como es sabido, Gran Bretaña no se ha adherido al euro y continúa manteniendo su libra esterlina.

301

Banco de Inversión

Parte del sector bancario que centra su actividad en las operaciones de las grandes empresas, en la intermediación bursátil, productos de inversión y financiación, cobertura y gestión de riesgo, asesoramiento financiero, salidas a bolsa, búsquedas de socios, fusiones, adquisiciones, etc. y coyunturalmente puede intervenir en grandes operaciones con las administraciones públicas. Se conocen también como bancos de negocios, e internacionalmente como Merchant Bank.

Banco de negocios

Ver: Merchant Bank. Es la expresión internacional para **Banco de Inversiones (*)**.

BPI. Banco de Pagos Internacionales

Poderosa institución, creada en 1930, que hace las funciones de Banco Central de los Bancos Centrales del mundo. Se la conoce coloquialmente como "la gran bestia". Su sede es Basilea y su opinión es importantísima en el entorno financiero internacional. Su Junta de Gobierno esta formada por 55 bancos centrales y autoridades monetarias de todo el globo, entre ellas la **Reserva Federal FED (*)** americana, el **Banco Central Europeo BCE (*)**, etc.

Banco Europeo de Inversiones (BEI)

Creado en 1957 por el Tratado Constitutivo de la Comunidad Europea, tiene como principal razón de ser la financiación de proyectos que persigan el progreso de las regiones menos desarrolladas de la Unión Europea, sea la creación de nuevas actividades necesarias para la implantación del Mercado Común, los proyectos compartidos por varios Estados miembros o los proyectos que persigan la reconversión y modernización de algunos sectores o empresas de un país.

Banco Europeo de Reconstrucción y Desarrollo (BERD)

Creado en 1990 con el objetivo de favorecer la transición hacia una economía de mercado y en los países de Europa del este. Además de los Estados miembros de la Unión Europea, forman parte del mismo: Australia, Canadá, Corea del Sur, Egipto, los Estados Unidos, Israel, Japón, Marruecos, México y Nueva Zelanda, y participan el Banco Europeo de Inversiones y la Comisión Europea. Tiene su sede en Londres.

Banco intervenido

Banco en el que ha tenido que intervenir el Estado (normalmente a través del Banco Central del país, en nuestro caso el Banco de España) por presuntas irregularidades en el funcionamiento o por una deficiente administración o simplemente por pasar problemas. Su finalidad es tratar de intervenir en su gestión para proteger los intereses de los ahorradores que habían depositado dinero en él. Normalmente, para evitar el pánico en el mercado, este proceso se lleva a cabo con total discreción y se conoce siempre únicamente por rumor, y posteriormente se confirma públicamente bastante después de los hechos.

Banco Mundial

Denominación que hace referencia al *Banco Internacional de Reconstrucción y Fomento BIRF*, (que tiene su sede en Washington y con más de 100 oficinas en todo el mundo. Su objetivo inicial fue la reconstrucción de los daños originados por la Segunda Guerra Mundial, pero posteriormente evolucionó hacia la asistencia a los países menos desarrollados del planeta. Hoy el objetivo fundamental del Banco Mundial es la concesión de préstamos para el desarrollo institucional, la realización de políticas públicas, ajustes estructurales, etc. de los países en vías de desarrollo) y *a la Asociación Internacional de Fomento (AIF)*. Se fundó en 1944, durante la conferencia de Bretton Woods, al mismo tiempo que el **Fondo Monetario Internacional. (*)** Su actuación en las últimas décadas ha sido puesta en tela de juicio en multitud de foros, con excepción de los **Chicago Boys (*)**.

Base reguladora

Importante concepto basado en el tiempo de cotización, en las retribuciones obtenidas y por las que se ha cotizado, así como en otros aspectos legales específicos, y que finalmente determina y fija tanto la cuantía como la duración de las prestaciones de los beneficiarios de la Seguridad Social, entre ellos los pensionistas.

BCE
Ver: Banco Central Europeo.

Bear
Expresión inglesa utilizada en la bolsa internacional (y sobre todo en la prensa) como indicativo de que las expectativas son a la baja (como se ve, nada que ver con un oso).

Benchmark
Base de comparación para evaluar y gestionar el comportamiento propio. Suele surgir de un análisis de un comportamiento óptimo y de una declaración expresa de convertirlo en objetivo o estándar deseable a copiar. En otras palabras, se trata de una referencia externa (una empresa de la competencia, la evolución de un determinado valor o fondo de inversión, etc.) a la que nos gustaría parecernos y nos planteamos un proceso de seguimiento permanente de comparación y evolución para ver en qué medida vamos siguiendo la senda del benchmark (u objetivo a copiar). En castellano de toda la vida creo que lo llamaríamos "patrón a seguir". Últimamente se ha introducido esta expresión también en ámbitos no empresariales, artísticos y deportivos, pero siempre en el sentido de identificar a alguien o algo que valoramos positivamente y nos proponemos igualar.

Beta
Mide la sensibilidad de la rentabilidad de una acción a los movimientos del mercado. Cuanto más supera el valor 1, mayor es el riesgo.

Billete verde
Denominación popular del dólar americano. En las películas del Oeste no era infrecuente ver a los vaqueros jugándose al póker "uno de los grandes". Existe la leyenda de que hubo un billete de 1.000 dólares, pero parece que nunca fue cierto. Otra leyenda urbana. El mayor billete legal es de 100 dólares (por cierto, hoy profusamente falsificado en todo el mundo). Es pues de suponer que los billetes de aquellas "timbas" de las películas eran de 100 dólares. En 1935 y durante unos años se emitieron billetes de 100.000 dólares, pero no llegaron nunca a circular entre los particulares, ya que se utilizaron únicamente en transacciones interbancarias.

Blanquear
Se trata de la práctica ilegal de convertir mediante algún subterfugio el dinero procedente de actividades ilegales en dinero legal. También se conoce como "lavado de dinero" traducción literal del "money laundering" inglés.

Blue Chip
Anglicismo utilizado en la terminología bursátil para referirse a las acciones de las empresas con alto volumen de contratación y buenas perspectivas de cotización a más largo plazo. Se llaman así por el color azul de la sala de negociación donde cotizaban los valores más importantes de la **Bolsa de Nueva York (*)**

Bolsa
También conocida con otros nombres como Bolsa de valores o Bolsa de comercio, se trata de un mercado donde se compran y venden acciones, obligaciones, bonos y títulos de renta fija, y otros activos financieros. En algunos casos se incluyen también los **futuros (*)** y las transacciones con bienes, materias primas, **commodities (*)** etc.

Bolsa de Londres
Está ubicada en la City de Londres y en ella cotizan más de dos mil sociedades. Es la más

importante de Europa. Su índice más importante es el FTSE-100, denominado popularmente Footsie.

Bolsa de Nueva York
Ver: Wall Street.

Bono
Títulos de renta fija con un vencimiento a medio plazo. Suelen ser valores negociables en Bolsa.

Bono basura
En resumen y simplificando es un bono u obligación emitido por una sociedad "poco fiable". A cambio, claro está, de una alta rentabilidad. Se conocen como "high yield bonds" o "Junk Bonds", y un bono se suele considerar Junk cuando una **Agencia de calificación (*)** lo ha valorado como BB o peor. Trate de no comprarlos.

Bono Brady
Bono de deuda latinoamericana. Títulos que surgieron como consecuencia de los acuerdos de refinanciación de las deudas externas de Argentina, Brasil, México, Ecuador, Perú y Venezuela y que cotizaban en los mercados internacionales con grandes descuentos.

Bono del Estado
Título de deuda pública emitido por el Estado cuyo vencimiento suele situarse entre dos y cinco años. Ver: Deuda Pública.

Bono del Tesoro
Ver: Bono del Estado. Ver: Deuda Pública.

Boom
Alza repentina y violenta de las cotizaciones bursátiles y de su volumen de contratación.

Boom del ladrillo
Se conoce así al período de la economía española que englobaría a los últimos años del siglo XX y a los primeros del siglo XXI, en los cuales el país tuvo un muy fuerte y continuado crecimiento económico, basado mayoritariamente en los sectores de la construcción, en el consumo interno y, en el caso de algunas comunidades autónomas sobrefinanciadas, en el cobro de amplias y distintas subvenciones comunitarias y españolas sin contrapartida. Es de todos conocido que el empleo y el crecimiento, para ser estables a largo plazo, no pueden basarse en estos factores volátiles: un desarrollo sostenido a largo plazo únicamente puede basarse en unos sectores de producción y servicios competitivos internacionalmente, lo que implica políticas de fomento a la innovación y educativas serias, potentes y eficientes. El boom del ladrillo, fue eso, un boom.

BRIC
Expresión con la que se conoce al grupo de los cuatro países **Brasil, Rusia, India y China**. Los cuatro países tienen en común unos enormes territorios, más de 2.750 millones de habitantes, enormes recursos naturales y, recientemente, grandes crecimientos económicos y participación activa en el comercio internacional. Se dice que en pocas décadas pueden llegar a convertirse en las cuatro grandes potencias económicas mundiales. Brasil y Rusia como proveedores de materias primas e India y China como los dos grandes proveedores mundiales de productos manufacturados, es decir, las fábricas del mundo.

Bruselas
Cuando se lee Bruselas como sujeto activo nos estamos refiriendo a la Unión Europea, pues es sabido que allí tiene su sede. Bruselas se opone a... Bruselas presiona para... Esta directiva viene de Bruselas... son los típicos ejemplos.

Business Angels
Personas o empresas que invierten en nuevos proyectos empresariales en su fase inicial (Start Up companies), que tienen un gran potencial de crecimiento y grandes necesidades de capital. Es el caso típico de las High Tech Start Up companies que se forman permanentemente en **Silicon Valley (*)** alrededor de los proyectos de empresas relacionadas con las nuevas tecnologías informáticas y en especial las relacionadas con el mundo puntocom.
Este gráfico define muy claramente la primera fase de la vida de una una empresa de éxito, conocida como "el Valle de la Muerte" por su alto riesgo de fracaso. Ahí es donde intervienen los Business Angels. En una fase posterior, si sobrevive, se interna en diferentes estadios de alianzas estratégicas, fusiones y adquisiciones, y si finalmente sigue su camimo de triunfos y se consolida, llega el momento de su salida a bolsa. Como salta a la vista los Business Angels pueden ganar o perder mucho dinero en poco tiempo por cuanto sus actividades regulares se desenvuelven siempre por los valles de la muerte de los sectores económicos emergentes.
Si siente vocación de Business Angel no hace falta que viaje a California. El IESE Business School de Barcelona, en colaboración con el CIDEM (Centre d'Innovació i Desenvolupament Empresarial de la Generalitat de Catalunya) tiene en marcha una red de business angels con el objetivo, entre otros, de poner en contacto proyectos de empresas europeas prometedoras con inversores privados miembros de la red.

Business Plan
Es un estudio que recoge las bases de la creación de una nueva empresa o negocio, incorporando, a grandes rasgos, el concepto de empresa, sus cuotas de mercado previstas, sus recursos financieros, sus recursos humanos, el valor añadido que esperan ofrecer al mercado al que se piensan dirigir, estrategias de posicionamiento, de comunicación y, como no, el **cash flow (*)** previsto y los beneficios esperados en el tiempo. Tener un Business Plan bien elaborado y consistente es esencial para ganar la credibilidad de futuros accionistas, y muy conveniente para obtener una financiación externa.

Caballero blanco
Empresa que acude en ayuda de una empresa que sufre una *OPA hostil*, ofreciendo un precio superior por las acciones que el que ofrecía el opante, con el fin de neutralizarla.

CAC - 40
Índice bursátil principal de la Bolsa de París. Como ya puede imaginarse se calcula sobre los 40 valores más representativos. Existe también otro índice CAC general compuesto por más de 200 valores.

Cálculos actuariales
Son los ejercicios matemáticos sobre la esperanza de vida plasmados en tablas de mortalidad y de supervivencia que efectúan en profundidad empresas vinculadas a compañías de seguros de vida. Los estándares mundiales son los elaborados por prestigiosas compañías suizas y actualizadas permanentemente. Y los gobiernos de cada país supervisan y autorizan para que sean utilizadas por las empresas de seguros bajo su control para, entre otras cosas, calcular las primas de los seguros y las rentabilidades aseguradas en las pólizas de seguros de vida.

Calificación
Clasificación de los valores mobiliarios con arreglo a la solvencia de la sociedad emisora una vez realizado un análisis financiero por parte de una **agencia de calificación (*)**.

CALL
Ver: Opciones

Cámara de compensación
Organismo creado por las entidades de crédito para compensar los cobros y pagos que

deben realizarse entre ellas, como resultado de las operaciones diarias de sus clientes (cheques, transferencias, recibos, etc. etc.) debiendo efectuarse únicamente el pago correspondiente a las diferencias a favor de unas u otras entidades. Internacionalmente a esta función se la conoce como clearing.

Canon francés
En los préstamos, es el método de amortización más generalizado. Consiste en el pago de una cuota constante que comprende una parte correspondiente a la amortización de capital y otra a los intereses. La parte de intereses comprendida en cada cuota es el resultado de aplicar el tipo de interés vigente al saldo de capital existente al inicio del periodo. La diferencia hasta completar la cuota corresponde a la parte de amortización de capital. Al inicio, como es natural, la mayor parte de la cuota corresponde a intereses, pero conforme avanza la vida del préstamo se reduce la parte correspondiente a intereses y se incrementa la correspondiente a amortización de capital. En las últimas cuotas, casi la totalidad de las cuotas corresponde a amortización.

CAP
Contrato a través del cual se establece un "techo" o "tipo máximo de interés" en una financiación a largo plazo a tipo variable, a cambio del pago de una prima. Nos ahorramos el mecanismo de funcionamiento por demasiado complejo para este libro, al igual que ocurre con la mayoría de los contratos de "derivados". Opuesto al FLOOR. Ver: COLLAR.

Capacidad de crédito
Nivel de endeudamiento que puede soportar una persona física o jurídica con arreglo a su solvencia, sus ingresos, sus antecedentes y su nivel de endeudamiento.

Capitalismo popular
Participación de la población en general en el capital de las empresas. Según esta teoría si se distribuye la propiedad de las empresas públicas entre el mayor número posible de ciudadanos, éstos se beneficiarían del desarrollo de las mismas y el país también por una mayor eficiencia en la gestión privada. Hasta aquí muy bien. Pero llevado a su máximo extremo y a su versión no económica sino política, se trataría de un eufemismo para expresar la intención de los defensores de las privatizaciones a ultranza y de la progresiva eliminación del Estado, de convertir a los ciudadanos en accionistas minoritarios de las empresas que a medio plazo habrían de sustituir al Estado en sus funciones.

Capitalización bursátil
Es del precio de una empresa en bolsa. Se obtiene de la sencilla operación de multiplicar su número de acciones por su cotización.

Carencia
Periodo de un préstamo (habitualmente al inicio, pero no necesariamente) durante el cual no se amortiza capital, pero sí se pagan intereses. Como resultado, la cuota a pagar es obviamente menor. Si no se paga ni amortizaciones ni intereses, es decir, no se paga nada en absoluto, entonces se llama "período de carencia completa" y, popularmente, período de "vacaciones totales".

Carta de Crédito
Ver: Crédito Documentario.

Cártel
Acuerdo (en teoría ilícito) entre varias empresas de un sector para evitar la competencia, llegando entre ellas a acuerdos que regulan la producción, la venta o los precios. El típico cártel y el más popular es la OPEP (Organización de Países Exportadores de Petróleo).

Cartera
Conjunto de valores mobiliarios que posee una persona física o jurídica como inversión, ya

sean de renta fija o renta variable, que puede mantener con fines especulativos o como inversión a largo plazo. A veces se utiliza la expresión inglesa portfolio.

Cash
Anglicismo muy utilizado en el sentido de dinero en efectivo. Contante y sonante.

Cash flow
Cantidad neta de dinero generada en una actividad económica. Su correspondencia en castellano es 'flujo de caja'.

CECA. Confederación Española de Cajas de Ahorro
Organismo creado en 1928 por iniciativa de la Federación de Cajas de Ahorros Vasco Navarra. Constituye una asociación de las 46 cajas de ahorros españolas que existen en la actualidad, a las que presta además servicios especializados. Representa a las Cajas ante todos los foros y gobiernos, y lo mismo a escala internacional. Hace las funciones de centro de estudios y actúa como centro de asesoramiento, comunicación información y marketing para todos sus miembros.

Centro financiero internacional
Territorio, generalmente pequeño, con una legislación mercantil-fiscal muy atractiva. Ver: Paraíso fiscal.

CEO
Chief Executive Officer. Ver: Consejero Delegado.

CEOE
La Confederación Española de Organizaciones Empresariales (CEOE), fundada en 1977, es la institución que representa a los empresarios españoles. Integra, con carácter voluntario, a un millón de empresas, públicas y privadas, de todos los sectores de actividad (agricultura, industria, y servicios). Las empresas se afilian a la CEOE a través de 2.000 asociaciones de base y de 200 organizaciones territoriales y sectoriales. Los intereses concretos de las pequeñas y medianas empresas están representados por la Confederación Española de la Pequeña y Mediana Empresa (CEPYME), organización de carácter nacional, miembro de la CEOE. Definición obtenida de la propia página web de la CEOE.

Centros off shore
Ver: Paraísos fiscales.

CER
Costo Efectivo Remanente. Es el tipo de interés efectivo de su préstamo de hoy en adelante hasta su total amortización y cancelación. No se tienen en cuenta las comisiones y gastos de apertura, pagados con anterioridad, sino únicamente lo que aún no ha pagado. Sería el **TAE** (*) de un préstamo, cuando ya lo estamos pagando.

Certificado Digital
Es un documento digital mediante el cual una **autoridad de certificación** (*) garantiza la identidad de un sujeto o entidad. (Wikipedia)

Cesta de fondos
Conjunto de fondos de diversa índole en los que se divide una inversión con la intención de diversificar los riesgos.

Cesta de monedas
Conjunto de divisas utilizado para establecer el valor ponderado de una moneda o de un índice. En su día lo fue el ECU (de las monedas europeas) que a su vez fue el predecesor del Euro.

Chartismo
Técnica de análisis bursátil a partir de los gráficos correspondientes a los comportamientos históricos de los valores.
Ver: Análisis técnico.

Cheque
Documento de pago, que puede ser nominativo o al portador, que permite retirar *dinero de una cuenta corriente*.

Cheque bancario
Cheque (*) expedido por una entidad bancaria y no por uno de sus clientes. En América se conoce como Cheque de Gerencia.

Cheque a la orden
Cheque (*) expedido a una persona que puede a su vez endosárselo a un tercero.

Chicago Board Trade
Nombre del mayor mercado del mundo de opciones y **futuros (*).**

Chicago Boys
Se conoce así a los apasionados seguidores americanos de las doctrinas austríacas de Friedrich Hayek (Premio Nobel de Economía en 1974) y de sus continuadores norteamericanos George Stigler y Milton Friedman (Premio Nobel de Economía en 1976) de la Universidad de Chicago. Esta escuela, conocida como la Escuela de Chicago, se hizo muy famosa por defender el liberalismo económico frente al entonces triunfante **keynesianismo (*).** El éxito universal de las doctrinas de Keynes mantuvo eclipsadas a estas teorías neoliberales durante un largo período. No obstante, su fama mundial proviene del interés de algunos de sus miembros en experimentar sus teorías en escenarios lejanos. La escuela de Chicago está detrás de muchas de las políticas del **Banco Mundial (*)** y del **Fondo Monetario Internacional (*).** El escenario inicial en donde se experimentaron las teorías de la escuela de Chicago, fue de la mano del General Pinochet, en Chile. De hecho, el origen de la expresión Chicago Boys, tiene su origen en un grupo de economistas chilenos, formados en la Universidad de Chicago, y que dirigieron la política económica del General. Posteriormente, "otros Chicago Boys" tomaron el control de las políticas económicas de los diferentes regímenes militares en Argentina, Uruguay y Brasil. Y también estuvieron allí donde, el poco sospechoso *Wall Street Journal*, bautizó como "la escena del Salvaje Oeste" de La Paz, Bolivia, en 1995. También estaban gestionando las radicales privatizaciones tras la crisis del tequila en México; detrás de la "nueva frontera" que se abría tras los diferentes golpes de estado de Yeltsin en Rusia, en la reestructuración económica de Polonia, en el centro de gravedad de la crisis del sudeste asiático de 1997, tras la Indonesia de Suharto y, ya en la actualidad, gestionando la reestructuración económica del ocupado Irak.

Chicharro
En el contexto bursátil español, valor de alto riesgo, muy volátil, con escasa liquidez cuya compra se realiza únicamente con criterios especulativos a corto plazo.

Chicos para todo
Ver: Back Office.

Ciclo bursátil
Periodo en el que las cotizaciones experimentan en conjunto subidas o bajadas. Cuando cambia la tendencia se produce un cambio de ciclo.

Cierre bursátil
Momento en el que finaliza la sesión en la Bolsa, marcando el precio de cierre de las cotizaciones en ese día.

CIRBE
Central de Información de Riesgos del Banco de España. Es el servicio encargado de centralizar la información presentada por las entidades de crédito sobre los riesgos bancarios que presentan sus clientes. Todos los bancos están obligados a comunicar al servicio de la CIRBE todos los riesgos que mantienen con sus clientes siempre que superen los 6.000 euros, o avalistas por importes superiores a 60.000 euros. Si además su situación es de morosidad también se especifica. A su vez la CIRBE informa a los bancos informantes del agregado de riesgos que sus clientes declarados mantienen con el conjunto de entidades de crédito del país (pero sin dar nombres de entidades). Es una forma de conocer con bastante exactitud el endeudamiento de una empresa o persona.

Cláusula resolutoria
Cláusula que establece una condición cuyo incumplimiento determina la resolución (anulación) del propio contrato.

Clearing
Proceso de liquidación y compensación de documentos entre bancos. La Clearing House anglosajona es nuestra Cámara de compensación bancaria. Lugar, hoy virtual, donde los bancos se cruzan los cheques, recibos, pagarés, etc. y se compensan.

COLLAR
Es un instrumento de cobertura del riesgo de tipo de interés en contratos de préstamo o depósitos a tipo variable, que establece simultáneamente un nivel de fluctuación máximo y otro mínimo. De hecho es la combinación de otros dos instrumentos, el **CAP (*)** y el **FLOOR (*)** con la peculiaridad de que el COLLAR puede salirnos gratis por cuanto la prima que deberíamos pagar por el CAP sería equivalente a la prima que cobraríamos por la venta del FLOOR.

Comisión de apertura
Importe que se paga al formalizar un préstamo por los gastos que supone su apertura. Suele ser un pago único y corresponder a un porcentaje sobre el capital prestado.

Comisión de amortización anticipada
Comisión aplicada por la entidad de crédito por la amortización anticipada total o parcial de un préstamo. Suele calcularse como un porcentaje sobre la cantidad amortizada.

Comisión de estudio
Importe que se paga al formalizar un préstamo por los gastos que supone el estudio de riesgos. Suele ser un pago único y corresponder a un porcentaje sobre el capital prestado.

Comisión de subrogación
Comisión por el cambio de una hipoteca de un banco a otro o de un prestatario o acreditado a otro.

Comisión de modificación de condiciones o garantías
Comisión aplicada por el banco a raíz de producirse variaciones en el préstamo o crédito hipotecario, tales como modificaciones de tipos de interés, plazos, cuotas, índice de referencia, cambio del bien hipotecado, variaciones en los prestatarios, avalistas, etc.

Comisión de suscripción
Comisión que cobra la entidad gestora por suscribir determinados fondos, en función de la cantidad suscrita. En España no es frecuente su cobro.

Commodity (commodities)
Literalmente quiere decir "mercancía" pero en los mercados se ha utilizado siempre esta expresión para referirse a las materias primas, cereales, minerales, etc. Más recientemente se ha ampliado el concepto y hoy se entiende también como commodity cualquier divisa, tipo

de interés o índice bursátil susceptible de ser el activo subyacente de un contrato de futuros. Allí donde se lleva a cabo un contrato "a futuro" hay un activo subyaciente (una mercancía, un índice bursátil, una divisa) que se conoce como commodity. Ver: Futuros.

Confirming
Conjunto de servicios que consisten, básicamente, en la gestión de los pagos de una empresa a sus proveedores, ofreciendo la posibilidad de financiar a estos últimos la anticipación del cobro de las facturas.

Consenso de Washington
Ver capítulo "La Globalización".

Consenso de Monterrey
Ver capítulo "La Globalización".

Consejero Delegado. CEO
¡El Boss! El number one! Persona que tiene delegadas las funciones del Consejo de Administración, y por tanto es el primer ejecutivo de una empresa. Todo el resto del organigrama depende de él. La figura equivalente en los Estados Unidos sería la del CEO, **C**hief **E**xecutive **O**fficer.

Contravalor
Importe expresado en moneda local de una cantidad expresada en **divisas (*)**.

Corredor
Intermediario en una operación comercial o financiera que trabaja normalmente a comisión. Se le conoce también como broker o dealer.

Corros
Ver: Bolsa.

Coste de oportunidad
Valor de una alternativa a la que se renuncia al adoptar una decisión de inversión.

Cotizaciones spot y forward
El precio "spot" es el que corresponde a una mercancía, **commodity (*)** o activo **subyacente (*)**, para ser entregada al momento. El precio "forward" es también el precio a fecha de "hoy", pero para ser entregada en una fecha futura. Forward es el precio para entregas futuras y el spot para entregas inmediatas. Existe una "prima" cuando el precio forward es superior al precio spot. En caso contrario, se dice que cotiza con descuento. También se conocen como cotizaciones al contado y a plazo.

Cotizantes
Trabajadores que están dados de alta y cotizan económicamente a la Seguridad Social.

CNMV. Comisión Nacional del Mercado de Valores
Institución responsable de la vigilancia, supervisión y control del mercado de valores o bolsa.

Crack bursátil
Derrumbe de las cotizaciones en un momento concreto.

Cracker
Es un **hacker (*)** con malas intenciones. Deriva de la expresión "criminal hacker".

Crash
Crisis profunda y fatal, con ruptura del equilibrio en un sistema.

Crédito versus Préstamo: diferencias
Ver: Préstamo versus Crédito: diferencias.

Crédito revolvente (o revolving)
Crédito del que se puede volver a disponer una vez pagado.

Crédito sindicado
Crédito concedido a la vez por un conjunto de entidades financieras debido a su elevada cuantía.

Crédito pignoraticio
Crédito garantizado mediante la toma de bienes en prenda. Ver: Garantía real y Garantía Prendaria.

Créditos documentarios
Instrumentos para garantizar las operaciones comerciales con el extranjero, mediante el cual el banco del importador se obliga a pagar las mercancías adquiridas al exportador siempre y cuando se cumplan las condiciones del contrato (entrega de documentos acreditativos del embarque y otras circunstancias específicas de cada caso). Con lo cual el exportador tiene garantía bancaria del cobro de su mercancía y simultáneamente el importador tiene la garantía de que la mercancía adquirida esta embarcada y se encuentra en camino, en las condiciones estipuladas y consignada a su nombre. En America, y cada vez más en el resto del mundo, a esta figura se la conoce como Carta de Crédito.

Créditos Ninja
No Income, No Job, No Assets. Ver: Subprime.

Criterio de caja
En contraposición al criterio de devengo, sistema de valoración contable consistente en asentar los gastos en el momento que se pagan y los ingresos en el momento que se perciben.

Criterio de devengo
En contraposición al criterio de caja, sistema de valoración contable consistente en asentar los gastos en el momento que se generan aunque no se haya producido el pago y los ingresos en el momento que se devengan aunque aún no se hayan percibido

Cruzar un cheque (o barrar)
Poner dos líneas paralelas en el anverso del cheque para que deba cobrarse a través de una cuenta bancaria y no en efectivo.

Cuadro de amortización
En el contexto de un préstamo, cuadro en el que se desglosan las cantidades pendientes de pago y la carga financiera real.
En un contexto contable, cuadro en el que se constata el número de años en que se amortiza un activo, el importe amortizado y el importe pendiente de amortizar.

Cuenta a la vista
Depósito bancario que es siempre disponible inmediatamente y sin ningún trámite ni preaviso. Es lo contrario a depósitos a plazo o con otro tipo de limitaciones. En algunos países hay depósitos denominados "con X día de preaviso". El ejemplo más corriente de cuentas a la vista son las cuentas corrientes y las libretas de ahorros.

Cuenta conjunta

Aquella abierta a nombre de varios titulares y en la que se ha establecido que para disponer de ella han de firmar todos ellos. Las firmas son mancomunadas.

Cuenta de ahorro vivienda

Cuenta de ahorro cuyo único fin es depositar los ahorros destinados a la compra de una vivienda, por los beneficios fiscales que conlleva.

Cuenta indistinta

Aquella abierta a nombre de varios titulares y en la que se ha establecido que para disponer de ella pueden firmar cualquiera de ellos. Las firmas son solidarias.

Cuota

Importe que paga el prestatario de un préstamo, compuesto por la parte amortizada de capital más los intereses devengados en el periodo sobre el saldo dispuesto pendiente de amortizar.

Cuotas Participativas

Títulos de renta variable cotizados cuya remuneración está en función de la marcha de la entidad emisora y por los que, al contrario de las acciones, no se otorgan derechos políticos, es decir, el derecho a estar con voz y voto en los órganos de gobierno. Están creadas para las Cajas de Ahorros, pero de momento, únicamente una de ellas las ha emitido.

Cuota de mercado

Porcentaje que corresponde a una empresa o marca con respecto al total del mercado concreto en donde opera. Para entendernos, si mi fábrica de zapatos tiene una cuota de mercado del 15% debe entenderse que, en ese determinado mercado, 15 de cada cien zapatos vendidos han estado fabricados por mí.

Cupón

En el contexto bursátil, antiguamente, partes del título físico que se iban desprendiendo de él para realizar el cobro de intereses, cobro de dividendos, la suscripción de acciones nuevas, etc. Actualmente se sigue hablando de cupones cuando se ejercen estos derechos.

Cupón cero

Algunos títulos de renta fija que no pagan intereses durante la vida del mismo. Suelen ser a corto plazo y emitirse al descuento, esto es, deduciendo y por lo tanto cobrándose los intereses, por anticipado.

Cupón Corrido /Accrued Interest

Es el importe de los intereses devengados (y no pagados) desde la ultima liquidación del un cupón de un título de renta fija. Este importe afecta a la fijación del precio del título en las transacciones realizadas en fechas intermedias, entre dos cupones. De esta forma cada una de las partes obtiene exactamente los intereses que le corresponden por los días que ha tenido el título en su poder. Obviamente ocurre en cualquier título de renta fija con pago de intereses periódicos.

DAX

Principal y más popular índice de la Bolsa de Frankfurt, formado por el índice ponderado de sus 30 valores de mayor capitalización.

Dealer

Persona física o jurídica que actúa como intermediario en una operación por cuenta ajena a cambio de una comisión. En contraste con el broker, puede actuar también por cuenta propia.

Deflación

En contraposición a inflación, disminución en el nivel general de los precios.

Derechos consolidados
En la legislación relativa a los planes y fondos de pensiones se denominan Derechos Consolidados a los saldos de los planes a una determinada fecha. Su nombre lleva a una evidente confusión: los derechos consolidados no están en absoluto consolidados; pueden disminuir si la evolución de los mercados en los que se invierten llevara a ello. El nombre no es por tanto muy afortunado. Podría cambiarse por "saldo actual de los derechos" o algo similar.

Depósito estructurado
Depósito a plazo fijo cuya rentabilidad y riesgo están vinculados a la evolución de un activo financiero (acciones, índices, etc.) denominado "subyacente" o **commodities (*)**. Se formaliza en un contrato único que incluye un depósito y un derivado.

Derivado
Ver: Futuros (*).

Desintermediación
Actitud muy en boga que trata de evitar a los intermediarios en la cadena de suministro para abaratar las compras. Se trata de evitar a toda clase de intermediarios, sean mayoristas, distribuidores, minoristas, brokers, etc., para adquirir el producto directamente al fabricante a mejor precio. Y ello es así en los mercados altamente transparentes donde se conocen los precios de las mercancías "en origen", mayoritariamente debido a que Internet ha favorecido el contacto directo entre fabricantes y consumidores.

Deslocalización
Expresión de moda para referirse a lo que toda la vida se había conocido como cierre y traslado de empresas a zonas más competitivas. España que fue una gran beneficiaria del fenómeno durante los años sesenta y setenta del siglo pasado (por su bajo nivel salarial y mínima presión fiscal, fenómenos que permitían en aquel momento compensar la baja productividad) es ahora una víctima de primer orden del fenómeno.

Despidos hacia arriba
Tipo de pseudo-despido, que consiste en prescindir de un trabajador por no adecuarse a las necesidades o al ritmo actual y tensión que se requiere en un determinado puesto de trabajo y, al no existir otro alternativo para ofrecerle, en lugar de invitarle a dejar la empresa, se le promociona a un puesto no ejecutivo, de mayor representatividad y retribución, pero alejado de la línea ejecutiva de la empresa. En definitiva, es como un premio a la incompetencia funcional. Fenómeno este muy extendido en determinados ámbitos, sobre todo en la Administración Pública, pero en franca retirada.
Una figura asociada al concepto, y que es inevitable en las grandes empresas, es la del **pierdetiempista (*)**, persona que representa a la empresa a un determinado nivel intermedio y que es la encargada de asistir a los actos sociales, conciertos, cenas, conferencias, coloquios, seminarios, congresos, entrevistas y homenajes. Entre los altos cargos se dan los casos de despidos hacia arriba acompañados del nombramiento como consejeros en representación simbólica de la empresa en diversos y cómodos y bien retribuidos consejos de administración de empresas vinculadas, con lo que se le obliga a viajar de forma permanente y de esa forma se le aparta del núcleo de la gestión cotidiana.

Deuda Pública
Letras, Bonos y Obligaciones del Estado (o del Tesoro, es lo mismo). Títulos de deuda emitidos por el Estado. Se diferencian en que las letras son a corto plazo (normalmente hasta 18 meses); los bonos, a medio plazo (tres y cinco años), y las obligaciones, a más largo plazo, 10, 15 y 30 años.

Deuda subordinada
Deuda emitida generalmente a un tipo de interés levemente superior al del mercado pues-

to que no se reembolsaría hasta haberlo hecho con los acreedores ordinarios en el hipotéti-co caso de la extinción y liquidación de la sociedad. De acuerdo con la legislación actual computa como Recursos Propios de segunda categoría y existe un límite máximo de títulos en circulación.

Diferencial
Ver: Spread

Dividendo
Pago realizado a los propietarios de acciones o participaciones de una sociedad con cargo a las ganancias de la misma en un determinado ejercicio. Popularmente conocido como "reparto de beneficios" (entre los socios o accionistas).

Divisas
Monedas distintas de la propia. Para nosotros, cualquier moneda excepto el euro.

Dumping
En el contexto del comercio internacional, práctica comercial que consiste en introducir en el extranjero un producto a precios más bajos que su coste con el objetivo de introducirse en el mercado y ganar **cuota de mercado** (*).

Dumping social
Práctica competitiva basada en la explotación de las diferencias de costos existentes entre países desarrollados y países con unos bajos costes laborales o con explotación del trabajo infantil y nulas prestaciones públicas, con el objetivo de ofrecer unos precios atractivos para sus productos en el exterior.

Dow Jones
Índice principal de la Bolsa de Nueva York, en **Wall Street** (*) En realidad son tres los índi-ces Dow Jones: el industrial, compuesto por los treinta valores industriales con mayor capi-talización, el de transportes, compuesto por veinte, y el de servicios, compuesto por quince. Con los tres se forma el conocido Dow Jones Composite.

EBITDA
Acrónimo muy de moda en los informes financieros, de **E**arnings **B**efore **I**nterest, **T**axes, **D**epreciation and **A**mortization, beneficios antes de intereses, impuestos, provisiones y amortizaciones. Su utiliza para calcular la verdadera rentabilidad intrínseca de un negocio, independientemente de su estructura financiera, de su nivel de endeudamiento, de su calen-dario de inversiones y del entorno fiscal y monetario. Tiene una clara utilidad en el entorno de la valoración de empresas.

Efecto mariposa
Dice un antiguo proverbio chino: *"el aleteo de las alas de una mariposa se puede sentir al otro lado del mundo"*. La idea es que, dadas unas condiciones iniciales de un determinado sis-tema natural, la más mínima variación en ellas puede provocar que el sistema evolucio-ne en formas totalmente diferentes. Sucediendo así que, una pequeña perturbación ini-cial, mediante un proceso de amplificación, podrá generar un efecto considerablemente grande. Ver: La crisis internacional de la Hipotecas Subprime y los Créditos Ninja.

Efecto spread
La expresión se utiliza para reflejar la diferencia entre los precios de venta y de compra de un mismo bien (por ejemplo, en una acción o divisa el spread es muy bajo, pero en la com-pra venta de un coche, un sello de colección, una moneda de oro, o un barco, el spread puede llegar a ser muy alto). El spread es especialmente alto en aquellos productos de difícil venta, con alta tributación (monedas de oro, barcos de lujo, automóviles) y con altos gastos de comercialización o transportes. Como es natural en los bienes con alto spread que no sufran

una sustancial revalorización puede ser dificultoso recuperar la cantidad invertida. ¡Cuidado con las inversiones a corto plazo en bienes con alto spread!

Efecto riqueza
Sensación subjetiva de que alguien es rico debido a la subida de precios de los inmuebles que posee, no porque sus ingresos hayan incrementado por razones más sólidas. Con este "efecto riqueza" los propietarios se sienten más ricos y esto impacta en sus decisiones de consumo y en sus actitudes sobre el estado de la economía. Y sobre la vida. Este efecto también impacta en los no propietarios, influyendo en su sentimiento de que la economía va cada vez mejor.

Entidades de certificación
Ver: Autoridades de certificación.

Esperanza de vida
Técnicamente se conoce como "esperanza de vida al nacer". Es la tasa que mide el número de años que vivirá por término medio un individuo que ya ha llegado a las 24 horas de edad.

Estanflación
De verdad que no se trata de una palabra inventada para complicarnos la vida, si no para facilitar la comprensión de los hechos. Realmente es una expresión muy actual y con mucho significado, dado que caracteriza a no pocas situaciones económicas presentes. Su utilización en las crónicas de coyuntura económica es permanente. Es la contracción de *stag*nation (*estan*camiento) y de in*flation* (in*flación*). Es un término que fue acuñado en 1965 por el entonces ministro de Finanzas británico, Ian McLeod quien, en un discurso ante el Parlamento en ese año, dijo: "*We now have the worst of both worlds —not just inflation on the one side or stagnation on the other. We have a sort of 'stagflation' situation*" (Ahora tenemos lo peor de ambos mundos: no sólo in*flación* por un lado o *estan*camiento por otro. Tenemos algo así como una estan-flación.). Estanflación combina los términos *recesión* e *inflación*, es la situación económica que indica la simultaneidad del alza de precios, el aumento del desempleo y el estancamiento económico, entrando en una crisis o incluso recesión. En estas situaciones la política monetaria es totalmente ineficaz. Hay que actuar con políticas estructurales, fiscales, cambios normativos y legislativos, etc.

Euríbor
Acrónimo de **Euro** **I**nterbank **O**ffered **R**ate, tipo de interés de oferta en el mercado interbancario del euro. Se trata del tipo de interés aplicado a las operaciones interbancarias en la Eurozona. Existe un Euríbor para cada uno de los plazos que se cotizan: día, semana, quincena, mes, tres meses, seis meses, año, dos años, tres años, etc. etc.
Cuando hablamos del Euríbor es necesario ser concretos: ¿del Euríbor a qué plazo hablamos? Es muy frecuente oír de personas que han visto por televisión una determinada noticia o declaración sobre, por ejemplo, el tipo de intervención del **BCE (*)** o sobre el precio del dinero corto plazo en general y extrapolar el hecho a su hipoteca que está referenciada al Euríbor anual. No es lo mismo, y a veces, bastantes, puede subir uno y bajar el otro, de forma perfectamente simultánea.

Eurostoxx 50
Se trata del **índice bursátil (*)** más importante de la zona euro, formado por los 50 valores de mayor **capitalización bursátil (*)**. No confundir con el *Stoxx 50*, también confeccionado por la misma empresa, y que recoge los 50 mayores valores pero no sólo de la zona euro sino de toda Europa (también incluye a países europeos que no tienen el euro como moneda propia, Dinamarca, Noruega, Reino Unido, Suecia y Suiza). El Eurostoxx 50 está dominado por empresas alemanas, francesas, holandesas, italianas y españolas, mientras que en el caso del Stoxx 50 quienes dominan el índice son empresas británicas, suizas y alemanas.

Experian
Ver: Badexcug.

Factoring
Anglicismo correspondiente a descuento de facturas.

Family Office
Ver: Banca privada

Fecha valor
Es la fecha en la que *"a efectos de los intereses"* se realiza una transacción. En el caso de pagos de cheques o transferencias es la fecha en que el dinero y el título cambian de manos (de bancos) efectivamente. Normalmente se realiza a las 48 horas hábiles siguientes a la fecha en que se pactó la operación. En teoría este es el tiempo necesario (o acordado) para que las partes den las órdenes de débito y crédito en sus respectivas cuentas. Obsérvese que todos los movimientos de los extractos bancarios o libretas tienen dos fechas: la contable y la fecha valor.

Este concepto es el origen de la gran mayoría de cargos por gastos de descubierto (comisiones o intereses) cobrados por los bancos y que algunas veces se generan de forma totalmente inconsciente por los titulares de una cuenta. Un caso típico es el descubierto "por valoración", por fecha valor, no contable, no por **números rojos (*),** que se genera cuando por ejemplo el día D se recibe el abono de una transferencia "con fecha valor el siguiente día hábil", es decir, D+1 y, no habiendo otro saldo en la cuenta, se dispone del importe ese mismo día D. La cuenta tenía saldo disponible pero con valor D+1, y por tanto se ha generado un descubierto de un día por la cantidad dispuesta. El problema se agrava, lógicamente, cuanto mayor es la cantidad y especialmente si el día D es un viernes y el siguiente día hábil es el lunes, es decir, D+3, ya que en ese caso el descubierto por valoración es de tres días.

No confundir este concepto con *los períodos de retención de los cheques* ingresados en cuenta a efectos de seguridad (tener la seguridad de que efectivamente no se han devuelto y se han cobrado) porque es de otra naturaleza y además generalmente las fechas valor y las de disposición son distintas.

Otro típico y frecuente caso de descubierto por valoración es aquel producido por un cargo de un determinado recibo con fecha valor atrasada, por ejemplo D-3, debido a que esa fecha valor D-3 fue la aplicada realmente por nuestro banco en el momento de efectuar el pago de ese recibo al otro banco que lo presenta al cobro o al emisor del mismo, aunque realmente se nos cargue efectivamente en nuestra cuenta el día D.

FED
Ver: Reserva General.

FIAMM Fondo de inversión en activos del mercado monetario
Tipo de fondo que invierte en títulos de alta liquidez o con vencimientos cortos, de modo que pueden considerarse casi como equivalentes de efectivo.

Fiador
Ver: Avalista.

Fianza
Puede ser un contrato mediante el cual un tercero se compromete a pagar al acreedor si no lo hace el deudor principal obligado al pago, pero también puede ser una "prenda" que ofrece el deudor como garantía de un pago. Ver: Avalista y Garantía real o garantía prendaria.

Firma digital
Una firma digital es un conjunto de datos de verificación y control asociados a un mensaje que permite asegurar la identidad del firmante y la integridad del mensaje.

Fixing
Precio medio de cotización oficial de una divisa, calculado con los datos a cierre del mercado.

FLOOR
Contrato a través del cual se establece un "suelo" o "tipo mínimo de interés" en una finan-ciación a largo plazo o depósito a tipo variable, a cambio del pago de una prima. Opuesto al CAP. Ver: COLLAR.

Fondo de capital riesgo
Tipo de fondo de inversión que invierte en empresas que se encuentran en sus primeras fases de crecimiento y, por lo tanto, asume un alto riesgo.

Fondo de dinero
Ver: FIAMM.

Fondo de garantía de depósitos
Entidad con personalidad jurídica pública que tiene por objeto principal garantizar a los de-positantes de las entidades de crédito la recuperación de sus depósitos dinerarios y en valo-res hasta los límites establecidos, en caso de dificultades de solvencia o liquidez de un banco. Su patrimonio se nutre principalmente de las aportaciones anuales de las entidades de crédito adheridas, fijadas legalmente.

Fondo de Inversión
Institución de inversión colectiva que invierte en valores mobiliarios, inmuebles o activos financieros y cuyo patrimonio pertenece a una pluralidad de inversores, denominados "par-tícipes". Es administrada por una sociedad gestora. Ver capítulo: Tengo unos ahorros para invertir.

Fondo de inversión inmobiliaria
Fondo que realiza sus inversiones exclusivamente en el mercado inmobiliario, ya sea en ofici-nas, locales, viviendas, etc. En España, a raíz del pinchazo de la burbuja inmobiliaria y del pá-nico de los suscriptores que acudieron en bloque a reembolsar sus participaciones, la gran mayoría de estos fondos tuvieron que proceder a la liquidación ordenada de sus patrimonios.

Fondos de Inversión Soberanos
Fondos de Inversión constituidos por Estados soberanos, para invertir internacionalmente en los mercados. Normalmente están ligados a los países productores de petróleo de Oriente Medio, Noruega, etc.

Fondo Monetario Internacional
Organismo internacional con sede en Washington, que cuenta con 184 miembros, creado en la conferencia de Bretton Woods en 1944 con el fin de velar por el buen funcionamiento del sistema monetario internacional, mediante la estabilización de los tipos de cambio entre divisas, fomentar el comercio internacional y reducir la pobreza. Hasta aquí la teoría. En la práctica sus actuaciones en las tres últimas décadas así como las de su primo hermano el **Banco Mundial (*),** han sido criticadas por entender que ambos han focalizado en exceso sus actuaciones en fomentar y defender determinado modelo de crecimiento fundamentado en lo que se conoce como "**consenso de Washington (*)**".

Fondo paraguas
Fondo compuesto por una serie de subfondos que ofrece la opción de ir cambiando la asig-nación de activos entre ellos.

Fondos propios
Capital social más reservas acumuladas de una empresa. Es su patrimonio neto.

FOREX (Foreign Exchange)
Ver: Mercado de divisas.

Fondo Social Europeo (FSE)
Fondo comunitario que presta ayudas a los países de reciente adhesión con el fin de facilitar el proceso de integración. Se otorga en forma de subvenciones, créditos a largo plazo y con bajo interés, o asistencia financiera. Las ayudas pueden estar destinadas a programas de formación profesional, o similares.

Fondtesoro
Fondo de Inversión (*) que invierte exclusivamente en **Deuda pública (*)**, no únicamente del Estado Central, sino también de algunas Comunidades Autónomas. Son Fondos administrados por sociedades gestoras que deben cumplir los requisitos exigidos por el Tesoro.

Footsie
Ver: Bolsa de Londres.

FRA
Forward Rate Agreement. Expresión inglesa con la que se denomina un contrato entre dos partes sobre el tipo de interés de un depósito teórico a un plazo y por un importe determinado. Al término del plazo se procede a su liquidación, en la cual el comprador o el vendedor deberán abonar la diferencia existente entre el tipo de interés interbancario vigente en ese momento y el tipo estipulado en el contrato. Si el tipo de interés es superior al del contrato, es el vendedor quien debe compensar la diferencia, y viceversa. En otras palabras: es un instrumento para cubrirse de las variaciones del tipo de interés.

Frankfurt
Dicen: Frankfurt decide mantener los tipos de interés. ¿Pero, quién es Frankfurt? Pues es la ciudad donde esta el **Banco Central Europeo (*)**, y a él se refieren.

Front Office
Ver: Back Office.

Futuros
Contrato de compra-venta en una fecha futura y a un precio determinado, negociado en un mercado regulado sobre tipos de interés, divisas, mercancías u otros activos financieros, conocidos como "activos subyacentes" o **commodities (*)**

G-8
Grupo formado por los países más industrializados del mundo occidental, Alemania, Canadá, EEUU, Francia, Italia, Japón, Reino Unido y Rusia. Los siete primeros eran conocidos como el G-7, y a este grupo posteriormente se le añadió Rusia, llamándosele G-7 + 1 y, finalmente, G-8. La finalidad de estas reuniones es aunar posiciones respecto a las decisiones que se toman en torno al sistema económico y político mundial.

G-20
Grupo de países que se reúnen para promover discusiones y políticas comunes para fomentar la estabilidad financiera internacional. Está formado por los ocho países más desarrollados, o G-8, la Unión Europea en bloque, y otros 11 países recientemente industrializados de todas las regiones del mundo: Arabia Saudí, Argentina, Australia, Brasil, China, India, Indonesia, México, Corea, Sudáfrica y Turquía. A las últimas reuniones se invitó a Holanda y España.

Garantía bancaria o Aval bancario
Afianzamiento que hace una entidad de crédito en favor de un cliente respondiendo ante terceros de una obligación de pago. Este es un tema que se ha puesto muy de actualidad, a

raíz de los incumplimientos en los contratos de arrendamientos de pisos. Es cada día más frecuente que el propietario exija al presunto arrendador un aval bancario por el importe de unos meses de alquiler y durante todo el plazo de vigencia del contrato de alquiler. De esta forma, en caso de desahucio por falta de pago se asegura el cobro del alquiler durante los largos meses del procedimiento judicial.

Garantía real o garantía prendaria
En contraposición a la garantía personal, se trata de una garantía sobre bienes materiales que se ofrece para caso de impago (dinero, joyas, bienes diversos).

Graduación de riesgos
Ejercicio de variación de la estructura de las inversiones a medida que incrementa la edad. Ver capítulo: Quiero ahorrar para la jubilación.

Gurú
Tomado de la denominación de los maestros hinduístas, en el contexto de la economía se refiere a la persona a quien se reconoce una autoridad intelectual tan elevada que hace que sus juicios sean prácticamente indiscutibles. No obstante, se equivocan, no lo dude.

Hacienda
Departamento de la Administración, con rango de Ministerio, encargado de elaborar los presupuestos, recaudar los impuestos y coordinar y controlar los gastos de los diferentes departamentos. Un reciente ministro de Hacienda español afirmó con sorna: *"el gobierno soy yo, todos los demás son unidades de gasto"*.

Hacker
Experto informático especialista en entrar en sistemas ajenos sin permiso. Frecuentemente, su intención es poner de relieve la baja seguridad de los sistemas "atacados" o simplemente demostrar que es capaz de saltarse las medidas de seguridad.

Hang Seng
Índice más conocido de la Bolsa de Hong Kong. Está compuesto por la ponderación de la capitalización bursátil de las 34 empresas con mayor volumen de negocio (65% del total).

Hedge fund
Fondo de inversión (*) cuyo gestor goza de una gran libertad para colocar los recursos, pudiendo asumir riesgos e invertir de manera arriesgada (ventas al descubierto, y fuertes apalancamientos) tratando de obtener unas rentabilidades superiores a las medias del mercado. Se los conoce en castellano como "fondos de inversión libre", o "fondos de cobertura". En la legislación española (Reglamento de la Ley de Instituciones de Inversión Colectiva) se denominan "instituciones de inversión colectiva de inversión libre". Trate de mirar estos fondos desde la distancia. Son para expertos. Se puede ganar y perder mucho dinero.

Holding
Sociedad que posee o controla la mayoría de las acciones o participaciones de un grupo financiero. Aunque su uso en inglés está totalmente extendido podría considerarse que su traducción al castellano es "sociedad tenedora".

Hipoteca
Garantía que vincula la propiedad de un bien inmueble al cumplimiento de una obligación de pago. En caso de impago, el acreedor tiene derecho a ejecutar la hipoteca para resarcirse de la deuda.

Hipotecas basura
Ver capítulo: La crisis internacional de las Hipotecas Subprime y los Créditos Ninja.

Hipoteca inversa
Crédito con garantía inmobiliaria por el cual el propietario del inmueble recibe una renta, debiendo devolverse a su fallecimiento la deuda generada, ya sea mediante su pago por parte de los herederos o ejecutando la venta del inmueble. Ver capítulo: Quiero ahorrar para la jubilación.

Home banking
Prestación de servicios bancarios a distancia utilizando fundamentalmente las telecomunicaciones. También conocido como "**banca on line (*)**. Su denominación en castellano podría ser, entre otras, "banca a domicilio", "banco en casa", "banca telefónica" o "banca por Internet".

Hot money
Dinero que se mueve con rapidez en los mercados internacionales, con carácter especulativo, aprovechando las diferencias de cotización entre divisas. Su denominación en castellano es 'dinero caliente'.

IBAN. International Bank Account Number
Si envía o le mandan transferencias desde el extranjero ya se lo habrán pedido con absoluta seguridad, y quizás también le habrán pedido el **Swift (*)** de su banco. El IBAN es un código que identifica una cuenta con el objetivo facilitar el tratamiento informatizado en las transferencias internacionales. A cada cuenta bancaria le corresponde un único IBAN, ya que a través del mismo se puede identificar el país, el banco, la oficina y la cuenta. El IBAN facilita las transferencias, elimina los errores y reduce al mínimo la intervención humana en el proceso del trasiego del dinero para resolver incidencias debidas a errores en los datos de los beneficiarios de las transferencias, y los costes que ello comporta. Por ello, actualmente los costes de las transferencias internacionales son distintos (más bajos) si se conoce el IBAN. No confundir con el Código Cuenta Cliente (CCC), mucho mas antiguo y conocido, que se utiliza en España para identificar las cuentas bancarias. El CCC tiene 24 caracteres mientras que el IBAN tiene 34.

IBEX 35
Índice ponderado de referencia de la Bolsa española, formado por la capitalización de valores pertenecientes a 35 empresas.

Índice bursátil
Índice ponderado de las cotizaciones de las principales acciones de un mercado determinado. Se ponderan según su valor de cotización. Su evolución se considera representativa de la evolución del mercado en cuestión. Son ejemplos nuestro **Ibex 35 (*)**, el **Dow Jones (*)**, **Eurostoxx 50 (*)**, **Footsie (*)**, **Hang Seng (*)**, **Dax (*)**, **Nasdaq (*)** o **Nikkei (*)**.

Índices Hipotecarios
Se trata de unos índices que publica el Banco de España y que son indicadores de los tipos de interés de los mercados hipotecarios y financieros en general, y que se utilizan como referencia en los contratos a tipo variable a largo plazo. El caso más popular son las hipotecas.

Inflación
Incremento general que experimenta el nivel de precios que produce una disminución del poder adquisitivo. El índice más popular que la refleja es el **IPC (*),** publicado periódicamente por el **INE (*).**

Infraseguro
Situación que se crea cuando se contrata un seguro de un bien declarando un valor inferior al real. Sí que es verdad que uno se ahorra dinero en primas, pero en el supuesto de producirse un siniestro, por ejemplo un incendio, no espere cobrar la totalidad de los gastos incurridos, sino que la compañía le abonará la parte proporcional entre lo que declaró y lo que

realmente debería haber declarado. Esto es especialmente grave en el caso de viviendas y bienes inmuebles en general.

Ilíquido
Un bien es líquido cuando puede convertirse inmediatamente en dinero disponible, contante y sonante, como por ejemplo una acción cotizada en bolsa, o la mayoría de productos bancarios que pueden cancelarse anticipadamente, con o sin penalización. Otro tipo de bienes son "menos líquidos", como los inmuebles y otros bienes muebles que se convierten en dinero cuando se encuentra un comprador y éste lo paga. Un bien "ilíquido" es aquel que no contempla su conversión en dinero ni a corto ni a medio plazo, sino a largo.

Ilusión monetaria
Efecto psicológico que se produce cuando los aumentos salariales son muy elevados para compensar una alta inflación, aunque en realidad no son tales si descontamos ésta.

INE
Instituto Nacional de Estadística.

Intereses netos
Es el rendimiento real que finalmente nos queda en una inversión una vez deducida la retención fiscal que nos aplica el banco en origen. Supongamos un bono o similar de valor 1.000 euros, que rinde un 5%, y al que se le aplican unas retenciones fiscales del 18%. Los rendimientos serían: 5% de 1.000 = 50. Retención = 18% de 50 = 9. Rendimiento nominal = 50 – 9 = 41 = 4,1% de 1.000. Intereses netos = 4,1 %.

Intereses reales
Son los intereses resultantes de restar la inflación a los intereses netos, según la definición anterior. Siguiendo con el mismo ejemplo, y suponiendo un entorno inflacionista del 4%, para mantener el valor adquisitivo se requiere un mínimo interés equivalente a la inflación, en este caso del 4%. En el ejemplo anterior, los intereses reales finales son de 4.1% (intereses netos) – 4% (inflación) = 0,10%. Esta ha sido la rentabilidad en términos reales. Salta a la vista que si la inflación sube por encima del 4,1%, los intereses reales son negativos.

IPC
Índice de Precios al Consumo. Expresión numérica ponderada que mide el incremento o disminución experimentados por los precios a lo largo de un periodo con respecto a otro período anterior.

IRPF
Impuesto sobre la Renta de las **Personas Físicas (*)**.

IRS
Ver: Swap

I + D
Internacionalmente leerá "R&D", Research and Development. Ver capítulo: La Productividad.

Junk Bond
Ver: Bono basura.

Keynesianismo
Doctrina del gran economista británico John Maynard Keynes, (1883-1946), padre de la macroeconomía moderna. Keynes refutó la teoría clásica según la cual la economía, por sí sola, tiende a la optimización en la asignación de los recursos, incluidos el empleo y el capital. Afirmó que ello era cierto, únicamente en determinados casos teóricos. Desarrolló una

serie conceptos, en su día novedosos, y hoy plenamente vigentes, como el de la propensión marginal a consumir, el multiplicador de la inversión, la eficiencia marginal del capital y la preferencia por la liquidez. Un aspecto fundamental de la teoría keynesiana es el relativo a la política monetaria y a la regulación de los tipos de interés, procurando que sean siempre inferiores a la eficiencia marginal del capital.

Tal vez la principal razón de su popularidad es su radical recomendación del intervencionismo estatal, a través de las políticas fiscales y monetarias, con el objetivo de compensar los efectos adversos de las crisis cíclicas de la actividad económica, mediante el efecto multiplicador en la demanda agregada. Keynes pensaba en un capitalismo liberal y en otro intervencionista según fuera el ciclo económico. Este relativismo y pragmatismo rompía, y sigue rompiendo, los esquemas mentales rígidos.

En el año 1929 los Estados Unidos se vieron sacudidos por una crisis sin precedentes ni repeticiones, conocida como la Gran Depresión, que afectó su economía provocando un colapso que se tradujo en una caída del consumo y la demanda y un desempleo generalizado. El presidente Franklin D. Roosevelt decidió poner en práctica las teorías "heterodoxas" del joven economista ingles, mediante un conjunto de medidas económicas conocidas como el "New Deal": el mayor éxito jamás logrado por un gobierno. Un éxito sin precedentes. Hoy, todos los economistas y políticos son, en cierto modo, keynesianos, incluidos los que lo niegan.

La par
Precio nominal (facial) de una acción, bono, etc.

Laissez faire
Expresión francesa que literalmente significa "dejar hacer" y que se emplea en economía para indicar una posición totalmente opuesta al intervencionismo estatal.

Letra. Letra del Tesoro
Título de **Deuda Pública (*)** a corto plazo, emitido por el Tesoro, por un valor nominal de 1000 euros y con vencimientos de seis, doce o dieciocho meses.

Leasing. Leasing mobiliario. Leasing inmobiliario
Se trata de una operación financiera a medio o largo plazo, consistente en la cesión de un bien por un periodo determinado a cambio de una renta periódica, teniendo el arrendatario la posibilidad de adquirirlo al final del contrato por un valor residual establecido. En otras palabras, un alquiler con una opción (que no obligación) de compra al final del contrato. El arrendador obtiene el usufructo del bien mueble o inmueble de la entidad arrendadora, a cambio del pago de una cuota periódica, y también puede tener eventualmente ventajas fiscales con respecto a otras formas de financiación. No confundir con el **renting (*)** fórmula de financiación alternativa mayoritariamente utilizada para vehículos y equipos informáticos de alta **obsolescencia (*)**

Liberalismo
El Liberalismo clásico o primer liberalismo es un concepto usado para englobar las ideas políticas formuladas durante los siglos XVII y XVIII, contrarias al poder absoluto del Estado y su intervención en asuntos civiles, la autoridad excluyente de las iglesias, y cualquier privilegio político y social, con el objetivo de que el individuo pueda desarrollar sus capacidades individuales y su libertad en el ámbito político y religioso. Su base fundamental se encuentra en la doctrina de la ley natural, cuyo más representativo exponente es John Locke. También recibe este nombre, aunque su ámbito es distinto, el liberalismo económico, teoría económica iniciada por Adam Smith (Wikipedia). Sus máximos representantes en el siglo XX fueron Hayek y Friedman. Es aquello de "Estado, cuanto menos mejor".

LIBOR
Acrónimo de London InterBank Offered Rate, tipo de interés medio del mercado interbancario de Londres. Como en el Euríbor existen tantos LIBORs como plazos contratados. En la

práctica es el tipo de interés utilizado en las grandes transacciones interbancarias internacionales.

Lobbies
Plural de Lobby. Se trata de la expresión inglesa (mundialmente utilizada) para referirse a los "grupos de presión".

Lloyd´s of London
Mercado al por mayor de seguros y *reaseguros (*)* con sede en Londres, de gran importancia internacional.

Macdonalización
Se conoce así al sistema de organización del trabajo basado, entre otras características, en la búsqueda de la eficacia mediante sistemas racionalizados al límite, con grandes ahorros de energía y dinero; todo ello en entornos de potentes plataformas de ventas, y con elementos de control centralizado al más alto nivel tecnológico: unas máquinas de vender extraordinariamente eficientes y efectivas. Potenciado y hecho famoso en los restaurantes de comida rápida, se extendió por otras muchas áreas de nuestra sociedad: deporte, medicina, educación, ocio...

Macroeconomía
En contraposición a la microeconomía (que estudia el comportamiento económico de los individuos, considerados individualmente), rama de la ciencia económica que estudia los sistemas económicos de un área geográfica en su conjunto, empleando magnitudes colectivas o generales, el conjunto de los grandes agregados económicos, tratando de obtener una visión global.

Mal de altura
Al margen de los mareos que sienten los montañeros en las cumbres, se conoce también así a la sensación psicológica de peligro cuando las cotizaciones bursátiles han subido mucho en poco tiempo, o lo han hecho los precios en un sector determinado, como por ejemplo en el inmobiliario (la frecuente burbuja inmobiliaria que puede explotar en cualquier momento porque no se sustenta en bases sólidas). Hay una sabia expresión muy popular que debería ser de obligado conocimiento: *"que el último euro lo gane otro"*. Es una forma de decir que cuando los precios están muy altos es recomendable vender inmediatamente, renunciando a posibles posteriores subidas, en aras a encontrarse en una situación de liquidez y sin ninguna acción en la mano en el momento del cambio de ciclo e inicio de las bajadas. Sin duda, en el contexto económico, el mal de altura es positivo. Si sufre del mismo, es un aviso: ¡venda!
Los que se dedican profesionalmente al asesoramiento financiero deberían hacer siempre a sus clientes la pregunta ¿tiene usted vértigo? ¿puede dormir por la noche si sus acciones llevan 5 días bajando? Si sufre siempre de vértigos y males de altura permanentes en cualesquiera circunstancias, abandone el mercado de valores, al igual que quien sufre del corazón no escala montañas: eso no es para usted. Invierta en tranquilos depósitos a plazo bancarios o Cédulas Hipotecarias.

Mancomunadas
Han de firmar de forma conjunta. Ver: Cuenta conjunta.

Mercado Común
Zona geográfica donde se permite el comercio sin **aranceles (*)** entre los Estados miembros, y además todos ellos imponen los mismos aranceles a las importaciones procedentes de terceros países: es el llamado "arancel exterior común". Se distingue de una **Área de libre comercio (*)** en que en ésta cada unos de los países miembros tiene sus propios aranceles a las importaciones.

Mercado de divisas
Mercado internacional donde se intercambian todas monedas extranjeras, es decir, las divisas, determinando los precios diarios de las divisas con respecto a las otras, tanto al contado como a plazo (cotización a futuro). Se le conoce internacionalmente como *FOREX* (Foreign Exchange). Los principales centros de negociación son el *London Stock Exchange, New York Stock Exchange* y el *Tokyo Stock Exchange*. Este mercado funciona prácticamente las 24 horas del día: primero abren los mercados asiáticos, posteriormente abren los mercados europeos y finalmente abren los mercados norteamericanos y así sucesivamente: ¡un never ending market!

Merchant Bank
Ver: Banco de Inversiones.

MIBTEL
Índice principal de la Bolsa de Milán.

MIBOR
Acrónimo de Madrid Interbank Offered Rate. *Tipo de interés* interbancario utilizado como tipo de referencia para las *hipotecas* hasta la introducción del euríbor en el año 2000.

MID-50
La denominación completa es BCN MID-50. Se trata de un índice bursátil creado por la Bolsa de Barcelona formado por los cincuenta valores de mayor capitalización bursátil, excluidos los 35 valores del Ibex 35.

MiFID
Se trata de una Directiva de la Unión Europea, denominada "Markets in Financial Instruments Directive" la cual regula la comercialización de los productos de inversión y la forma en que se informa y asesora a los potenciales clientes. Resumiendo, es un procedimiento, de obligado seguimiento, mediante el cual los bancos han de asegurarse de que el producto que va a vender es realmente comprendido por el futuro cliente, es adecuado para él y entiende y asume los riesgos que conlleva. En la práctica, no se ría, consiste en una especie de examen, una batería de preguntas. Si usted no supera el test, el banco tiene prohibido venderle el producto.

Monte de Piedad
Antecesor de las cajas de ahorro, que aún figura en la denominación de alguna de ellas, creados sin ánimo de lucro con el fin de ayudar a las clase sociales más desfavorecidas que podían obtener el préstamo de pequeñas sumas dejando en prenda alguna pertenencia.

Mutua de seguros
Entidad de seguros en la que el cliente es socio de la misma, de modo que si la sociedad logra beneficios pueden distribuirse entre los asegurados, que son a la vez mutualistas.

Mutualidad
Asociación que utiliza el régimen de prestaciones mutuas. Es sinónimo de "mutua".

New Deal
Ver: Keynesianismo.

Nikkei
Índice de la Bolsa de Tokio. Se elabora con las cotizaciones de las 225 sociedades de mayor contratación. La Bolsa de Tokio es la segunda bolsa mundial en importancia en cuanto a volumen de negociación. Otros índices de esta Bolsa son el TOPIX y el J30.

NASDAQ
National Association of Security Dealer Automatic Quote System. Sistema electrónico que ofrece a los agentes intermediarios información bursátil sobre cotizaciones de títulos listados y no listados (los títulos Over the Counter) en los mercados de valores de Nueva York. Cotizan más de 3.000 sociedades no admitidas en los otros dos mercados (NYSE y AMEX).

Nicho de mercado
Término de marketing muy utilizado y que sirve para designar a una porción de un segmento del mercado, en la que los individuos poseen características y necesidades muy concretas y homogéneas, y estas últimas no están del todo cubiertas por la oferta general del mercado. Es decir, que a veces, observado superficialmente, un determinado mercado parece que está muy maduro y saturado, y en consecuencia, con pocas posibilidades de hacer nuevos negocios. Sin embargo, en una segunda observación más profunda se detecta una parte de la población de ese mercado con unas necesidades especializadas no cubiertas por la oferta general, y que permite una oportunidad de negocio: eso es un nicho de mercado.

NYSE
Acrónimo de New York Stock Exchange. Es la Bolsa de Nueva York, el mayor mercado de valores del mundo en volumen de contratación y el segundo en número de sociedades cotizadas, situado en Wall Street. Su principal índice es el Dow Jones. Ver: Wall Street.

Números rojos
Expresión utilizada para denominar a un saldo deudor (en negativo o en descubierto) en la cuenta bancaria, en alusión a que antiguamente se escribían con tinta roja para distinguirlos de los saldos positivos que iban en tinta negra.

Obligaciones del Estado
Títulos emitidos por el Estado, de renta fija, que suelen tener un vencimiento de diez, quince o treinta años. Ver: Deuda Pública.

Obsolescencia
Caída en desuso de máquinas, equipos o tecnologías, como consecuencia de haber quedado anticuados en comparación con los otros aparecidos posteriormente en el mercado. La obsolescencia puede tener diferentes causas, mayoritariamente de raíces tecnológicas, pero con efectos claramente económicos.

OCDE (Organización de Cooperación y Desarrollo Económicos)
Organización intergubernamental que reúne a 30 países industrializados de América del Norte, Europa y el Pacífico, creada en 1961 como sucesora de la Organización Europea de Cooperación Económica (OECE), que se dedica a comparar, coordinar y armonizar las políticas nacionales con el fin de preservar la estabilidad financiera internacional, apoyar el desarrollo de los países más necesitados, así como a debatir asuntos de interés común y colaborar para hacer frente a los problemas internacionales por medio de convenios y acuerdos multilaterales.

Oferta pública de venta (OPV)
Operación bursátil que consiste en el lanzamiento de una oferta comunicada públicamente para vender un paquete importante de acciones de una sociedad. Es un método usualmente utilizado por el Estado para privatizar una empresa pública.

Ombudsman
Denominación del Defensor del pueblo en determinados países del norte de Europa, que se ha extendido internacionalmente a otras muchas lenguas, entre ellas el español, para denominar a la persona que defiende a los ciudadanos ante las Administraciones (Defensor del pueblo o Síndic de Greuges) o al consumidor ante las empresas (Defensor del Cliente).

OMC
Organización Mundial de Comercio. La OMC es un foro donde los Estados miembros (todos los del mundo) buscan acuerdos para la reducción de los aranceles y la liberalización del comercio mundial.

OPA
Acrónimo de oferta pública de adquisición (de acciones). Ha de ser comunicada a todos los accionistas públicamente, así como también a la Comisión Nacional del Mercado de Valores, que tiene la responsabilidad de controlar la marcha de las fases de la operación y asegurarse de que las leyes correspondientes y los derechos de todas las partes están siendo respetados.

OPA amistosa
Oferta pública de adquisición de acciones de una sociedad realizada con el beneplácito del Consejo de Administración de la misma.

OPA hostil
Oferta pública de adquisición de acciones de una sociedad realizada sin el beneplácito del Consejo de Administración de la misma.

OPA de exclusión
Oferta pública de adquisición de acciones de una sociedad realizada con la finalidad de excluirla de su cotización en Bolsa.

Opciones
Se llama así a un contrato por el que se otorga durante un período de tiempo determinado el derecho (pero no la obligación) de comprar o vender unas determinadas acciones a un precio fijado. Al derecho de compra se le llama CALL y al de venta PUT. Si bien el comprador tiene el derecho pero no la obligación de comprar, el vendedor siempre tiene la obligación de vender.

OPEP
Organización de Países Exportadores de Petróleo.

PADRE
Es el famoso programa informático que Hacienda reparte (se baja de su web) para que hagamos correctamente las declaraciones de renta. Es un acrónimo de **P**rograma de **A**yuda para la **D**eclaración de **Re**nta.

Países emergentes
Países en vías de desarrollo con buenas perspectivas futuras, que ofrecen grandes oportunidades de negocio a largo plazo, aunque a corto plazo puede ofrecer "sorpresas".

Pagaré
Documento en el que figura el compromiso del emisor (El Estado, una empresa privada o un particular) de abonar una cantidad determinada en una fecha prefijada. Normalmente se trata de deuda a corto plazo y con un tipo de interés implícito y emitida al descuento.

Paquete de acciones
Conjunto de acciones de una determinada sociedad que posee un accionista.

Paraíso fiscal
Estado o territorio con una normativa fiscal poco exigente, una tributación baja o nula, que no suele mantener acuerdos fiscales con otros países. El objetivo de todo ello es atraer los capitales extranjeros. Suelen tener los ratios de bancos y gabinetes de abogados per cápita más altos del mundo. También se conocen como "centros off shore". Las empresas españolas han sacado legalmente del país 6.000 millones de euros a través de paraísos fiscales en los últimos

diez años, según datos oficiales del Ministerio de Industria. El lugar favorito, con diferencia, son la Islas Caimán, seguidas de Panamá, Islas Vírgenes y Bermudas. La utilización legal de paraísos fiscales por las empresas españolas (al igual que las del resto del mundo) es una práctica común. Los paraísos fiscales, entre ellos Holanda con sus famosas BV holandesas, se utilizan para ahorrar trámites, ganar flexibilidad societaria y ahorrar impuestos. La gran mayoría de grupos internacionales españoles también operan con filiales en Holanda.

Parquet
Ver: Bolsa

Pay-in
Porcentaje de los beneficios que no se reparte a los accionistas en forma de dividendos, sino que quedan en reservas dentro de la empresa. De alguna manera refleja la capacidad de la empresa para generar fondos propios estables que le permitan financiarse.

Pay-out
El complementario al anterior. Se llama así en Bolsa al cociente que indica el porcentaje del beneficio de una determinada empresa que se distribuye en dividendos. Esto influye, por supuesto, a la hora de diseñar una cartera de inversiones en acciones, por cuanto las empresas con altos pay outs efectúan pagos regulares a sus accionistas. En inglés se conoce como *"Yield"* a la rentabilidad de una sociedad en función del dividendo. Aquí le llamamos *"rentabilidad por dividendo"* (dividendos divididos por la cotización, en tanto por ciento, es decir una acción que cotiza a 16 euros y paga un dividendo anual de 0,5 euros, tiene una rentabilidad por dividendos o yield, del 0,5 x 100/16 = 3,13%). Suelen ser características sectoriales... por ejemplo son sectores con buena rentabilidad por dividendo las empresas del sector eléctrico, los bancos, y las autopistas.

Pensión Vitalicia Inmediata PVI
Ver: Renta Vitalicia.

Pensión Vitalicia Diferida PVD
Idéntica a la PVI, pero la pensión no se devenga inmediatamente sino en una fecha futura.

PER
Acrónimo de Price Earnings Ratio, cociente entre la cotización de una acción y el beneficio al año por acción de la sociedad. Podría interpretarse como el número teórico de años que tardaríamos en recuperar la supuesta inversión en esa acción, dados su precio y la rentabilidad de la empresa. Como es natural únicamente sabiendo el precio de una acción no sabremos si es cara o barata. Como tantas cosas en la vida nos preguntaremos ¿comparado con qué? El PER nos lo compara con el beneficio. Este cociente nos indica literalmente el número de veces que el precio de una acción supera al beneficio asignado a la misma (como parte alícuota del capital total de la empresa), o lo que es lo mismo: valor de la empresa según capitalización (valor bursátil) dividido por su beneficio neto. Es un método para comparar empresas y un indicador, "no definitivo" para evaluar si un determinado valor está "caro" o "barato". Decimos no definitivo porque hay muchos otros indicadores también muy relevantes: no olvidemos que en las bolsas se cotizan no únicamente los beneficios históricos sino también las expectativas y previsiones.

Persona física
En contraposición a persona jurídica, individuo con capacidad jurídica para adquirir bienes, contratar servicios, adquirir derechos y cumplir con obligaciones. Es decir: usted y yo.

Persona jurídica
En contraposición a persona física, son personas jurídicas las sociedades, asociaciones, fundaciones y otras organizaciones similares, que tienen personalidad jurídica propia independiente de la de los individuos que la constituyen.

PIB. Producto Interior Bruto
Valor de los bienes y servicios producidos en un país durante un periodo (generalmente un año). Es la macro magnitud más importante para estimar la capacidad productiva de un país. En términos llanos es la riqueza que generamos entre todos en el espacio de un año. También es conocido como Renta Nacional y, dividida por el número de habitantes, es la famosa "renta per cápita".

Pierdetiempista
Ver: Despidos hacia arriba.

Pignorados
Puestos como "prenda" en garantía o aval de un préstamo. Ver: Garantía real o garantía prendaria

PIN
A este acrónimo se le acumulan los significados. Tradicionalmente el PIN es conocido en **Macroeconomía (*)** como Producto Interior Neto, es decir, el **PIB (*)** una vez restadas las amortizaciones. Pero recientemente es mucho más conocido por **P**ersonal **I**dentification **N**umber, número de identificación personal que todos utilizamos para identificarnos en nuestras transacciones con nuestras tarjetas de crédito, internet, etc.

Phishing
Viene de to fish, "pescar" en inglés. Intento de robo de información personal o financiera de manera electrónica utilizando el nombre de un tercero (con frecuencia, un banco). Puede tomar la forma de réplicas de páginas Web (que hacen las funciones de "anzuelos") para "pescar" a usuarios y hacerles enviar los datos codiciados, o bien de mensajes de correo electrónico pretendidamente enviados por un banco, un emisor de una tarjeta de crédito, un comercio, etc. donde se requiere el envío de datos confidenciales.

Plan de jubilación
Seguro de vida, también conocido como Seguro de Capital Diferido, Seguro de Jubilación o Seguro de Capitalización, que consiste en que previo pago de las primas acordadas, una compañía de seguros debe abonar un capital determinado en la fecha estipulada en el contrato (póliza) que normalmente coincide aproximadamente con su edad de jubilación (aunque no tiene porqué hacerlo) o bien una renta vitalicia a partir de esa fecha. Nunca confundir un Plan de Jubilación con un Plan de Pensiones o un PIAS.

Plan de pensiones
Institución de previsión colectiva por la que las personas que lo suscriben tienen derecho a percibir rentas o capitales por jubilación, viudedad, orfandad o invalidez, a cambio de las contribuciones económicas que deben aportar.

Plusvalía
Beneficio que se obtiene al vender un bien por un precio superior al de compra. En caso contrario, (si se vende más barato que se compró) se trata de una minusvalía. Estos conceptos de plusvalía y minusvalías "fiscales" se utilizan muy frecuentemente al confeccionar las declaraciones de renta, por cuanto son objeto de tributación.

Plusvalía latente
Beneficio teórico que se obtendría si se vendiera un activo en un momento determinado, al precio de mercado. Es sinónimo de "plusvalía teórica", es decir, que hoy todavía no existe a menos que se procediera la venta. Como era de esperar, lo contrario sería una minusvalía latente.

Precio del petróleo
Ver: Barril de petróleo.

Préstamo versus Crédito: diferencias

En el préstamo se hace entrega del importe total en el momento de la firma. El deudor queda obligado a su devolución de acuerdo con un calendario prefijado en ese mismo momento. Por el contrario, en los "créditos" a la firma del contrato simplemente se da la posibilidad de disponer una determinada suma de dinero y en realidad es probable que el cliente no haga disposición de ella hasta algún tiempo después, parcial o totalmente, realizando a su vez devoluciones o no, pero siempre limitando el pago de los intereses a las cantidades y períodos efectivamente dispuestas. En definitiva, en los créditos lo que se contrata es "un límite" de disposiciones dentro de un período de tiempo determinado. En el primer caso al deudor se le conoce técnicamente como prestatario mientras que el segundo caso se le conoce como acreditado.

Préstamos formalizados en pagarés

Forma de instrumentación de determinados **préstamos personales** (*) de importes modestos, que evita la molestia y el coste de la intervención de un fedatario público (notario). Se llevan a cabo mediante la emisión por parte del prestatario de un pagaré a la vista, y no a la orden. Con este mecanismo se conserva la fuerza ejecutiva y se agiliza la instrumentación de los préstamos de pequeño importe.

Préstamo personal

El que se concede en base a la garantía que ofrecen las personas intervinientes (deudor, avalista, etc) sin otras garantías adicionales, como las hipotecarias o las garantías prendarias. Ver: Garantía real o garantía prendaria.

Préstamo prendario

Ver: Garantía real o garantía prendaria

Prestatario

Ver: Préstamo versus Crédito: diferencias

Prima de emisión

Es el sobreprecio con el que unas acciones se emiten con respecto al valor nominal para compensar no solo el valor real que tienen las antiguas en el mercado, sino también para compensar la dilución del valor de las acciones provocado por el aumento del número de las mismas. Claro: la empresa es la misma y vale lo mismo. Si hay más acciones en circulación el valor de la empresa dividido por el número de acciones, es decir, el precio de la acción, baja, es el mismo valor a repartir entre más. La prima de emisión ha de tener en cuenta este efecto.

Prima de riesgo

Ver capítulo: Necesito un crédito.

Prime rate

Tipo de interés preferencial, aplicado en los Estados Unidos a las grandes empresas con un alto **rating** (*).

Principio de Peter

Parece, y es una broma, pero mire a su alrededor y luego lea atentamente. Según este principio los empleados son promocionados hasta alcanzar su "nivel de incompetencia", momento en el que pueden empezar a perjudicar incluso seriamente el funcionamiento de la empresa. Según Peter, las organizaciones (empresas o no) tienden a estar siempre gestionadas por personas "incompetentes".

¿Por qué ocurre este fenómeno? Pues porque los buenos trabajadores son ascendidos dentro de las jerarquías hasta un punto que denomina "nivel de competencia" que es aquél donde un empleado desarrollaría sus cualidades de una forma óptima. Cuando lleva un tiempo en ese cometido, a plena satisfacción de todos, existe la tendencia de ascenderle a un nivel superior, para el que ya no está preparado. Allí empiezan los problemas. A partir de entonces ya está instalado en su "nivel de incompetencia".

Producto Nacional Bruto (PNB)
Valor de los bienes y servicios producidos en un país durante un periodo (generalmente un año) deduciendo los servicios prestados por factores extranjeros y sumándole los prestados por factores nacionales en el extranjero. Es el PIB discriminando por el criterio de nacionalidad. Ver: PIB. Producto Interior Bruto.

Productividad
Ver capítulo: Para salir airosos, solo hay un camino: incremento en la productividad.

Prorrateo
Distribución proporcional de una cantidad entre varias personas, sin que tenga que dar necesariamente el mismo importe para todas ellas.

Puntos básicos
Expresión muy de moda para expresar una centésima parte de un 1%. Un punto básico es un 0,01%. Es decir, que 100 puntos básicos equivalen a un 1%. Un uno por diez mil. Ponga Vd. un canal económico en su televisión digital o escuche la crónica bursátil del experto de turno en la radio, y oirá constantemente que determinada acción ha subido 17 puntos básicos, o ha bajado 129 puntos básicos, en lugar de decir, como se solía antaño, que ha subido un 0,17% o ha bajado un 1,29%. Es una importación al castellano del inglés Basic Points.

PUT
Ver: Opciones.

PVI. Pensión Vitalicia Inmediata
Ver Renta Vitalicia.

PVD
Ver: Pensión Vitalicia Diferida.

Pymes
Pequeñas y medianas empresas.

RAI. Registro de Aceptaciones Impagadas
Registro estadístico dependiente del Centro de Cooperación Interbancaria, Asociación creada por el sistema bancario español, donde figuran los impagos de cheques, pagarés y letras aceptadas. El registro puede consultarse por los bancos socios. Como su nombre indica aquí únicamente se anotan "aceptaciones" es decir, documentos donde se haya estampado la firma: cheques, pagarés, letras. Desde 2005 únicamente están registradas **personas jurídicas (*)**. Aparecer en el RAI es síntoma de tener algún conflicto abierto y no resuelto, y es una situación "mala consejera" para obtener una buena calificación de crédito o **rating (*)**.

Rating
Ver: Agencia de Calificación (*).

Reaseguros
Contrato mediante el cual una compañía de seguros acuerda ceder una parte o la totalidad de uno o más riesgos asegurados, a otra compañía, llamada "reaseguradora". Es una forma de cubrir el riesgo que la aseguradora asume mediante su dispersión. Existe siempre un único asegurador frente al cliente asegurado, pero pueden existir varias reaseguradoras,

aunque no existe relación directa entre éstas y el asegurado. Es una fórmula muy habitual en los grandes contratos de seguros.

Renta Disponible per cápita (RD)

Magnitud macroeconómica constituida por la Renta Personal una vez deducidos los impuestos y añadidas o restadas las transferencias y subvenciones, con lo que se obtiene el importe de que disponen realmente las familias para consumo y ahorro.

Este concepto tiene una cierta relevancia y actualidad cuando se habla de la Economía Regional y de las Políticas de Solidaridad y se comparan las rentas regionales dentro de un determinado país. Por ejemplo, pongamos un caso real, una determinada región con una relativamente elevada Renta Personal (RP) puede bajar de forma relevante su situación en el ranking interregional una vez pagados los impuestos y efectuadas las transferencias por subvenciones interregionales (fondos de suficiencia y de compensación interterritorial entre otros). Incluso se puede dar el caso, y de hecho se da, de situarse en el ranking de Renta Disponible por Habitante por debajo de algunas de las regiones a las cuales ha transferido unilateralmente una parte de su renta.

Registro de la Propiedad

Registro donde se inscriben los bienes inmuebles, junto con los derechos y cargas vinculados a ellos. En él figura quién es el propietario, eventualmente si está hipotecado, embargado, si tiene servidumbres, si existe alguna resolución judicial o administrativa que afecte al bien, u otras informaciones similares.

Reguladores

Instituciones independientes que regulan y fiscalizan diferentes actividades del país. Se trata de unos instrumentos que tienen como finalidad última dar confianza a los mercados, a las empresas, a los contribuyentes y a los inversores, base del funcionamiento de una economía de mercado. Su funcionamiento eficiente e independiente es requisito indispensable en una democracia moderna. Son ejemplo de entidades reguladoras, la Comisión Nacional de Competencia (CNC) y sus homólogos autonómicos, el Banco de España, la Comisión Nacional de la Energía (CNE), la Comisión del Mercado de las Telecomunicaciones (CMT), la Comisión Nacional del Mercado de Valores (CNMV), el Tribunal de Cuentas.

Remesas de emigrantes

Se denomina así a los envíos de dinero que los emigrantes efectúan a sus países de origen. En algunos momentos históricos estas llegadas de fondos han sido muy significativas en la balanza de pagos de determinados países.

Renta Nacional

Ver: PIB. Producto Interior Bruto.

Renta per cápita

Ver: PIB. Producto Interior Bruto.

Renta vitalicia

Seguro de Ahorro por el que se garantiza al titular una renta vitalicia, a cambio de una prima única inicial. Se devenga en el mismo momento del pago de la prima.

Renta vitalicia conjunta

Renta vitalicia que tienen derecho a percibir dos o más personas hasta que fallezcan todas ellas. El caso más habitual es a dos vidas.

Rentabilidad financiero-fiscal

Rendimiento que ofrece una inversión teniendo en cuenta no sólo lo directamente percibido por ella, sino también mediante las desgravaciones o ahorros de impuestos que a las que da derecho. Claro, quedarse únicamente en los rendimientos financieros en algunos productos determinados es un error, mucho más corriente de lo cabría esperar, pero un grave error que puede llevarle a decisiones de inversión distorsionadas y equivocadas.

Rentabilidad por dividendo
Ver: Pay–out.

Renting
Servicio integral de alquiler de bienes sin opción de compra para el usuario, por el que se paga una cuota fija durante la vigencia del contrato, incluyendo todos los servicios de mantenimiento, seguros, etc. necesarios, o que faciliten la utilización del bien.Ver capítulo de financiación del automóvil.

Rescate
En el entorno de los seguros, se trata de la cancelación de un contrato. El asegurado percibe el importe que le corresponde de la provisión matemática existente, después de lo cual la póliza queda automáticamente rescindida.

Reserva Federal
Sistema bancario central de los Estados Unidos de América, creado en 1913. Sin serlo, desempeña las funciones de un **Banco Central (*)**, como en su día lo fue el **Banco de España (*)** y hoy lo es el **Banco Central Europeo (*)** o el Banco de Inglaterra.

Reservas
Beneficios que una empresa no ha repartido entre sus accionistas en forma de **dividendos (*)** y han quedado dentro de la empresa contabilizado en la cuenta de reservas, dentro de los **fondos propios (*)**.

S.A.
Acrónimo de Sociedad Anónima, sociedad de carácter mercantil cuyo capital está dividido en acciones e integrado por las aportaciones de sus socios, que no responden a las deudas de la misma con su patrimonio personal. Todas las grandes empresas españolas suelen ser sociedades anónimas, no así las PYMES, que suelen ser mayoritariamente Sociedades Limitadas (S.L.).

S&P 1500
Índice ponderado de la Bolsa de Nueva York, elaborado por Standard & Poor's, compuesto por las cotizaciones de 1.500 sociedades de alta capitalización.

Scoring
Herramienta de gestión del riesgo de crédito basada en un sistema de múltiples puntuaciones estratégicas con la que se pretende predecir el comportamiento de un solicitante de crédito y evaluar su calidad como deudor. Los parámetros que se tienen en consideración son cada vez mayores y más variados y en los últimos tiempos, y gracias a los beneficios de las nuevas tecnologías informáticas, son muy exhaustivos. Se ha demostrado en la práctica más reciente que se trata de una herramienta muy eficiente.

Secreto bancario
Se conoce internacionalmente así a la obligación de los bancos de guardar absoluta discreción sobre los movimientos de las cuentas de sus clientes a menos que medie una decisión judicial relacionada con un posible fraude fiscal o con las sospechas de algún tipo de delito, como puede ser el blanqueo de capitales. Últimamente, y a raíz de la publicación de la Ley de Protección de Datos, este compromiso y obligación de los bancos ha tenido un principal protagonismo.

Seguro de amortización de créditos
Seguros de vida ligados a un determinado préstamo, de tal manera que, si ocurriera un siniestro cubierto en la póliza (fallecimiento, invalidez, etc.) la indemnización de la compañía de seguros se aplicaría a la amortización o cancelación del referido préstamo.

Seguro de Incendios y Responsabilidad Civil
Contrato de seguros de inmuebles que cubre las contingencias de incendios y de la responsabilidad civil del continente. Es de obligada contratación en los casos de existencia de una hipoteca. Adicionalmente, la compañía de seguros ha de extender un anexo a la póliza en el que exprese su conocimiento de la mencionada hipoteca, al tiempo que se comprometa a informar al banco acreedor de cualquier incidencia en la póliza, especialmente en los casos de siniestros, pago de indemnizaciones o de impago de las primas.

Seguro de capitalización
Ver: Plan de Jubilación.

Seguro de capital diferido
Ver: Plan de Jubilación.

Seguro de jubilación
Ver: Plan de Jubilación.

Seguro hipotecario
Es aquél seguro típicamente norteamericano que, en el ámbito hipotecario, cubre a las entidades bancarias el valor del crédito que conceden a los particulares para la adquisición de una vivienda, cuando éste supera el 80% del valor de tasación. Estas aseguradoras pasaron una grave crisis durante los años 2007 -2008 y algunas, como el gigante AIG, quebraron.
Este seguro no tiene tradición en España, no obstante, durante la época del **"boom del ladrillo (*)** las compañías de seguros americanas extendieron su ámbito de actuación entre las entidades de crédito españolas que concedían hipotecas por encima del 80% del valor de tasación. Varias crisis de entidades europeas se debieron a los negocios de seguros hipotecarios de sus filiales norteamericanas.

Silicon Valley
Nombre con el que se conoce al Valle de Santa Clara y a una parte de la bahía de San Francisco, en la zona sur de la bahía en California, famoso por contener la más alta concentración de empresas líderes mundiales de alta tecnología e informática del mundo. El nombre viene del "silicio", metaloide ampliamente utilizado para la fabricación de semiconductores y en las industrias electrónicas y microelectrónicas.

SIM
Sociedad de Inversión Mobiliaria. Se trata de una sociedad cuyo objeto social único es la compra, venta y tenencia de títulos valores cotizados en bolsa, donde ella misma también cotiza.

Sistemas de Pensiones de Capitalización y de Reparto
El sistema de "reparto" consiste en que el pago de las pensiones no se efectúa con cargo a las reservas generadas con las aportaciones realizadas por el pensionista a lo largo de su vida (como en un plan de pensiones individual) sino que la factura del pago de las pensiones del mes se carga en los presupuestos generales de la Seguridad Social, que a su vez se nutren de las cotizaciones de los cotizantes actuales.
Por tanto, en términos prácticos, nuestras pensiones las pagarán los futuros cotizantes porque nuestras aportaciones a lo largo de nuestra vida laboral no han ido a crear un fondo de reserva sino a pagar las pensiones de los actuales pensionistas. Consecuente-

mente nosotros cobraremos pensión en la medida en que entren nuevas personas al colectivo. Por el contrario, en un sistema de "capitalización" los pagos de pensiones se efectúan con cargo a unas provisiones que se han ido efectuando a lo largo de la vida profesional de forma individualizada, y que en el momento del retiro se encuentran debidamente provisionadas.

Sociedad de Capital Riesgo
Ver: Fondo de capital riesgo (*).

Sociedades anónimas
Ver: S.A. (*).

Solidaria
Que puede firmar sola.
Ver: Cuenta indistinta.

Spread
A este acrónimo también se le acumulan los significados. En términos de un contrato de crédito o préstamo con tipo de interés referenciado es el porcentaje diferencial que se suma al *tipo de interés* de referencia para calcular el *tipo de interés nominal a aplicar*. En los contratos de préstamo el spread suele estar relacionado con el riesgo asumido. Su traducción al castellano es simplemente "diferencial". Su expresión en inglés se utiliza además para reflejar la diferencia entre los precios de venta y de compra de un bien (por ejemplo, en una acción o divisa el spread es muy bajo, pero en la compra venta de un coche, un sello de colección, o un barco, el spread puede llegar a ser muy alto). Como es natural en los bienes con alto spread que no sufran una sustancial revalorización puede ser dificultoso recuperar la cantidad invertida. Cuidado con las inversiones a corto plazo en bienes con alto spread.

Standard and Poor's
Agencia de calificación (rating) de prestigio internacional, propiedad de McGraw Hill, y que además elabora los índices S&P 500, S&P 1500, y S&P Global 1200.
Ver: Agencia de Calificación.

Subprime
Ver capítulo: La crisis internacional de las Hipotecas Subprime y los Créditos Ninja.

Subyacente
Ver. Activo subyacente (*).

Sumergida
Al margen de la vida oficial. Trabaja sin declarar sueldo, sin pagar seguridad social, ni nada de nada. No existe ni para Hacienda ni para la Seguridad Social.

Swap
Esta expresión, al igual que su equivalente **IRS**, o su poco conocida traducción al español "Permuta Financiera", al igual que las expresiones **CALL** (*) **COLLAR** (*) o **FLOOR** (*), le pueden ser muy útiles si tiene un hipoteca y quiere acotar su exposición al riesgo de intereses.... Es un instrumento financiero que permite el cambio de flujos financieros entre las partes, concretamente cambiar unos flujos a tipos variables por otros a tipo fijo, o viceversa.

Swift
Society for Worldwide International Financial Telecommunication. Se trata de una red de transmisión electrónica de datos entre entidades de crédito que une unos 8.000 bancos (y también otras entidades financieras como los intermediarios bursátiles y las propias bolsas)

de 204 distintos países, a través de la cual se transmiten las ordenes de pago, **créditos documentarios (*)**, avales, etc. A través del sistema Swift se estima que se envían miles de millones de mensajes al año.

TAE
Acrónimo de Tasa Anual Equivalente. Ver capítulo: El galimatías de la TAE.

TARGET
Acrónimo de Trans-European Automated Real-Time Gross Settlement Express Transfer System. Es un sistema automatizado de transferencia urgente entre bancos europeos para la liquidación en tiempo real. En la vida real únicamente se han tropezado con este Target las empresas que se ven obligadas a situar grandes cantidades de euros en un banco europeo en unos pocos minutos. Si usted no trabaja en una de ellas no creo que se cruce con este concepto porque además no es nada mediático.

Tasa Tobin
Ver: capítulo "La Globalización".

T-Bond
Treasury Bond, Bono emitido por el Departamento del Tesoro de EE.UU., generalmente con vencimiento a 10 ó 30 años. Su cotización es una referencia de los tipos de interés del mercado a largo plazo del dólar, como lo fue, en su día, el popular "Bono Alemán" a 10 años, tradicionalmente referencia del marco alemán y hoy del euro. Los bonos emitidos fuera del Japón en yens se conocen como "Bonos Samurai". Por cierto, en tiempos de nuestra querida peseta, en los mercados internacionales se conocían como *Bonos Matador* a los emitidos internacionalmente en pesetas.

TIR. Tasa interna de rentabilidad de una inversión
Es el tipo de interés (o de descuento) que iguala el **valor actual** (*) de los flujos de entrada positivos con el flujo de salida inicial y otros flujos negativos posteriores de una inversión. Es el equivalente de la expresión inglesa IRR, Internal Rate of Retorn. Tasa interna de retorno.

Tesoro
En general es el conjunto de recursos financieros del Estado. La Dirección General del Tesoro y Política Financiera es un órgano adscrito a la Secretaría de Estado de Economía, del Ministerio de Economía y Hacienda.

Tipos de interés flotantes
Cláusula en los contratos de inversión a medio plazo que determina un mecanismo de modificación y fijación de nuevos tipos de interés en cada uno de los períodos de revisión previstos.

Título
Documento mediante el cual se otorga un derecho o se determina una obligación y que tiene valor jurídico y es negociable en la Bolsa.

Titularizar
Mecanismo de financiación que consiste en transformar activos o bienes, actuales o futuros, en **títulos (*)** o valores negociables, con el objeto de cederlos, para obtener liquidez.

TPV
Terminal Punto de Venta. Aparato a través del cual efectuamos el pago mediante tarjeta de crédito en los comercios. El aparato suele estar pagado y ser propiedad del banco, no del comercio. Hoy han evolucionado desde distintos puntos de vista: los hay inalámbricos

(portátiles), insertados en una red informática, etc., incluso existe el conocido como *TPV virtual que*, como era de imaginar, no existe físicamente, porque en realidad se trata de una plataforma de pago que un banco ha incrustado en una página web de un cliente suyo para permitirle y gestionarle los cobros mediante tarjetas de sus transacciones con clientes en la web.

UEM. Unión Económica y Monetaria

Zona de países del Euro. Un acuerdo de la Unión Europea en la que participan los países miembros que implica, en el plano económico, una mayor convergencia de las políticas, con una supervisión multilateral reforzada y con la obligación, por parte de los Estados miembros de la zona euro, de evitar un déficit público excesivo. En el plano monetario, una política monetaria única dirigida por el Sistema Europeo de Bancos Centrales (SEBC), compuesto por el **Banco Central Europeo (BCE) (*)** y los **bancos centrales (*)** nacionales.

Con la entrada el 1 de mayo de 2004 de 10 países del Este y en el 2007 de Rumanía y Bulgaria así como la propuesta de adhesión de Turquía, es previsible que vayan incorporando estos países el euro como moneda única.

Unit linked

Seguro de vida cuya prima se invierte casi totalmente en carteras de activos financieros, funcionando de la misma forma que un fondo de inversión. Las ventajas fundamentales con respecto a otros instrumentos de inversión, como los fondos, se derivaban principalmente de su fiscalidad, ya que mantiene las características jurídicas propias de los seguros. Pero en la actualidad, la normativa fiscal no dota a los unit linked con ninguna prerrogativa fiscal.

Usufructo

Derecho al uso y disfrute de bienes de los que no se es propietario. Aunque no es exclusiva, su utilización más popular es en los casos de viviendas, donde es frecuente separar la nuda propiedad del usufructo.

Utilities

Se conoce universalmente así a las compañías (privadas o públicas) que suministran un servicio público sean suministros eléctricos, agua, teléfono, gas y determinadas infraestructuras, como las autopistas.

Valor actual

Es el resultado de actualizar financieramente a fecha de hoy los flujos de cobros y pagos futuros. También conocido como Valor Actual Neto (VAN) y como Valor presente.

Valor de "uso" versus valor de "cambio"

El valor de "uso" de un bien está relacionado con la naturaleza del mismo y en su capacidad para satisfacer unas determinadas necesidades. Por el contrario su valor de "cambio" está en directa relación con el valor que el mismo tiene para intercambiarse por otras cosas o simplemente por dinero. Una pintura o una antigüedad pueden tener ambos valores para un coleccionista particular, mientras que para un inversionista institucional, desde la vertiente estrictamente inversora, está más atento más al valor de mercado de las piezas que a su propia naturaleza". Con una segunda residencia puede ocurrir la misma dualidad.

Vía ejecutiva

Es el procedimiento judicial para reclamar el pago de una deuda.

Volatilidad

Inestabilidad., inconstancia, inestabilidad.

Wall Street.
New York Stock Exchange (NYSE). Denominación popular de la Bolsa de Nueva York, por el nombre de la calle donde está ubicada: Wall Street. Es la mayor bolsa del mundo en cuanto a volumen de negociación, y la segunda en cuanto a número de sociedades cotizadas.

Warrants
Se llama así a un título que otorga a su tenedor el derecho (pero no la obligación) de comprar o vender acciones a un precio fijado. Hasta aquí sería idéntico a las **opciones (*)**, pero la diferencia está en que los warrants son negociables y cotizan en las bolsas.

Era un escritor con una gran imaginación:
imaginaba que todos sus libros se venderían

José O. Caldas

BIBLIOTECA BURIDÁN